[丹麦]Li Xing 主编

林宏宇 译

9

金砖国家
国际政治经济学

International
Political Economy of the Brics

天津出版传媒集团

天津人民出版社

图书在版编目(CIP)数据

金砖国家国际政治经济学 / (丹)李形主编；林宏宇译. -- 天津 ：天津人民出版社，2023.6
书名原文：The International Political Economy of the BRICS
ISBN 978-7-201-19302-1

Ⅰ. ①金… Ⅱ. ①李… ②林… Ⅲ. ①世界经济政治学 Ⅳ. ①F11-0

中国国家版本馆 CIP 数据核字(2023)第 064259 号

THE INTERNATIONAL POLITICAL ECONOMY OF THE BRICS, 1st Edition
By Li Xing/ ISBN 978–1138579576

天津市版权局著作权合同登记:图字 02-2021-066 号

金砖国家国际政治经济学
JINZHUAN GUOJIA GUOJI ZHENGZHI JINGJI XUE

出　　版　天津人民出版社
出 版 人　刘　庆
地　　址　天津市和平区西康路 35 号康岳大厦
邮政编码　300051
邮购电话　(022)23332469
电子邮箱　reader@tjrmcbs.com

责任编辑　王　琤
封面设计　汤　磊

印　　刷　天津新华印务有限公司
经　　销　新华书店
开　　本　710 毫米×1000 毫米　1/16
印　　张　16.5
插　　页　2
字　　数　200 千字
版次印次　2023 年 6 月第 1 版　2023 年 6 月第 1 次印刷
定　　价　92.00 元

译者前言

自 2017 年厦门峰会以来，金砖国家合作日益紧密，其国际影响力也日益上升，尤其是对世界经济的影响。根据 2023 年 4 月 18 日俄罗斯《观点报》的一份研究报告表明，由于金砖国家的崛起，西方国家几十年以来对世界经济的领导地位已被打破，而且这不是暂时现象，而是未来几年的趋势。国际货币基金组织的数据也印证了这个观点。据其公布的有关数据显示，2020 年金砖国家对世界经济的贡献度已经与七国集团持平。据估计，2023 年金砖五国将为世界经济提供 32.1% 的增长贡献度，而七国集团仅能提供 29.9%，并且这一趋势还会进一步加强，到 2028 年，金砖国家的这个指标将达到 33.6%，七国集团将降至 27.8% 的水平。此外，国际货币基金组织还认为，中国和印度将在今后五年 (2023—2028 年) 的世界经济增长中发挥主要作用，中国对全球生产总值增长的贡献比重将达 22.6%，印度将以 12.9% 的占比排在第二。由此可见，金砖并未褪色，后疫情时代的世界经济更需要金砖合作与金砖国家的贡献。

从国际政治经济学的角度来看，金砖国家合作的全球意义与国际影响显而易见，同时，金砖合作也面临一系列挑战与障碍。

首先，金砖国家作为新兴经济体和发展中国家的代表，在全球政治经济体系中具有重要的地位和影响力。随着金砖国家在全球经济中的崛起和崭露头角,它们的经济实力和国际地位已经得到了全球的认可和重视。这也意味着,金砖国家在全球治理中发挥着越来越重要的作用。金砖国家合作有助于推动全球治理体系的改革和多极化进程,促进全球治理的合理化和民主化。

其次,金砖国家合作的成功表明,新兴经济体和发展中国家在国际政治经济体系中的影响力正在进一步增强,这对于推动国际体系的变革和多极化进程具有积极的推动作用。在国际经济体系中,美国和欧洲等传统大国在经济增长和国际影响力方面逐渐减弱,而金砖国家则表现出强劲的发展态势和崭新的国际合作方式。金砖国家合作的成功,也证明了新兴经济体和发展中国家在国际体系中的影响力和地位正在不断提高。

最后,金砖国家合作有助于推动国际经济贸易的自由化和便利化,为全球经济的繁荣和发展做出积极贡献。此外,金砖国家合作还有助于推动国际金融体系的改革和完善,提高并维护发展中国家在国际金融体系中的地位和权利。

然而金砖国家合作也面临着一些挑战和障碍。首先是成员国之间的利益分歧和合作机制不完善。金砖国家的发展阶段和利益取向不尽相同,这会导致成员国之间的合作受到一定的限制。其次是金砖国家面临的内部和外部的安全问题。在国际政治环境日趋复杂的情况下,金砖国家需要加强安全合作,共同应对安全挑战,维护地区和平稳定。此外,金砖国家在经济发展、人权保护和环境保护等方面也存在一定的分歧,需要进一步加强协调和合作,以确保金砖国家合作的可持续性和稳定性。同时,金砖国家合作还面临着一些国际政治经济环境的挑战。当前,全球治理体系面临着多种挑战,包括贸易保护主义、气候变化、人口老龄化等。这些挑战也需要金砖国家加强合作,共同应对,并提出合理的解决方案。

总之,从国际政治经济学的角度来看,金砖国家合作对于推动国际体系的变革和多极化进程具有重要的意义和影响。金砖国家作为新兴经济体和发展中国家的代表,在国际体系中发挥着越来越重要的作用。然而金砖国家合作也面临着一些挑战和障碍,需要加强合作和协调,以确保金砖国家合作的稳定性和可持续性。

习近平总书记提出的全球发展倡议为金砖国家合作注入了新的动力和意义。该倡议提出了加强全球发展合作、推动落实联合国2030年可持续发展议程、构建人类命运共同体等重要举措,强调了各国应该携手合作,实现共同发展、繁荣和安全。这一倡议不仅具有全球视野和战略意义,也为金砖国家深化合作和推动全球治理提供了重要的思路和指引。2023年4月,巴西总统卢拉对中国进行了为期4天的国事访问,这是巴西自2011年以来首次由在任总统对中国进行国事访问,也是习近平总书记提出的全球发展倡议后的金砖国家之间一次重要的外交活动,它为金砖国家合作注入了新的动力。

本书译成于新冠疫情肆虐阶段,正式出版于疫情终结之日。希望这是一个吉兆,是金砖合作突破瓶颈与阴霾的吉兆。同时,期待本书的出版能进一步推动金砖合作学术研究的繁荣,推动金砖合作更上新台阶。在翻译本书的过程中,我就一些内容与原作主编李形教授进行了沟通,经他认可后,在翻译时对原作进行了一些调整,不当之处当由译者承担,同时也希望读者提供宝贵建议。

在原作的开头，主编李形教授向以下学者致谢：

安娜·弗拉(Ana Flávia Barros Platiau)是巴西利亚大学国际关系研究所的副教授。

丹尼尔·席尔瓦·拉莫斯·贝卡德 (Danielly Silva Ramos Becard)是巴西利亚大学国际关系研究所的副教授。

劳尔·贝尔纳尔·梅扎(Raúl Bernal Meza)是阿图罗·普拉特大学(智利)、布宜诺斯艾利斯省中央国家大学(阿根廷)和阿根廷布宜诺斯艾利斯大学的教授。

彼得·马库斯·克里斯滕森(Peter Marcus Kristensen)是丹麦哥本哈根大学政治学系副教授。

安东尼奥·卡洛斯·莱萨(Antônio Carlos Lessa)是巴西利亚大学国际关系研究所教授。

劳拉·C.马伦巴赫(Laura C. Mahrenbach)是德国慕尼黑工业大学巴伐利亚公共政策学院的博士后研究员。

约尔根·迪格·彼得森(Jørgen Dige Pedersen)是丹麦奥胡斯大学政治学系的副教授(荣誉退休)。

莱昂纳多·拉莫斯(Leonardo Ramos)是巴西米纳斯吉拉斯天主教大学国际关系副教授。他还是《国际期刊》的编辑。

梅特·斯卡(Mette Skak)是恩马克奥胡斯大学政治学系的副教授，兼任北欧语言期刊《北欧论坛》(*Nordiskœst forum*)的编辑。

哈维尔·瓦德尔(Javier Vadell)是巴西米纳斯吉拉斯天主教大学国际关系副教授，兼任该校研究生院院长、《国际评论》编辑。

贾斯汀·范德默韦(Justin van der Merwe)是南非斯泰伦博斯

大学军事研究中心的高级研究员。

李形(Li Xing)是丹麦奥尔堡大学发展与国际关系研究中心教授、主任,兼任《中国与国际关系》杂志(*Journal of China and International Relations*)主编。

杨潇(Xiao Alvin Yang)是德国卡塞尔大学政治学、全球化与政治学的博士候选人。

最后,衷心感谢天津人民出版社的悉心指导与大力支持,衷心感谢王康总编辑和责任编辑王琤的专业编辑与学术执着。

林宏宇
2023 年 4 月于厦门

原作编者小记

李 形

　　这本书最初是由劳特利奇出版社国际政治经济学(Routledge IPE)系列丛书和我共同发起的,并得到了我的同事斯廷·弗莱巴·克里斯滕森(Steen Fryba Christensen)的支持。斯廷和我一起提出了出书建议,我们一起与劳特利奇出版社签署了图书合同,由他担任本书的联合编辑。

　　不幸的是, 这位我最亲密的同事和朋友斯廷在2018年4月签署这本书的合同后不久突然去世。他的去世对我、我的研究小组、我们所在的学院,以及奥尔堡大学来说都是一个巨大的损失。特别是,这对丹麦的巴西研究来说是一个巨大的损失,因为斯廷在这一领域做出了重大贡献。

　　斯廷曾任丹麦奥尔堡大学文化和全球研究系发展与国际关系研究中心副教授。他的研究兴趣和领域包括发展研究、外交政策研究、国际关系、国际政治经济学、新兴力量分析、拉丁美洲研究和世界秩序等。他的主要研究重点是巴西和拉丁美洲参与全球政治经济、中国与拉丁美洲的关系,以及对不断变化的全球秩序的分析。他担任丹麦外交部顾问,并获得了丹麦科学、技术和创新署的资助,用于巴西和丹麦学者之间的研究合作。该机构邀请他参加圣保罗的研究网络活动。他在丹麦媒体上非常活跃,就巴西和其他拉丁美洲问题发表专家评论。

近年来,斯廷一直在广泛研究中拉关系,特别是中巴关系。我有幸与他合作过之前的两个图书项目:2012年,丹麦奥尔堡大学出版社出版的《中国的崛起及其对半周边国家和周边国家的影响》(*The Rise of China and the Impact on Semi-periphery and Periphery Countries*);2016年,伦敦帕尔格雷夫·麦克米伦出版社出版的《新兴大国、新兴市场、新兴社会:全球应对》(*Emerging Powers, Emerging Markets, Emerging Societies: Global Responses*)。

我希望这本书能专门用来纪念斯廷。我相信他会很高兴看到这本书付梓的,因为这本书的主题和章节都是他所感兴趣的研究内容。我要感谢他20年来(1998—2018年)与我的友谊、对我的支持、给予我们共同热爱的学术研究的热情,以及同我融洽的合作关系。愿他的精神与我们同在,鼓励我们继续工作和生活。

目　录

第一章 对变化中的世界秩序的
理解与实践

一、概念的讨论

近年来,诸如"新兴国家"(emerging power)、"崛起大国"(rising power)、"新兴市场"(emerging market)、"金砖国家"(BRICS)等术语,在概念上已经变得可以互换,并作为专门的研究课题受到了特别关注。"新兴大国"一词是一个宽泛且有点模糊的概念。它指的是那些被认为正在以比其他国家更快的速度增加其在全球经济和政治权力份额的国家。这一概念背后隐含的含义是,新兴力量是可取的,其发展前景是乐观的。

关于"新兴国家"概念的界定,以及哪些国家属于"新兴国家"的范畴,学界并没有达成共识。在一些学者看来,符合新兴大国资格的国家很少,即那些在现实中可能有潜力向国际政治经济核心进行等级转型的国家很少。在这种用法中,"新兴国家""崛起大国"和"金砖国家"在概念上几乎可以互换。这可能意味着,只有金砖国家才能算作新兴大国。因此,由巴西、俄罗斯、印度、中国和南非组成的"金砖国家"作为一个研究主题受到了特别关注。

在各种文献和媒体报道中,"新兴国家"的概念被过度和广泛地使用。一些学者会把目光投向二十国集团,将更多的国家纳入其中。二十国集团既有发展中国家也有发达国家,甚至包括欧盟。除了金砖国家,阿根廷、印度尼西亚、墨西哥、沙特阿拉伯和土耳其等其他发展中国家可以被视为"二线大国",因为它们正在成为美国霸权主导的传统大国集团之外成功的"新兴市场"。一些分析人士可能希望将尼日利亚等其他边缘国家包括在内,或许还有智利和哥伦比亚——它们构成了发展中国家"新兴市场"的下一层。这些国家将被视为位于区域主导国家或最强大国家之下的二线地区强国。然而基于一种更广泛的理解——"新兴国家"几乎与"新兴市场"的概念同义——其他人可能会将更多国家列为"新兴国家"。

没有一种真正客观的方法可以在名单上划出界线,说明哪些国家或国家应该被视为"新兴国家",哪些国家不应该。正如(Cooper,2013:966)所指出的那样:"即使无法准确确定国家集群的确切组成,但对扩大的'崛起中的中产阶级'所做的,是将焦点转向与新兴大国相关的外交活动。"不管新兴大国名单上有多少个国家,这些国家之间都存在重大的不对称,甚至在金砖国家内部也是如此。因此,南非是这个群体中的一个"局外人",因为它比其他国家小得多。吉姆·奥尼尔(Jim O'Neill)——"金砖国家"一词的发明者甚至评论说"南非被视为'金砖国家'的一部分对我没有任何意义",但他也补充道:"南非作为非洲大陆的代表是另一个不同的故事。"

许多国际记者和分析人士将中国视为即将到来的超级大国,而不是来自全球南部的新兴中等强国。从这个角度看,中国已经崛起为一个大国,并由此向全球体系的核心过渡。一些分析人士甚至发现,就全球霸权而言,中国可能是美国潜在竞争对手的唯一候选人,尽管中国似乎并没有寻求改变自由世界的秩序。

"新兴市场"和"崛起大国"的概念在当今也得到了广泛的应用。安托万·范·阿格特梅尔在 20 世纪 80 年代创造了"新兴市场"的概念。当时,阿格特梅尔正在为国际金融公司工作,他想为发展中国家有前途的股票市场创造一个概念,这将引起国际投资者的兴趣。这一概念指的是大量发展中国家,其中一些国家目前已属于世界高收入国家(世界银行使用的一种分类),而另一些国家则在人均收入方面处于不同的发展阶段。这里的要点是,就政治权重和影响力而言,"新兴市场"未必就是"新兴国家"。

肯尼思·华尔兹对"崛起大国"的定义比广义的"新兴市场"概念狭隘得多。它与"新兴国家"的概念有很多相似之处,这并不奇怪,因为"崛起"和"新兴"几乎是同义词。这或许可以解释为什么分析人士在谈到"崛起大国"和"新兴国家"时,有时会交替使用这两个词。在华尔兹看来,"崛起大国"是指那些实际上有可能成为大国的国家。在写到这一点时,他发现在冷战结束后不久,只有三个国家符合"崛起大国"的资格,即德国、日本和中国。

"新兴国家"在其最狭隘的概念化上,与华尔兹对"崛起大国"的理解相似。不同的是,华尔兹对任何可能进行这种转变的国家都感兴趣。

而"新兴国家"的概念不包括传统的西方大国,而只包括来自发展中国家或传统西方大国之外的最强大的国家。在这方面,俄罗斯并不是一个真正的"新兴"大国。"新"是从南半球国家的角度界定这一概念的含义,只能把俄罗斯作为一个"重现"的力量,但不属于全球南边国家。而巴西、印度和中国因其人口规模,作为"伟大的边缘国家"而成为其他类别的"新兴大国"。

考虑到国际行动主义的广度,可能会有更多的国家加入新兴大国的行列中。例如,南非和其他金砖国家一样,正在积极参与一些重要领域。有些学者认为,巴西、印度、中国和南非是介于传统核心大国和其他发展中国家之间的国家子集,因为它们拥有实力资源。在发展中国家中,它们属于一组比其他发展中国家更强大的"区域大国"和"中等大国"。同时,有学者指出,新兴大国和重新崛起的大国可以通过在国际政治中形成联盟来实现共赢。有些学者特别指出了巴西、印度、中国和南非,可作为全球体系南部的金砖国家。然而在许多学者看来,金砖国家(包括俄罗斯)是"新兴国家"概念的同义词,或者至少是属于这一类别的国家中最明显的例子。

"金砖国家"概念和"新兴市场"概念一样,都是国际金融界想象的产物。高盛集团的报告"重新定义了对新兴市场的讨论,从经济和制度的角度,指出了其中那些实际上可以向中心等级过渡的国家"。他们同样认为,首字母缩写"BRICS"(金砖国家)已给"一个更广泛意义上的新兴经济体概念留下了更强的政治意义"。在2009年举行的首届金砖国家峰会上,金砖国家集团以一种联盟或网络的形式出现在全球体系中。在挑战传统主导国家以及可能挑战美国霸权的讨论和争议中,金砖国家集团处于核心地位。这些讨论与国际关系学科中关于均势、两极和霸权的理论讨论有关。

在一些国际关系学者看来,"新兴国家"概念的原型往往与唯物主义、理想主义有关,而且这些国家往往是国际秩序的改革者。在他们看来,"新兴国家"通常具有反霸权、反现有价值观的特性。但另外一些学者,如卡洛斯(Carlos R. S. Milani)、利蒂西亚(Leticia Pinheiro)和玛丽亚(Maria Regina Soares de Lima)都对最后一点提出了批评。他们发现,被贴上"新兴国家"标签的国家不一定应被视为"西方国家和现状的新挑战者",他们同样批评了有关新兴国家的文献中,将它们描述为经济持续增长国家的倾向。相反,这些国家的经济增长有时可能会停滞不前。例如,2014年之后的巴西就是这种例证。同样,尽管中国等一些新兴国家可能会发展成为大国,但其他一些国家可能会发现自己陷入了"二线国家"的尴尬地位。

历史上,"新兴国家"这一概念有不同程度的变化和语境规范,有不同的术语表达。例如,"中等国家"和"区域国家"经常被政治家和学者使用。尽管这两种表达都是模糊的,它们的含义是有争议的。从字面上看,"中等国家"通常指在国际权力谱系中处于中等地位的国家。尽管中等大国、地区大国在地区安全格局和国际政治中的作用日益凸显,但国际关系文献中关于中等国家的讨论仍缺乏共识。

二、新兴国家与金砖国家:态度与解读

关于新兴国家在结构、范围和重点方面的文献广泛且高度多样化。近年来,国际关系和国际政治经济学文献集中讨论新兴大国,特别是关于中国对现有美国主导的世界秩序所带来的贡献、挑战和"不稳

定性"等。除了学术性的学术文献,政策制定者、智库和记者关于这一主题的大量著作可以说更具投机性和预测性。一些文献以"新兴国家"的概念作为分析单位,其他文献则倾向于关注特定的新兴大国(通常是指中国)。许多文献显示,人们对影响了西方学术界和新闻业的新兴力量要么着迷,要么恼怒,往往会产生一些不稳定的情绪,从过度的肯定和无条件的乐观,转为毫无根据的厌恶和深深的悲观。

表1.1 新兴大国的国际政治经济学理论

自由主义和 新自由主义	不同流派的 现实主义	英国学派与 建构主义	马克思主义和批判 理论的不同分支
新兴大国的崛起是在资本主义世界秩序的内部,而不是外部。它是现有体制的副产品。金砖国家与现有资本主义世界体系的融合,现在是、将来也会受到其制约和塑造。金砖国家集团不是反霸权势力。新兴大国的崛起象征着现有体系的弹性,能够适应其他国家的追赶。	新兴大国的崛起不会是和平的,它将不可避免地挑战现有的美国主导的世界秩序。权力过渡将导致敌对关系,并可能进一步导致国家间的战争。例如,由于修正主义霸权(中国)和防御性霸权(美国)之间的不信任,中国的崛起将不会是和平的。	强调物质能力与思想之间的相互生成,是一种相互加强的关系。新兴大国在改变世界总体秩序、特别是全球机构的变革潜力方面有着共同的信条。 中国正在成为规范传播和制定规则的全球参与者,特别是在全球金融治理方面。	"金砖国家"现象表明,世界资本主义体系已经超越了其核心领域,形成了新的资本积累中心、资本转移和投资空间。这或许很好地象征着一种由另类思想和规范驱动的共识秩序的出现。

由不同的理论观点驱动而产生的充满魅力、愤怒、乐观和悲观的观点，反映出在将金砖国家概念化为反霸权的社会经济和社会政治力量方面存在分歧。一方面，从葛兰西派的观点来看，它是反霸权的，因为霸权永远不会被认为是理所当然的；相反，它不断地受到相互竞争的社会政治力量的斗争和挑战。现有大国与金砖国家的核心大国——中国和俄罗斯，在贸易、地缘政治和安全问题上也存在潜在冲突。另一方面，尽管金砖国家都声称偏离新自由主义的华盛顿共识，然而他们的经济成就和繁荣都依赖于全球经济一体化，并且他们不打算从根本上挑战现有世界秩序，至少是在经济方面。

一些关于金砖国家的文献以讨论和评估新兴大国对位于世界体系不同层次（核心、半边缘和边缘）的国家产生的影响为出发点。他们认为，像金砖国家这样的新兴大国正在重塑和改变全球经济。而一些中国作者的著作则聚焦于金砖国家内部的动态，还有其他一些人研究了金砖国家内部比较问题。

"新兴大国"的概念也有必要与早先国际关系理论与国际政治经济学理论中的"中等国家"概念，以及世界体系理论中的半边缘概念联系起来。另一个最近流行的术语是卡纳（Khanna）提出的"第二世界"。他描绘了一个由三个最重要的全球权力中心——"美国、欧盟和中国"构成的所谓 G3 正在与"第二世界"竞争建立关系，而后者覆盖了东欧、中亚、南美、中东和东亚等关键地区。"第二世界"描述的是处于转型中的地区和国家，它们的影响力和经济实力正在增长。有趣的是，在卡纳看来，从一些内部特征上看，中国是一个"第二世界"国家，而在地缘政治和地缘经济活动与在全球影响力上，中国又是一个超级大国。

如果"世界秩序"被定义为国际普遍接受的规范、价值观、规则和惯例,我们就不难理解为什么现有的霸权大国特别在意新兴大国如何运用他们的权力。因为历史教训表明,新兴大国可以对现有秩序产生巨大甚至暴力的影响。国际学术界倾向于关注国际关系理论不同学派之间的辩论,尤其是在假设和理论化守成大国与新兴大国面临的二元选择理论方面的辩论,即现有的守成大国正努力将新兴大国同化以纳入现有秩序,而新兴大国则希望从挑战和改变既定结构中获益。近年来,关于世界秩序转型的学术辩论一直围绕新兴大国与现有世界秩序的主题展开。

需要指出的是,本书作者共同编辑了这本关于新兴大国和新兴市场的书,将视角转了180度,并重点介绍亚洲、非洲、拉丁美洲、欧洲等不同地区、国家对新兴大国崛起和世界经济再平衡的反应。本书认为,再平衡是受当前世界秩序中经济权力(结构力量)分布变化的影响。

三、新兴世界秩序时代的金砖国家:衰落的现状?

2018年出现的世界秩序重组图景让全世界都非常不安。事实上,中美贸易摩擦表明崛起大国与守成大国之间的竞争,与其说是贸易摩擦,不如说是南海问题和其他地缘政治问题的较量。而比人们通常认为的要更激烈的是中美在创新、知识产权、电动汽车、自动驾驶和人工智能方面的竞争。

2018年6月10日,在魁北克举行的西方七国集团峰会的重大失败,被视为21世纪西方民主国家的一个转折点。当时,美国总统唐纳德·特朗普单方面对进口钢铁和铝征收关税,扰乱了国际经济秩序。

美国还拒绝签署七国集团倡导建立"基于规则的贸易体系"的联合公报。一些西方领导人和媒体对特朗普政府的"美国优先"保护主义感到失望,呼吁其他民主国家团结起来,共同反对美国威胁要摧毁国际秩序基石的单边主义。时任德国总理默克尔在与特朗普的峰会和北约会议后多次强调她的立场:"我们欧洲人必须掌握自己的命运。"曾在2001年创造了"金砖国家"概念的吉姆·奥尼尔在一篇博客文章中写道:"在世界新兴国家面前,七国集团已经成为越来越无关紧要的角色","一个不包括金砖国家但却包括意大利的机构,不可能拥有全球经济领导地位的合法性"。

回顾过去,在金砖国家诞生几年后,这个集团已经成为国际贸易术语中的一个普遍概念。随着南非的加入,金砖国家在全球政治舞台上发挥着更重要的作用,他们在不同国际机构就关键问题协调外交政策立场,为全球治理和地区治理的不同方面提供方向。他们在气候变化、减贫、核扩散等问题上的许多政策立场,都可以被认为是全球治理中向多边主义过渡的积极声音。特别是金砖国家作为国际体系新参与者的崛起,加速了全球治理新议程的演变。自2009年以来,金砖国家每年都举行峰会,重点是协调金砖国家在国际机构中的声音。除了在全球事务上的协调外,金砖国家内部的合作也通过定期举行教育、卫生、金融、农业、能源、科技、安全等领域的部长级会议而制度化。

2008年,随着以美国为首的旧世界秩序的衰落,金砖国家迅速成为全球关注的焦点,随之而来的是世界金融危机。新兴大国的崛起在经济竞争、资本积累、政治经济影响力、技术和物质能力等方面成功渗透到一些权力领域。特别是中国,在高科技制造业产品的全球份额、金融竞争力、国际援助和海外投资等方面表现出色。

随着新兴大国崛起现象的不断增多,加上金融危机不断削弱传统大国的优势。全球学术界一方面观察 2008 年以来美国和欧洲经济低迷以及新兴大国的崛起,世界秩序正经历着权力的再平衡;另一方面,新兴大国虽然主张根据自己的经济影响力来增强其政治地位,但它们也担心守成大国权力的衰落将对它们产生负面影响。这是因为新兴大国与成熟经济体的经贸关系比它们相互关系密切得多。金砖国家在很多方面被解读为一种"平衡联盟"。在全球谈判中,中国常常是西方大国的主要对立力量。特别是在国际金融领域,国际政治经济学正在形成新的格局,形成新的联盟。金砖国家新开发银行和亚洲基础设施投资银行现在是国际关系和国际政治经济学词汇中的热点,象征着世界秩序正在发生变化,该体系不再受美国主导的战后条约的统治和管理。丹麦的李形教授将这种现象解读为一种以"相互依存的霸权"为特征的新兴世界秩序。"相互依存霸权"的概念隐含着一个相互挑战、相互制约、相互需要、相互迁就的辩证过程。它象征着一种动态的局面,在这种局面中, 现有体系的捍卫者和新兴大国在塑造和重塑世界秩序的过程中,不断互动,相互交织。

在考虑到权力再平衡的经济层面,并在当前全球政治领域应用权力时,一些学者描绘了一幅相对黑暗的画面,从现实主义的角度突出了这一转变,即世界正经历着一个有趣但令人不安的时刻,其特点是权力秩序和权力分配之间的不平衡正在变得更加分散。世界被视为正进入所谓的"熵时代",即国际政治正在从一个以可预测和相对稳定为根基的体系转变为一个混乱的系统, 这个系统即使不是天生不可知的,也是更加不稳定、不确定和缺乏行为规律的。

但从批评人士的角度来看,金砖国家自诞生以来,就未能阐明联合行动的一致议程。正如马丁·沃尔夫(Martin Wolf)2012年3月接受美国对外关系委员会采访时所强调的那样："这些国家基本上没有任何共同点，除了它们被称为金砖国家。它们都非常重要，但在其他所有方面，它们的利益和价值观、政治制度和目标基本上是不同的。因此，没有任何理由期待它们在世界上的任何实质性问题上达成一致，除非现有的主导力量应该放弃一些他们的影响力和权力。这是它们的共同点。"

"金砖国家"实际上是一个外生发明，被有意制度化，成为一个方便的地缘政治单元，以不同的方式符合金砖五国各自的利益。它是一个政治团体，但没有强烈的文化共性，也没有坚实的历史根基。金砖国家能否成为新兴大国，取决于金砖国家内外政治、经济、安全的相互联系和分歧。

"金砖国家"诞生十多年后，如今的发展形势如何？巴西的情况即使不是令人沮丧，也不是完全令人鼓舞。巴西经济严重依赖商品出口，因此陷入了衰退，南非也有类似的情况。多年来，俄罗斯经济一直在下滑，并受到油价暴跌的影响。俄罗斯与西方的关系持续紧张。由于货币贬值和西方限制其贸易的制裁，俄罗斯正在经历六年来最严重的衰退。印度的经济增长远远谈不上强劲，该国仍有高失业率、大面积的贫困和落后的基础设施。这些情况导致了一些悲观的说法，"世界正在崛起的大国已经衰落"，"不会有'新兴经济体'集团崛起挑战西方秩序"，"金砖国家的新世界秩序现在被搁置"。

被视为"新兴超级大国"的中国，显然是金砖国家中唯一被全球公认为"在21世纪与美国抗衡的现实大国"。尽管中国也经历了近年来最慢的经济增长速度，增长率为6%~7%，但中国是世界第二大经济体，正成为金砖国家未来最大的希望。在许多方面,中国被视为唯一重要的新兴力量,而且似乎在所有声称代表金砖国家利益的新机构中占据主导地位。在如何看待中国崛起的问题上,世界存在很大分歧。在建立一个替代性的全球金融架构方面,中国似乎被认为是一个"修正主义"的新兴大国;而在维护全球自由贸易体系和拒绝安理会在联合国系统内的扩大方面,又被认为是一个维持现状的大国。尽管中国声称金砖国家的潜力和实力"没有改变",但世界范围内的共识越来越多,甚至在金砖国家之间,金砖国家之间的权力关系是非常不对称的。换句话说,中国被视为"金砖国家真正的引擎"。因此,其全球崛起和领导地位也产生了金砖国家内部的核心-边缘不对称的权力关系和经济依赖现象。

目前关于金砖国家的大部分辩论都围绕着这样一个问题:这种联盟是否真的是一个"历史必然",不仅基于利益和机会,而且基于共同的信念、价值观和愿景,或者仅仅是基于成本效益计算和基于解决问题的"临时婚姻"。关于金砖国家的另一个研究问题是,建立这样一个联盟集团是否仅仅代表权力扩散,这种扩散是从世界体系的核心(北方)转移到南方新兴大国,而不挑战支撑当前世界秩序的基本框架。换言之,需要研究的问题是,金砖国家集团是否只是现有固定的社会、政治和经济安排的功能性重构,或能否对国际政治经济重组产生重大影响,从而从根本上挑战现有的全球结构安排。

2018 年,全球见证了金砖国家站在美国总统唐纳德·特朗普发动的全球贸易战前线的现实。美国采取单边行动,不仅伤害了传统盟友,也伤害了金砖五国。在金砖国家第 10 次峰会——南非约翰内斯堡峰会上,金砖国家再次表明,他们意识到在政治上表达一致立场、深化贸易关系的重要性。金砖国家领导人将联合起来,捍卫美国曾经建立的多边主义规则。金砖国家之间的贸易流动将得到促进,新开发银行将增加对金砖国家成员和非成员的贷款。值得特别注意的是,第10次金砖国家峰会《2018年约翰内斯堡宣言》确认,金砖国家寻求在美国总统特朗普威胁的基于规则的秩序中展现稳定性和可预测性。尽管面临严峻挑战,金砖国家仍代表着新兴大国试图加强政治和经济一体化,以应对新的全球挑战的精神。

四、本书的写作目的和各章节的主要内容

本书是从新兴大国正在改变现有国际体系权力结构的动态事实出发,认为新兴大国正在国际机构中寻求更大的发言权和作用,并通过新的全球金融组织成为重要的经济和政治行为者,构筑多边经济和发展政治的新时代。

由于本书只涉及金砖国家,旨在研究金砖国家是否及在多大程度上是一个重要的全球参与者,以及金砖国家集团是否及在多大程度上正在挑战全球秩序或其他方面。在关注金砖国家集体作为全球参与者的同时,也探讨了金砖国家各自的国际政治经济学观点。如上所述,金砖五国在各自外交政策与外交战略和作为区域及全球治理领导者的潜在相关性方面具有高度不对称的能力。本书重点介绍了金砖国家崛起为重要全球大国的程度和后果,并有助于理解金砖国家集团中的合作对其成员国的政治和经济利益,以及其总体外交政策战略的重要性。这些分析性讨论是启发式的,因为金砖国家之间的动态除了他们的集体合作和共同目标之外,还包括冲突和竞争的元素。

本书旨在揭示许多持续的学术讨论,涵盖了金砖国家研究的各个方面和维度,丰富了讨论的内容。有些章节从分析金砖国家的历史演变以及金砖国家对当前世界秩序的经济、政治和外交影响程度出发,另一些章节则试图研究金砖国家可能带来的新的国际关系认知趋势。一些作者强调,金砖国家在实现其国际权力期望方面受到的国内限制,特别是其国内政治对其外交政策选择的影响程度;而另一些作者则认为金砖国家是一个全球舞台或平台。本书各篇章的一个共同特点是,所有作者都承认,金砖国家在不断变化的世界秩序中经历了不同的发展挑战和发展结果,不同的发展结果以这样或那样的方式影响金砖国家凝聚力。

第一章通过对"新兴力量"这一核心概念的讨论来引导读者了解本书的主题,这也是本书的核心概念。该章认为,重要的是理解概念内涵和差异,强调"新兴力量"的概念或其他类似的术语和概念。如"崛起的力量""新兴市场""中等国家""区域国家""半边缘国家"等。该章主要介绍了关于"金砖国家"的各种研究,以及"金砖国家"的现状。这种态度和现实都表明,在当今国际政治经济学背景下,金砖国家无论是作为一个集体的国际关系实体,还是作为一个单独的国家,都面临着一个复杂的局面,各种因素、相互作用和动态相互交织,挑战、制约和机遇相互交织。

第二章依然围绕学科主流领域展开讨论,即讨论新兴大国的国际关系话语权问题,并认为新兴大国把话语权从"西方"转向了"非西方",特别强调金砖国家权力转移不仅带来了政治、经济、军事和体制变革的结果,而且见证了世界对金砖国家作为新兴大国崛起的质疑。该章认为,虽然人们普遍预期新兴大国将成为国际关系理论的大国,即能够发展自己关于世界政治和全球秩序的本土理论的大国,但人们往往不清楚物质力量的上升与知识生产之间的关系。作者概述了现有文献中关于新兴大国为何会或应该成为理论大国的五大论点。

第三章批判性地审视了金砖国家是在挑战还是在加强当前的世界秩序。作者从中国崛起的不同理论视角出发,将其背后的论证和逻辑延伸到其他金砖国家。该章对国际关系与国际政治经济学中的一些理论进行了深入探讨,如权力转移和霸权,并探讨了它们之间的关系。该章不仅限于对西方相互竞争的国际关系与国际政治经济学理论之间的紧张关系进行仔细研究和说明,如进攻性新现实主义理论、新自由制度主义理论、区域化理论、批判理论、文明冲突理论等,还涉及对中国的国际关系理论的讨论, 如道义现实主义理论或称清华学派理论、关系理论和社会进化理论等。作者认为,应对当前世界秩序作多元和多维的概念化解释,而不是单一的理解,应更准确地理解金砖国家崛起的复杂性,并增加更多的理论解释力。

第四章聚焦新兴大国与老牌大国之间的合作,探讨在至关重要的贸易领域中促进或阻碍这种合作的条件。通过对巴西与金砖国家和与美国的实证研究,作者认为,巴西、美国两国政府在处理与理念和利益相关的国内偏好冲突方面的能力不一致, 导致了不一致的成功合作。这一观点在两个案例研究中得到了印证——巴西和美国争执不休的美洲自由贸易区谈判,以及他们找到共同点的 2008 年世界贸易组织小型部长级会议。该章的结论是,将贸易合作的经验教训更广泛地应用于新兴国家在全球经济治理中的合作。

第五章旨在了解金砖国家论坛的制度演变,以及金砖国家论坛对西方在世界经济中的霸权地位的挑战,并考察金砖国家在多大程度上推动国际经济治理摆脱新自由主义和西方主导地位的共同议程。该章特别关注巴西和中国在这一进程中所起的重要协调作用。

第六章认为中国的崛起是资本主义世界秩序中一个高度复杂的现象。基于对中国经济及资本主义世界经济的三个分层——核心、半边缘和边缘中占据多重地位和扮演多重角色的分析,作者认为,中国的多重地位使中国能够在高科技领域和金融机构中与传统核心国家竞争,同时在制造业和商品工业方面与半边缘和边缘国家相比享有比较竞争优势。该章旨在为理解当前中国崛起的复杂性提供一个框架,即中国在现有世界秩序中发挥多重作用、占据多重地位、产生多重影响。该章的结论是,中国作为反霸权与现有核心大国的角色,以及作为发展中国家的角色,正在世界秩序中带来新的变化和复杂的局面,金砖国家、新兴大国,以及现有和新的国际机构正在不断相互挑战,相互约束,相互促进,相互需要,相互包容。

第七章重点研究了巴西作为拉丁美洲的金砖国家的情况。作者指出,巴西利用其区域的领导力作为对抗美国霸权的平衡因素,但这种力量现已经不复存在。该章批判性地指出,巴西的作用实际上正在削弱金砖国家的力量。原因有三:第一,巴西的政治、经济和社会危机削弱了其作为新兴经济大国的地位,也削弱了其作为地区领导人的自然角色。第二,自 2017 年以来,巴西的外交政策已经放弃了将本国的福祉与南美地区的福祉挂钩的承诺。第三,在以中国为核心的金砖国家经济结构中,巴西处于边缘地位。在金砖国家内部,金砖国家也复制了核心-边缘结构,而巴西存在一种影响其成为全球新兴大国地位的薄弱机制。该章的批判性分析得出了一个悲观的结论,即巴西的外部和内部问题表现在它与中国和南美的关系上,以及该国内部的社会政治和社会经济恶化,导致巴西成为一个脆弱的金砖国家。

第八章仍以巴西为研究对象,强调近年来巴西对金砖国家的政策和战略发生了重大变化。该章从外交政策的角度应用多元理论方法来解释在社会和政治经济结构下,政府、经济利益集团和决策者之间动态互动的竞争状况。这一章分析认为,"首脑外交"和"部长级机制"在巴西的金砖国家政策机制中扮演核心角色。该章的结论是,巴西之所以愿意参与金砖国家,是因为它与巴西"积极自主的外交"战略密切相关,巴西旨在成为一个全球参与者。尽管取得的成效较缓慢,金砖国家仍日益成为巴西外交议程的优先事项,并逐渐与私营部门联系起来,特别是在基础设施、能源和卫生领域。

第九章系统介绍了俄罗斯所声称的金砖国家的大国合作,这一说法部分可以从普里马科夫在 20 世纪 90 年代发明的"三驾马车"概念中得到证实。研究表明,俄罗斯对待金砖国家的态度不同于金砖国家务实的地缘经济——俄罗斯始终将金砖国家视为与美国进行地缘政治平衡的平台,并视为一个在追求这一目标方面越来越激进和修正主义的联盟。该章强调,俄罗斯对金砖国家的政策已成为对其大国管理能力的一次硬性考验,部分原因是其经济地位薄弱,部分原因在于中国在全球的领导地位日益提升。该章的结论是,尽管俄罗斯一直在利用其短暂的权力交接窗口的机会,将金砖国家的合作拉向地缘政治的古老方向,但中国可能保证未来能修正路线,以利于在气候变化与地缘经济方面进行更全面的协作。

第十章将注意力转向了印度。作者认为,印度加入金砖国家这一联盟具有明确的政治和战略利益。金砖国家被印度视为在尽可能塑造国际经济机构、组建新的替代机构，以及确保自身在各种国际政治和经济问题的全球磋商中发挥作用的杠杆。研究表明，在金砖国家中，印度一方面在欧亚大陆大国俄罗斯和中国之间，另一方面在发展中国家联盟的传统成员巴西和南非之间形成了一种桥梁。尽管印度支持了许多旨在加强成员国之间相互经济合作的倡议，但其成果并不显著。尽管如此，印度在金砖国家集团中仍然看到了巨大的政治价值和长期的经济潜力。

第十一章指出，尽管南非是金砖国家的成员，但它在非洲崛起现象中的作用常常被忽视，非洲在更广泛的南方崛起叙事中的作用也是如此。在该章中，作者论证了这些时空现象之间的联系，并指出这些冲动是如何在金融资本的利益中产生的。尽管对非西方国家来说，这是一种必胜主义的发展，但更准确的解读是将关键因素与西方国家的危机联系起来。

参考文献

Alessi, Christopher (2012) "Does the BRICS Group Matter?" Interview by Martin Wolf on March 30, the Council on Foreign Relations. Available at www.cfr.org/interview/does-brics-group-matter.

Bartenstein, Ben (2018) "BRICs Inventor Says G-7 'Irrelevant' Because China and India Are Left Out." *Bloomberg*, June 12. Available at www.bloomberg.com/news/articles/2018-06-12/bric-inventor-says-g-7-irrelevant-as-china-and-india-left-out.

Buzan, Barry (2011) "A World without Superpowers: Decentered Globalism." *International Relations*, 25(1): 1–23.

Cai, Chunlin (2009) *Research on the Economic and Trade Cooperation Mechanism among BRICs*. Beijing: China Financial and Economic Press.

Christensen, Steen F., and Li Xing (2016) *Emerging Powers, Emerging Markets, Emerging Societies: Global Responses*. London: Palgrave Macmillan.

CNBC (2017) "Merkel Says Europe 'Must Take Our Fate into Our Own Hands' after Tough G-7, NATO Meetings." May 28. Available at www.cnbc.com/2017/05/28/merkel-says-europe-must-take-our-fate-into-our-own-hands-after-tough-g-7-nato-meetings.html.

Cooper, Andrew (2013) "Squeezed or Revitalized? Middle Powers, the G20 and the Evolution of Global Governance." *Third World Quarterly*, 34(6): 963–984.

Cristensen, Steen F., and Raúl Bernal-Meza (2014) "Theorizing the Rise of the Second World and the Changing International System." In Li Xing (ed.) *The BRICS and Beyond: The International Political Economy of the Emergence of a New World Order*. Farnham Surrey: Ashgate.

Duggan, Niall (2015) "BRICS and the Evolution of a New Agenda within Global Governance." In Marek Rewizorski (ed.) *The European Union and the BRICS*. Cham: Springer.

Elen, Maurits (2018) "Sino-US Trade: The Battle for the Future." *The Diplomat*, April 26. Available at https://thediplomat.com/2018/04/sino-us-trade-the-battle-for-the-future/.

Fan, Qimiao, Michael Jarvis, José Guilherme Reis, Andrew Beath, and Kathrin Frauscher (2007) *The Investment Climate in Brazil, India and South Africa: A Comparison of Approaches for Sustaining Economic Growth in Emerging Economies*. Washington: World Bank.

Financial Times (2015) "The Real Engine of the Brics Is China." July 10. Available at www.ft.com/content/b688d836-8402-33b4-84b5-8e3be642ea2b.

Fonseca, Pedro C.D., Lucas D.O. Paes, and André M. Cunha (2016) "The Concept of Emerging Power in International Politics and Economy." *Brazilian Journal of Political Economy*, 36(1): 46–69.

Giaccaglia, Clarisa (2016) "Poderes medios emergentes y orden internacional: hacia un manejo colectivo de los asuntos mundiales." In Gladys Lechini and Clarisa Giaccaglia (eds.) *Poderes emergentes y Cooperación Sur-Sur: perspectivas desde el Sur Global*. Rosario: UNR Editora. Editorial de la Universidad Nacional de Rosario.

Gu, Jing, Alex Shankland, and Anuradha Chenoy (eds.) (2016) *The BRICS in International Development*. London: Palgrave Macmillan IPE Series.

Guimarães, Samuel Pinheiro (2005) Cinco siglos de periferia. Buenos Aires: Prometeo.

The Guardian (2011) "South Africa Gains Entry to Bric Club." April 19. Available at www.theguardian.com/world/2011/apr/19/south-africa-joins-bric-club.

The Guardian (2018) "The Guardian View on Trump and the G7 Summit: A Watershed Moment." June 10. Available at www.theguardian.com/commentisfree/2018/jun/10/the-guardian-view-on-trump-and-the-g7-summit-a-watershed-moment.

Ikenberry, John G. (2008) "The Rise of China and the Future of the West." *Foreign Affairs*, 87(1): 23–37.

Ikenberry, John G. (2011) "The Future of the Liberal World Order: Internationalism After America." *Foreign Affairs*, 90(3): 56–68.

Khanna, Parag (2008) *The Second World: Empires and Influence in the New Global Order*. New York: Random House.

Khanna, Parag (2009) *The Second World: How Emerging Powers Are Redefining Global Competition in the Twenty-First Century*. New York: Random House.

Khanna, Parag (2012) "Surge of the 'Second World.'" *The National Interest*, 119: 62–69.

Layne, Christopher (2009) "The Waning of U.S. Hegemony: Myth or Reality." *International Security*, 34(1): 147–172.

Layne, Christopher (2012) "This Time It's Real: The End of Unipolarity and the 'Pax Americana.'" *International Studies Quarterly*, 56(1): 203–213.

Lechini, Gladys, and Clarissa Giaccaglia (2016) "Introducción." In Gladys Lechini and Clarisa Giaccaglia (eds.) *Poderes emergentes y Cooperación Sur-Sur: perspectivas desde el Sur Global*. Rosario: UNR Editora. Editorial de la Universidad Nacional de Rosario.

Li, Dan, and Yunhui Wang (2010) *Decline and Rise: BRIC Construct the New World*. Beijing: Enterprise Management Press.

Li, Xing (2014) "The Nexus of 'Interdependent Hegemony' between the Existing and the Emerging World Orders." *Fudan Journal of the Humanities and Social Sciences*, 7(3): 343–362.

Li, Xing (2016) "From 'Hegemony and World Order' to 'Interdependent Hegemony and World Reorder'." In Steen F. Christensen and Li Xing (eds.) *Emerging Powers, Emerging Markets, Emerging Societies: Global Responses*. London: Palgrave Macmillan.

Li, Yang (2011) *BRICs and the Global Transformation*. Beijing: Social Sciences Academic Press.

Lin, Yueqin, and Zhou Wen (eds.) (2011) *Blue Book of Emerging Economy: Annual Report on BRICS Social-Economic Development*. Beijing: Social Sciences Academic Press.

Marr, Julian, and Cherry Reynard (2010) *Investing in Emerging Markets: The BRIC Economies and Beyond*. London: Wiley.

Mearsheimer, John (2006) "China's Unpeaceful Rise." *Current History*, 105(690): 160–162.

Mearsheimer, John (2014) "Can China Rise Peacefully?" *The National Interest*, October 25. Available at http://nationalinterest.org/commentary/can-china-rise-peacefully-10204.

Milani, Carlos R.S., Leticia Pinheiro, and Maria R.S.D. Lima (2017) "Brazil's Foreign Policy and the 'Graduation Dilemma'." *International Affairs*, 93(3): 585–605.

Nossel, Suzanne (2016) "The World's Rising Powers Have Fallen." *Foreign Policy*, July 6. Available at http://foreignpolicy.com/2016/07/06/brics-brazil-india-russia-china-south-africa-economics-recession/.

O'Neill, Jim (2001) "Building Better Global Economic BRICs." *Global Paper No. 66*, Goldman Sachs' Economic Research Group, London.

Paes, Lucas de Oliveira et al. (2017) "Narratives of Change and Theorizations on Continuity: The Duality of the Concept of *Emerging Power* in International Relations." *Contexto Internacional*, 39(1): 75–95.

Schweller, Randall L. (2014) "The Age of Entropy: Why the New World Order Won't Be Order." *Foreign Policy*, June 16. Available at www.foreignaffairs.com/articles/united-states/2014-06-16/age-entropy.

Strange, Susan (1988) States and Markets. California: University of California.

Stuenkel, Oliver (2015) *The BRICS and the Future of Global Order*. Reprint ed. London: Lexington Books.

Sun, Xingjie (2010) *The Road of BRIC: Brazil: Samba Dancing*. Changchun: Changchun Press.

Talley, Ian (2016) "Brics' New World Order Is Now on Hold." *The Wall Street Journal*, January 19. Available at www.wsj.com/articles/brics-new-world-order-is-now-on-hold-1453240108.

Tank, Pinar (2012) *The Concept of "Rising Powers"*. NOREF Policy Brief, June. Norwegian Peacebuilding Resource Centre and the Peace Research Institute, Oslo.

Velloso, João Paulo dos Reis (2009) *A Crise Global e o novo papel mundial dos Brics (The Global Crisis and the New Role of the BRICs)*. São Paulo: José Olympio Editora.

Velloso, João Paulo dos Reis, and Roberto Cavalcanti de Albuquerque (eds.) (2009) *Na crise global, como ser o melhor dos Brics (In Global Crisis: How to Be the Best of BRICs)*. São Paulo: Editora Campus.

Waltz, Kenneth (1993) "The Emerging Structure of International Politics." *International Security*, 18(2): 44–79.

Wang, Wenqi (2010) *The Road of BRIC: China: Peaceful Rise of the Eastern Dragon*. Changchun: Changchun Press.

Washington Post (2018) "America Has Little to Fear from a China-Centered World." January 25. Available at www.washingtonpost.com/news/theworldpost/wp/2018/01/25/china-us-relations/?utm_term=.0b3fc962bba3.

Worth, Owen (2015) *Rethinking Hegemony*. London: Palgrave Macmillan.

.

第二章　金砖国家与国际关系研究的知识生产

一、导言

在普通大众和学术界中,普遍存在着一种世界政治正在发生剧烈变化的议论。曾经被称为"第三世界"的那些国家,现在通常地被称为"新崛起"或"新兴"的国家。由于长期的经济与政治危机,以及西方大国的相对衰落,国际关系的重心正在从"西方"转向"非西方"。基于对未来权力的预测和期望,崛起的大国一直是政策界和学术界辩论的主题。然而我们很难从投资银行家、政治家、记者和研究人员的讨论中,确切领会到"谁在崛起""什么是崛起"。毫无疑问,中国得到了大部分的聚光灯。但也有一种观点认为,中国只是广大崛起国家的一个代表,尤其是金砖国家的代表。

在关于崛起大国研究的文献中，对于这些大国是否真的正在崛起，其实存在重大分歧。如果是的话，它们最终会以"维持现状"为导向分为三类：第一，它们的目标仅仅是为了"搭便车""蹭繁荣"，最终融入众所周知的美国和其他西方国家领导的自由国际秩序；第二，它们会着手从内部进行改革，同时修正现有的国际秩序；第三，它们会推翻现有的国际秩序，建立一个彻底的"非西方"的世界秩序。关于新兴大国的讨论是多方面的，但主要侧重于经济、政治和体制权力的转变。因此，阿米塔夫·阿查里亚最近呼吁将研究重点从"权力转移"改为"观念转变"或"范式转变"，即在权力转型的潜在知识层面里，非西方世界正在发展一套国际关系的新概念、新理论和新方法。

通过考察那些致力于"超越西方"的国际关系理论文献，我们可以发现，新兴大国实际上正试图发展替代性国际关系理论，尤其更加关注这种潜在的"观念转变"问题。这一趋势在中国尤其明显。学者们一直在争论是否以及如何构建"有中国特色的国际关系理论"。印度学者也呼吁发展"印度理论""本土理论"和"后西方的国际关系理论"；巴西学者则推动"巴西概念"的发展，主要是以所谓的"国际介入"为代表的"巴西学派"，以对抗美国的国际关系理论；而俄罗斯的国际关系学界也正在进行所谓的"俄罗斯学派"或"俄罗斯理论"的争论。

这份清单并非详尽无遗，但它表明，巴西、俄罗斯、印度和中国对国际关系进行了大量研究，而且各自讨论了国际关系理论。然而大多数是单一的案例研究，没有对正在崛起的金砖四国进行比较研究。本章汇集和批判性地研究了金砖四国（巴西、俄罗斯、印度和中国）国际关系理论发展的相关文献，旨在阐明它们在国际政治中的"崛起"与其国际关系学科的演变，特别是国际关系理论的发展之间可能存在的联系。在深入研究这些论点之前,需要强调的是,本章将重点主要放在这些文献中发现的有关新兴大国与国际关系理论演变的论点上,尤其是国际关系理论本土化问题。因此,下文将主要强调在新兴大国中推动理论建构的宏观层面因素,但绝不认为这些是推动理论建构唯一或必然的最重要因素。然而"崛起国"的权力和知识生产之间的联系在文献中如此频繁地出现,并且以不同的方式出现,因此有必要在本章中单独探讨这种联系。

本章通过逐一考察国际关系的演变,以金砖四国的字母顺序(巴西、俄罗斯、印度、中国)为序,对每个国家进行分析,并追踪每个国家国际关系的历史演变所导致的"崛起"。最终,总结出四个金砖国家的异同之处。

二、巴西

巴西大多数学者认为,巴西的国际关系研究始于 20 世纪 70 年代开设的第一门大学课程和国际关系学系的设立,并随着 90 年代大学课程的扩大而进一步加强。因此人们往往将国际关系学描绘成巴西的一门新学科。当然,在 70 年代之前,大学系统之外就存在国际关系研究,但当时的国际关系研究被理解为一种"国际思想",且几乎是外交官和武装部队的专属领域。巴西国际关系研究制度化的一个重要步骤是 1945 年在里约成立了布兰科研究所(Branco Institute),它隶属于巴西外交部下属的外交科学研究院(也称为伊塔马拉蒂,Itamaraty)。尽管该研究所只向外交官开设国际关系相关课程,但这是巴西国际关系研究的一个重要起点。直到最近,外交官们还是巴西国际关系学术领域的重要组成部分。总的来说,伊塔马拉蒂研究院和里约的布兰科研究所垄断了巴西的外交政策思维,这在历史上被视为阻碍了巴西国际关系理论的发展。

在巴西军人统治(1964—1985 年)期间,除了在国家安全方面有所例外之外,巴西的外交政策思想被国家所垄断。政府机构对国际关系研究的普遍忽视,意味着巴西外交政策和国家安全的学术研究工作"不受待见"。许多学者要么被"流放",要么保持低调,因为这方面的政治限制很多。虽然有些人指出,与其他南美国家相比,巴西学术界只遭受了"相对温和的压力",但依然存在"自查自纠"问题。这些年,由于巴西的国际关系研究有些封闭,在对巴西的外交政策研究方面,与欧美国际关系理论的联系很有限。虽然传统的说法是,在军人统治期间,巴西的国际关系研究处于停顿状态,但值得注意的是,巴西的军事政权却支持在这一时期建立新的学术机构(包括国际关系研究机构)、社会科学协会、国际交流方案和精英同行评议等制度。然而学术界在很大程度上"唯国家政策马首是瞻",学科自主性与独立程度较低。例如,在巴西利亚大学设立第一个国际关系课程的执行委员会认为,"国际关系就是一门为国家发展与政府服务的新学科"。

虽然轻描淡写地称巴西的国际关系研究诞生于军人统治政权下,但大多数历史记载都可以将国际关系学科追溯到 20 世纪 70 年代中期。当时该学科首次在巴西利亚大学制度化,特别是 1974 年在巴西利亚大学开设国际关系本科课程,1979 年在里约设立国际关系研究所。就国际政治而言,这一时期巴西国际关系研究的重点是巴西的"经济奇迹"、超级大国缓和与第三世界要求建立国际经济新秩序的愿望。一些观察家强调,这些新因素增加了巴西等第三世界国家对外交政策的研究空间,并解释了为什么国际关系突然在巴西蓬勃发展。对巴西外交政策的研究兴趣被广泛视为 70 年代国际关系学科发展的主要动力。因此,一些学者将巴西的国际关系学科与巴西外交政策的研究确定为一种线性关系。正如丰塞卡(Fonseca)所言,可建立国际关系研究的"巴西模式",即以外交政策研究为重点,寻求了解巴西的主要外交政策趋势和决定方式。又如皮涅罗(Pinheiro)所言,国际关系研究主要是为了解释当权政府制定和执行的外交政策。相比之下,理论则被视为解决现实世界实际问题毫无价值的无用奢侈品。以欧洲和美国的国际关系理论为特征的理论交锋,在巴西国际关系学界的最初几十年里影响甚微,当时大多数研究人员只对巴西的外交行为和外交政策进行了历史和规范性研究。

大多数学者认为,巴西国际关系学者的真正"崛起"始于巴西在 20 世纪 90 年代民主化、开放和开始全面进入世界政治时期。80 年代末和 90 年代初,从军人统治逐步过渡到民主政体,为进一步增加学术辩论与研究的透明度开辟了空间。90 年代,国际关系机构、学者和研究有了巨大的发展。根据最近的一些数字,当时有 126 个国际关系研究项目。90 年代国际关系研究项目剧增原因的最常见解释是,这是冷战后世界更大变革和巴西在全球舞台上崛起的产物。巴西通过南方共同市场、区域化和全球化等平台日益"融入"国际社会,导致公共和私营部门对国际关系学者的需求不断增加。在此期间,国际关系研究也呈现爆炸式增长,因为费尔南多·恩里克·卡多佐政府的新自由主义改革(1995—2003 年)放松了对高等教育的管制,使私立机构更容易提供本科学位。其结果是高等教育的爆炸式增长和进一步商品化。在巴西 2010 年的 100 多个本科和研究生课程中,约 80% 的课程是由私立大学提供的。

　　巴西的前几代学者是在欧洲而不是美国接受培训的,而且主要不是在国际关系理论方面,而是在外交政策研究和国际关系史方面。人们普遍认为,国际关系理论是在20世纪90年代引进的。在90年代,后现代主义、建构主义、批判理论和其他欧美方法在巴西产生了影响,但大多数研究都集中在巴西外交政策的历史上。然而最近巴西学者开始批评早期的理论研究,认为巴西过分依赖美国的社会科学,缺乏拉美的南方观点。与其他金砖四国相比,巴西国际关系学科的兴起通常并不被描绘成本土理论的兴起。在巴西,人们通常不会对全球权力的"崛起"感到同样欣喜,尤其是在后卢拉和后拉瓦·贾托时代。然而一些外交政策研究人员和学者与所谓的"巴西利亚学派"有联系,他们确实主张发展巴西本土概念,以支持巴西崛起成为全球强国。据支持该项目的学者说,要支持巴西本土概念的发展就应支持巴西作为"新兴国家"的外交政策,巴西本土概念将取代"美国中心"的学术思维所发展的宏观理论。如果美国的国际关系符合美国政府的需要,巴西的国际关系理论就应该为巴西政府服务。正如一位与"巴西利亚学派"有联系的学者所言,美国的理论对美国的国家战略机构有用,但对体系外的人,特别是对资本主义体系外的国家,其作用是有限的。这些反映美国"欲望"的"古老而傲慢"的国际关系理论在21世纪经历了一场危机。现在巴西同拉丁美洲、亚洲、非洲、欧洲的学者寻求为国际关系理论建立新的愿景和概念。然而"巴西利亚学派"受到批评,几乎不为许多其他巴西的国际关系研究机构所认可,但关于是否建立本土国家概念或国际关系理论的争论比在中国和俄罗斯更为温和。

三、俄罗斯

俄罗斯的国际关系研究传统始于20世纪40年代。随着苏联在第二次世界大战中获胜,其外交关系和全球影响力迅速扩大。苏联政府对世界各个不同地区的事务研究感兴趣,并把它作为其在世界事务中扩大国际作用的知识背景。因此,在二战后期便建立了第一个国际关系研究中心,以满足日益增长的对训练有素的外交官和研究人员的需求。1943年,莫斯科国立大学成立了国际关系学院,并于1944年独立成为外交部下属的一个独立的外交官培训机构。此外,苏联有一套政府研究和培训的机构体系,以及俄罗斯科学院。50年代和60年代,在该体系下还建立了新的国际关系研究机构。

国际关系的研究是多学科的、领域导向的、实证的、历史的、应用的和政策导向的,而不仅仅是理论的。从理论上讲,苏联马克思主义理论强调资本主义和社会主义之间的制度斗争,以及资产阶级和无产阶级之间的阶级斗争。这在冷战的大部分时间里仍然占主导地位,尽管它们经常包含一些看似互不相容的以国家为中心和现实主义理论的假设。然而除了一些零星的学术交流发生在20世纪70年代的缓和时期,总的来说,俄罗斯的国际关系理论与西方资产阶级和资本主义理论的接触是孤立的。

不出所料,影响国际关系研究进程的主要政治事件是冷战的结束和苏联的解体,这导致了关于外交政策的"激烈辩论"。戈尔巴乔夫的改革最终导致了苏联的解体和冷战的结束,也产生了学术界逐渐自由化的效果。苏联解体后,俄罗斯对国际关系专家的需求也在不断增长,在整个 20 世纪 90 年代,现有的大学壮大了国际关系专业,并建立了一些新的项目。从 80 年代末到 90 年代初,与外国学者的国际交流迅速增加。矛盾的是,冷战的结束并没有产生更多学术性和理论性的国际关系理论,而是导致更多学者移民到其他国家或进入智库、媒体和政策部门。因此,这一时期的特点是国际关系研究人员和教师的稀缺。

从理论上讲,俄罗斯的国际关系研究经历了"非常迅速和戏剧性的转变"。苏联的解体和马克思主义方法创造了一个"理论真空",促进了西方国际关系理论的引入,如自由主义、现实主义、建构主义和后结构主义。美国的基金会也参与了这一过程。最近的一些调查表明,人们不再"熟悉"西方理论,而且越来越觉得,构建本土理论,甚至是完全孤立主义的理论的时机已经"成熟",即使它们与"西方化"共存。在俄罗斯的国际关系理论中,人们也发现了一些新观点,认为国际关系理论是以西方为中心的,反映了西方特别是美国文明的偏见,只是一个复杂的工具,用于生产、保障、保卫和宣传西方霸权。列别代娃(Lebedeva)在 2004 年提出,尽管苏联和俄罗斯倾向于建立全国性的科学院,但俄罗斯仍然没有专门研究国际关系的科学院。

在过去的十年里,随着俄罗斯地缘政治,尤其是"新欧亚主义"的崛起,这种情况已经发生了很多变化。地缘政治和空间思维在一定程度上填补了苏联正统主义衰落后的世界观真空。需要强调的是,它不只是一个新欧亚主义版本。俄罗斯地缘政治可以说是当今最接近俄罗斯特色的国际关系学派。正如一位欧亚主义的杰出倡导者所言,空间思维意味着"俄罗斯思维"。地缘政治的新欧亚主义版本带有反自由主义、例外论甚至扩张主义的倾向。它以近乎亨廷顿的方式,强调了俄罗斯的文明和地理例外主义,作为东西方之间的桥梁,作为关键的文明平衡力量。

然而这一理论论述很少与俄罗斯的崛起推动了俄罗斯国际关系学派的建设这一论点相结合。这里需要注意的是,俄罗斯及其国际关系理论显然与其他金砖国家不同。它在冷战期间"崛起",长期以来一直是一个全球大国。事实上,与"金砖四国"的崛起有某种相似之处的历史时刻,正是二战后苏联国际关系研究的轨迹。随着俄罗斯崛起为全球大国,它与其他金砖国家都经历了类似的发展,即日益增多的外交和多边参与,以及"不断扩大的国际角色"促使对不同地区和全球问题的更多研究。但如今,很少有学者把俄罗斯的国际关系研究放在该国地缘政治崛起的背景下看待,尽管其政治自信是另一个问题。的确,在这个历史时刻,俄罗斯可以说是在衰落,而不是崛起。实际上,正是对俄罗斯即将从大国地位上衰落的担忧,而不是俄罗斯的崛起,推动了俄罗斯自信和反自由的地缘政治话语的兴起。

四、印度

大多数关注印度的学者都注意到印度的国际关系学科的历史也很短,最早从1940年初见雏形,但直到1947年独立后才真正开始,主要原因是负责印度对外关系的英国殖民势力限制了印度思考其外交政策、外交关系和印度在世界上的角色的知识空间。因此,后殖民时期是印度国际关系研究历史上的一个重大突破阶段。作为一个独立的国家,印度与其他国家的关系发生了巨大的变化,迫切需要"洞见国际社会的真实本质"。因此,20世纪50年代是印度国际关系研究的"良好开端"和"有利时期"。

在后殖民时代的印度，贾瓦哈拉尔·尼赫鲁的思想在印度的思想中举足轻重，几乎垄断了印度。尼赫鲁强调了解印度之外的世界的重要性，以及培养印度国际事务专家的重要性，这可以为新独立国家外交政策的制定提供信息。然而贾瓦哈拉尔·尼赫鲁对印度国际关系研究的影响存在争议。一方面，尼赫鲁催生了国际关系学科的发展，建立印度世界事务委员会和印度国际研究学院，即今天的贾瓦哈拉尔·尼赫鲁大学国际研究学院，以支持新独立国家的不结盟外交政策研究。另一方面，批评者认为，尼赫鲁的主导地位扼杀了印度国际关系的理论思维，因为在这些新机构中进行的大多数研究都致力于区域研究，而不是大理论思维。直到 20 世纪 70 年代，不结盟一直是"主流叙事"。批评者认为，国际关系学者变得墨守成规，"成为他们所喜欢的政治领导人的啦啦队领袖，但不是外交政策的新思想或新策略的创新者"。不结盟运动被比作一种库恩范式，在这种范式下进行了许多正常的科学研究，但缺乏创造性和革命性。不结盟运动是主导的范式，而其他理论范式，特别是美国范式却被排除在外。

就国际互联互通而言，印度国际关系研究实际上始于 20 世纪 40 年代和 50 年代与欧美国际关系学者和机构进行的更广泛的互动。然而西方国际关系理论的影响在 60 年代开始瓦解，尼赫鲁时代的印度不结盟政策寻求减少外部干涉，而这一渐进过程在英迪拉·甘地的"第三世界主义"外交政策下继续推进。虽然这个想法是为了产生不结盟理论知识，但观察员后来认为这个时期扼杀了印度的国际关系知识进步。随着 90 年代的新自由主义改革和对外开放进程，这种孤立感逐渐消失。与巴西和俄罗斯一样,印度在后冷战时期也经历了巨大的制度扩张。尽管印度的国际关系研究仍然集中在国立师范大学庞大的国际研究院系统里,但有人估计,广义上的"国际研究"课程已在一百五十多所印度大学开设,尽管授予学位的机构较少。

在国际关系理论方面,尽管印度国际关系学者对西方"开放",但他们从未引进过美国社会科学。美国的基金会、交流和翻译项目从未达到其他金砖国家那样的程度。长期以来,印度对本国国际关系研究依赖西方理论框架和缺乏本土理论的不满也一直存在。当印度在世界政治中越来越被视为一个新兴力量,但在国际关系研究中却不那么重要时,这种不满在日益增加。例如,2014年教学、研究和国际政策研究机构调查发现,85%的印度国际关系学者同意或强烈同意国际关系是西方主导的学科(全球平均水平为77%),86%的受访者还认为,在国际关系中对抗西方的主导地位很重要(全球平均水平为62%)。构建"本土理论"而不是模仿西方的举措也在增加,一些学者呼吁发展"印度话语"或"本土理论"。学者们认为,印度作为一个正在崛起的大国,也应该成为国际关系知识生产的主要中心,印度学者应该满足现代化和崛起大国的需要。例如,像保罗(T. V. Paul)这样的学者认为,缺乏能够帮助印度发展其宏伟战略愿景的国际关系理论话语,最终可能会成为对印度经济发展的潜在障碍。

保罗指出,随着印度在全球一级力量和地位的提高,印度对国际关系,特别是对国际关系理论的忽视,产生了严重的后果。如果印度不根据其已有的经验和理论基础制定适当的"大战略"来应对不同的挑战,它在国际体系中的地位可能会受到不利影响。一个国家,尤其是一个正在崛起的大国,如果没有宏伟的战略,那就有点像一个没有商业计划的跨国公司了。

随着印度的崛起,印度决策者应该了解其原因和影响,以便他们能够采取积极而非被动的政策。有些人认为这只是时间问题:随着中国地位的提升和影响力的提高,也将有利于国际关系理论的创新。但另一位印度学者认为,印度在世界政治中的崛起,不仅在战略和政策方面,而且在国际关系理论方面,都为重新定义世界开辟了空间。他认为印度作为世界新兴大国的崛起,其在理论定义和战略设计方面,对新多边主义的形成具有重要意义,从而表明国际关系理论在印度的地位提升。但总体来看,印度在国际关系理论研究方面,特别是与中国相比,仍然有很多不足之处,许多学者认为印度还未进入理论建设阶段。因此一些学者质疑,为什么印度在政治和经济上正在崛起,而在国际关系理论构建上却还未能崛起呢?

五、中国

在中国,国际关系学科也诞生于与其他国家的密切交往中。该学科成型的标志是 20 世纪 50 年代中国人民大学外交学系(后来的外交学院)的成立。然而国际关系研究往往可追溯到周恩来在 1963—1964 年关于加强外交官培训机构的建议,特别是 1963 年 12 月中共中央发布的《关于加强外国问题研究的决定》中关于加强国际关系研究的指示。随后,北京大学、复旦大学和中国人民大学政治系更名为国际政治系,这是周恩来和陈毅亲自参与并支持的。设立这三个国际政治系的目的是提供该领域和语言方面的专门知识以及外交培训,以满足新成立的中华人民共和国的外交需要。从更广泛的(地缘)政治背景来看,一些观察家认为,1960年开始的中苏交恶的政治状况增强了人们对国际关系的兴趣,促进了中国国际关系学科的制度化。

然而在中国国内,毛泽东时期以马克思主义理论为正统观念,意识形态更务实。国际关系被视为一门"政策科学",当时的国际关系理论是由政治领导人提出并由学者分析研究的。影响该领域发展轨迹的重大政治事件是"文化大革命",它导致对该领域研究的忽视与停滞。邓小平的"改革开放"从思想研究开始突破,中国学者开始从西方引进和学习国际关系理论。许多中国学者在美国接受过培训,美国理论在美国基金会的帮助下被引进中国。在"理论追赶"或"学习复制"阶段,美国现实主义、自由主义、建构主义等理论在美国基金会的帮助下被引入中国,中国国际关系学者之间也进行了一段时间有条理的辩论。

随着中国在21世纪初的快速发展,国际关系学已成为中国大学中的热门学科。20世纪80年代以前,中国只有三所大学开设了国际关系课程,但到90年代末,已经建立了100多个国际关系研究机构和60个国际关系学系。中国现在拥有世界上最大的国际关系学术共同体,在学生、学院和研究机构方面仅次于美国。从理论上讲,中国的崛起意味着中国国际关系已经进入"理论建设""理论创造"或"中国学派"阶段。人们不认为这是一个问题,即中国的崛起力量何时会促成自身国际关系理论的建立,仅仅是由于其日益扩大的全球足迹。崛起的大国正在扩大全球利益以及与世界不同地区的经济、政治和外交互动,这些发展鼓励了更多的国际关系知识的理论化。"中国学派"的主要倡导者秦亚青认为:"自21世纪初以来,中国与世界其他地区的互动急剧增加,这促进了中国国际关系学科的发展和进步。"此外,秦刚认为,中国的崛起将不可避免地导致中国国际关系学派的理论出现。他说:

"中国学派的出现不仅是可能的,而且是不可避免的。"中国正在经历快速发展、巨大的社会转型和深刻的观念转变。这些变化促使中国解决与国际社会的一体化问题,而与世界关系谈判的过程必然导致中国国际关系理论学派的出现。换句话说,其基本逻辑是,不断扩大全球参与的新兴大国需要重新谈判它们在世界上的作用,为此需要自己的国际关系理论。

中国显然是金砖国家中最重要的,当然这种争论也最为普遍。这导致一个问题,"中国作为一个崛起的大国,是否会让中国学者在世界政治理论中拥有更大的影响力?这将在多大程度上削弱西方国际关系理论在学科中的主导地位?"同样,另一个问题是"中国的崛起是否会带来中国国际关系理论的兴起?"作为反西方霸权的理论呼吁之一,中国学派认为,前殖民地和发展中国家的崛起将导致重新审视现有的西方国际关系理论,重新思考革命性的本土国际关系理论的建设。一旦这些不发达国家崛起,他们的利益应该在国际体系中得到表达,这将使西方理论体系得以重构。

中国作为一个正在崛起的大国的论点需要采用多种理论形式讨论,但往往以"国家需要"为中心。任晓也是一位中国学派理论的倡导者,他直接倡导一种为中国崛起的大国需求服务的理论。他指出:"总的来说,人们一致认为,这种中国式探索必须基于中国作为世界崛起大国所面临的重大问题,并通过中国独立研究寻求解决方案。"秦亚青认为,这个理论观点是明确的,即如果理论总是为某人和特定目的服务,特别是美国和维护美国霸权服务,那么中国必须发展自己的"大理论",为国家正在崛起的大国宗旨服务。就连"中国学派"这一标签的主要反对者阎学通教授也认为:"如果我们能够重新发现中国古代哲学家更多的国际政治思想,并利用它们丰富的当代国际关系理论,这将为中国的崛起战略提供指导方针。"

中国学派最初以"中国和平崛起"议题为中心。中国学者试图阐明对世界秩序与和平变革的替代愿景,以对抗西方国际关系学科中关于崛起大国的可怕预测。观察家们还解读了中国传统哲学的理论,认为直接动机是中国需要创造一个所谓"中国治下的和平"(Pax Sinica),作为继"美国治下和平"(Pax Americana)之后的世界新秩序的愿景。例如,威廉·卡拉汉(William Callahan)认为大国仅有物质实力是不够的,"世界大国领导人需要一种象征性的意识形态来统领全球",他通过这个视角解读了中国国际关系的理论,特别是中国传统的"天下"概念,认为"天下"概念与中国政府提倡的"和谐世界"的政策相呼应。在这一论点中,像中国这样的崛起大国将尝试发展一种和平崛起的理论,这不足为奇,甚至是意料之中的。国际关系理论与外交政策之间有某种内在的联系。然而随着中国在习近平主席领导下实行更加自信的外交政策,中国的国际关系理论也逐渐从防御性的和平崛起,转向实现中国梦的积极理论化方向。

六、结论

本章重点探讨金砖国家的国际关系学科如何应对其所谓的崛起挑战。在回顾最初四个金砖国家关于国际关系的已有研究时,本章对研究的边界进行了扩展。这些研究表明,新兴大国普遍经历了建立理论过程中的物质条件改善,因为金砖四国的经济增长导致其研究和高等教育部门的资金增加和规模扩大。其中一些资金被分配给国际关系研究,因此自 20 世纪 90 年代以来,这四个国家的国际关系学者、机构和期刊的数量以及资金和国际旅行都出现了巨大的增长。这种制度的发展一直伴随着学术产出的数量和理论复杂性的增加。

从国际比较的角度来看,阿拉加帕(Alagappa)认为:"亚洲大国的持续崛起可能会维持并进一步激发亚洲和西方国家对国际关系理论研究的兴趣。"这一趋势的净效应将是丰富现有的概念、理论和范式,为国际关系研究提供新的视角和新的动力,并使增长来源多样化,使该学科更加国际化。此外,物质资金的增长通过国际旅行和互联互通为理论提供了支持。正如通常描述的那样,这四个国家的国际关系的历史开始于最初的多学科领域,由在不同学科受训的学者组成,但共同关注的是外交领域和外交政策。直到 20 世纪 90 年代,当新一代学者开始出国参加会议、进行研究和培训,并带着国际关系理论回国时,理论研究才在该学科中变得更加重要。在本学科史上,90 年代以来西方国际关系理论的引进和应用被视为巩固该领域并最终推动当代理论建设的重要努力。

这一制度扩张和国际开放的大趋势是理论的争论建设,而不仅仅是在"消费"理论。从这个意义上说,新兴大国似乎确实声称正在从理论视角研究世界。虽然新兴大国倾向于将世界政治理论化,它们也可能找到了一个非常普遍的共同点,但它也描绘了一幅非常粗糙和简单的画面。虽然所有国家都提供了反对西方国际关系理论的例子,将其界定为服务于美国外交政策和单极霸权的"美国社会科学",但并不是所有学者都用它来支持更具民族主义的行动,创建某一个国家的国际关系学派。这些争论并不总是以国家"理论"或"学派"来表达,它们也被描绘为本土概念或后西方理论。其中,有关"中国学派"与"巴西学派"的争论最为激烈。

通过追踪国际关系学科演变的历史,我们发现理论建设的趋势往往被视为与其政治和经济"崛起"有关。国际关系学科是由外生的政治冲击发起的,这种冲击推动了其地缘政治的崛起,促使各国的国际关系学界朝着理论成熟度提高的方向发展。但是在国际关系学科史的叙述中,新兴大国的学者们转向理论化,不仅是其物质"崛起"的产物,也是由于各国国际关系学科历史演变中具有的内在的成熟逻辑。金砖四国的具体学科发展轨迹表现出的多样性大于统一性。中国和部分俄罗斯的国际关系史,通常被西方学界视为理论建设的初级阶段。而与此同时,印度和巴西的国际关系研究通常被描绘成较早与西方国际关系有了更广泛的接触,但它们的"崛起"并不是理论生产的高潮。从这个意义上说,这些国家的"崛起"只是作为一个背景条件,尽管这一条件使金砖国家的国际关系学科进一步向"全球-西方"学术界开放,并且在大多数情况下,允许更多的研究自由和更多的学术资源。从金砖国家来看,虽然国际关系研究最初诞生于各国的外交政策,但国际关系学界实际上已经逐渐远离政策界。第一批国际关系研究项目都在各国首都设立,目的是培训"熟练外交的劳动力",以发挥该国日益增强的国际作用。与早年相比,随着对专业知识的需求不断增加,金砖国家的国际关系学者在今天都享有更大的学术自主权,这无疑提升了他们的学术创新能力。

总的来说,金砖国家的地缘政治"崛起"似乎为新兴大国发展国际关系提供了元叙事,但它只是在最通用的宏观政治和外部主义层面才是如此。在巴西、俄罗斯、印度和中国,关于"本土理论"的对话是不一样的,甚至这个词的含义也可能有所不同。我们甚至没有看到每个国家内部的统一行动,而只看到在这些辩论中进行的内部争论和各种不同的行动。并非中国、印度或巴西的国际关系学者是反霸权主义的,同样,并非金砖四国所有学者都反对或主张推翻西方的国际关系理论。即使在中国,也存在着争论和分歧,在那里,"中国学派"的建设对许多人来说都是一个理论上的话题。然而在一般层面上,新兴大国正在就"本土"国际关系理论化及如何将世界政治理论化展开辩论,这一现实可能会将它们团结在一起。

参考文献

Acharya, Amitav (2014) "Power Shift or Paradigm Shift? China's Rise and Asia's Emerging Security Order." *International Studies Quarterly*, 58(1): 158–173.

Acharya, Amitav (2016) "'Idea-Shift': How Ideas from the Rest Are Reshaping Global Order." *Third World Quarterly*, 37(7): 1156–1170.

Alagappa, Muthiah (2009a) "Guest Editor's Note." *International Studies*, 46(1–2): 3–6.

Alagappa, Muthiah (2009b) "Strengthening International Studies in India: Vision and Recommendations." *International Studies*, 46(1–2): 7–35.

Alagappa, Muthiah (2011) "International Relations Studies in Asia: Distinctive Trajectories." *International Relations of the Asia-Pacific*, 11(2): 193–230.

Appadorai, A. (1987) "International and Area Studies in India." *International Studies*, 24(2): 133–143.

Bajpai, Kanti (1997) "International Studies in India: Bringing Theory (Back) Home." In M.S. Rajan (eds.) *International and Area Studies in India*. New Delhi: Lancers Books.

Bajpai, Kanti (2009) "Obstacles to Good Work in Indian International Relations." *International Studies*, 46(1–2): 109–128.

Bajpai, Kanti, and Siddharth Mallavarapu (2005) *International Relations in India: Bringing Theory Back Home*. New Delhi: Orient Blackswan.

Behera, Navnita Chadha (2007) "Re-Imagining IR in India." *International Relations of the Asia-Pacific*, 7(3): 341–368.

Bernal-Meza, Raúl (2010) "International Thought in the Lula Era." *Revista Brasileira de Política Internacional*, 53(Special Issue): 193–213.

Biswas, Aparajita (2007) "African Studies in India." In P.T. Zeleza (ed.) *The Study of Africa: Global and Transnational Engagements*. Oxford: African Books Collective.

Callahan, William (2001) "China and the Globalisation of IR Theory: Discussion of 'Building International Relations Theory with Chinese Characteristics'." *Journal of Contem-*

porary China, 10(26): 75–88.

Callahan, William (2008) "Chinese Visions of World Order." *International Studies Review*, 10(4): 749–761.

Callahan, William (2015) "Identity and Security in China: The Negative Soft Power of the China Dream." *Politics*, 35(3–4): 216–229.

Cervo, Amado (2008) "Conceitos Em Relações Internacionais." *Revista Brasileira de Política, Internacional*, 51(2): 8–25.

Chan, Gerald (1998) "Toward an International Relations Theory with Chinese Characteristics?" *Issues & Studies*, 34(6): 1–28.

Chen, Zhimin, Guorong Zhou, and Shichen Wang (2018) "Facilitative Leadership and China's New Role in the World." *Chinese Political Science Review*, 3(1): 10–27.

Cruz, Jose da (2005) "Brazil's International Relations at the Dawn of the Twenty-First Century." *Latin American Politics & Society*, 47(1): 115–122.

Cunningham-Cross, Linsay (2014) "Narrating a Discipline: The Search for Innovation in Chinese International Relations." In Nicola Horsburgh, Astrid Nordin, and Shaun Breslin (eds.) *Chinese Politics and International Relations: Innovation and Invention*. London: Routledge.

Daudelin, Jean (2013) "Coming of Age?: Recent Scholarship on Brazilian Foreign Policy." *Latin American Research Review*, 48(2): 204–217.

Dixit, J.N. (1997) "Inadequacies in the Study of International Relations and Area Specialization in India's Policy and Relations." In M.S. Rajan (eds.) *International and Area Studies in India*. New Delhi: Lancers Books.

Faria, Carlos Aurélio Pimenta de (2012) "Teaching and Research on Foreign Policy in the Field of International Relations in Brazil." *Austral*, 1(2): 95–128.

Fonseca, Gelson, Jr. (1987) "Studies on International Relations in Brazil." *Millennium*, 16(2): 273–280.

Geeraerts, Gustaaf, and Jing Men (2001) "International Relations Theory in China." *Global Society*, 15(3): 251–276.

Giacalone, Rita (2012) "Latin American Foreign Policy Analysis: External Influences and Internal Circumstances." *Foreign Policy Analysis*, 8(4): 335–354.

Gray, Kevin, and Craig N. Murphy (2013) "Introduction: Rising Powers and the Future of Global Governance." *Third World Quarterly*, 34(2): 183–193.

Harshe, Rajan (1997) "The Status of International Relations Studies: An Agenda for the Future." In M.S. Rajan (ed.) *International and Area Studies in India*. New Delhi: Lancers Books.

Herz, Mônica (2002) "O Crescimento Da Área de Relações Internacionais No Brasil." *Contexto Internacional*, 24(1): 7–40.

Horesh, Niv, and Emilian Kavalski (2014) *Asian Thought on China's Changing International Relations*. London: Palgrave Macmillan.

Jatoba, Daniel (2013) "Los Desarrollos Académicos de Las Relaciones Internacionales En Brasil: Elementos Sociológicos, Institucionales y Epistemológicos." *Relaciones Internacionales*, 22: 27–46.

Julião, Taís Sandrim (2012) "A Graduação Em Relações Internacionais No Brasil." *Revista*

Monções, 1(1): 13–48.

Kahler, Miles (2013) "Rising Powers and Global Governance: Negotiating Change in a Resilient Status Quo." *International Affairs*, 89(3): 711–729.

Kim, Hun Joon (2016) "Will IR Theory with Chinese Characteristics Be a Powerful Alternative?" *The Chinese Journal of International Politics*, 9(1): 1–26.

Kristensen, Peter Marcus (2017) "Southern Sensibilities: Advancing Third Wave Sociology of International Relations in the Case of Brazil." *Journal of International Relations and Development*, onlinefirst, 1–27.

Kristensen, Peter Marcus, and Ras Tind Nielsen (2013) "Constructing a Chinese International Relations Theory." *International Political Sociology*, 7(1): 19–40.

Kristensen, Peter Marcus, and Ras Tind Nielsen (2014) "You Need to Do Something That the Westerners Cannot Understand': The Innovation of a Chinese School of IR." In Nicola Horsburgh, Astrid Nordin, and Shaun Breslin (eds.) *Chinese Politics and International Relations: Innovation and Invention*. London: Routledge.

Lebedeva, Marina (2004) "International Relations Studies in the USSR/Russia: Is There a Russian National School of IR Studies?" *Global Society*, 18(3): 263–278.

Lessa, Antônio Carlos (2005a) "Instituições, Atores e Dinâmicas Do Ensino e Da Pesquisa Em Relações Internacionais No Brasil." *Revista Brasileira de Política Internacional*, 48(2): 169–184.

Lessa, Antônio Carlos (2005b) "O Ensino de Relações Internacionais No Brasil." In Amado Luiz Cervo and José Flávio Sombra Saraiva (eds.) *O Crescimento Das Relações Internacionais No Brasil*. Brasília: Instituto Brasileiro de Relações Internacionais.

Lessa, Antônio Carlos (2006) "A Evolução Recente Dos Estudos e Dos Programas de Pós-Graduação Em Relações Internacionais No Brasil." *Meridiano*, 47, 7(68): 14–16.

Liang, Shoude (1997) "Constructing an International Relations Theory with Chinese Characteristics." *Political Science*, 49(1): 23–39.

Lipton, Merle (2017) "Are the BRICS Reformers, Revolutionaries, or Counter-Revolutionaries?" *South African Journal of International Affairs*, 24(1): 41–59.

Makarychev, Andrey, and Viatcheslav Morozov (2013) "Is 'Non-Western Theory' Possible? The Idea of Multipolarity and the Trap of Epistemological Relativism in Russian IR." *International Studies Review*, 15(3): 328–350.

Mäkinen, Sirke (2017) Professional Geopolitics as an Ideal: Roles of Geopolitics in Russia. *International Studies Perspectives*, 18(3): 288–303.

Mallavarapu, Siddharth (2009) "Development of International Relations Theory in India: Traditions, Contemporary Perspectives and Trajectories." *International Studies*, 46(1–2): 165–183.

Mansfield, Edward (2014) "Rising Powers in the Global Economy: Issues and Questions." *International Studies Review*, 16(3): 437–442.

Mattoo, Amitabh (2009) "The State of International Studies in India." *International Studies*, 46(1–2): 37–48.

Mattoo, Amitabh (2012) "An Indian Grammar for International Studies." *The Hindu*. December 11. Available at www.thehindu.com/opinion/op-ed/An-Indian-grammar-for-International-Studies/article12442433.ece. (Accessed August 31, 2018).

Miller, Manjari Chatterjee (2016) "The Role of Beliefs in Identifying Rising Powers." *The Chinese Journal of International Politics*, 9(2): 211–238.

Miyamoto, Shiguenoli (1999) "O Estudo das Relações Internacionais no Brasil." *Revista de Sociologia e Política*, 12: 83–98.

Miyamoto, Shiguenoli (2003) "O Ensino Das Relações Internacionais No Brasil." *Revista de Sociologia e Política*, 20: 103–114.

Mohan, C. Raja (2009) "The Re-Making of Indian Foreign Policy: Ending the Marginalization of International Relations Community." *International Studies*, 46(1–2): 147–163.

Noesselt, Nele (2015) "Revisiting the Debate on Constructing a Theory of International Relations with Chinese Characteristics." *The China Quarterly*, 222: 430–448.

Paul, T.V. (2009) "Integrating International Relations Studies in India to Global Scholarship." *International Studies*, 46(1–2): 129–145.

Paul, T.V. (ed.) (2016) *Accommodating Rising Powers: Past, Present, and Future*. Cambridge: Cambridge University Press.

Pinheiro, Leticia (2008) "International Relations Studies in Brazil: Epistemological and Institutional Characteristics." Paper presented at the IPSA Conference, Concordia University, Montreal, Canada, April 30–May 2.

Qin, Yaqing (2007) "Why Is There No Chinese International Relations Theory?" *International Relations of the Asia-Pacific*, 7(3): 313–340.

Qin, Yaqing (2009) "Development of International Relations Theory in China." *International Studies*, 46(1–2): 185–201.

Qin, Yaqing (2011a) "Development of International Relations Theory in China: Progress and Problems." In Yizhou Wang (ed.) *Transformation of Foreign Affairs and International Relations in China, 1978–2008*. Leiden: Brill ebooks.

Qin, Yaqing (2011b) "Development of International Relations Theory in China: Progress through Debates." *International Relations of the Asia-Pacific*, 11(2): 231–257.

Qin, Yaqing (2012) "The Possibility and Inevitability of a Chinese School of International Relations Theory." In William A. Callahan and Elena Barabantseva (eds.) *China Orders the World: Normative Soft Power and Foreign Policy*. Baltimore: Johns Hopkins University Press.

Rajan, M.S. (1994) "International and Area Studies in India." *International Studies*, 31(2): 207–214.

Rajan, M.S. (1997) *International and Area Studies in India*. New Delhi: Lancers Books.

Rajan, M.S. (2005) "Golden Jubilee of the School of International Studies: An Assessment." *International Studies*, 42(3–4): 195–204.

Ren, Xiao (2008) "Toward a Chinese School of International Relations." In Gungwu Wang and Yongnian Zheng (eds.) *China and the New International Order*. London and New York: Routledge.

Ribeiro, Pedro Feliú, Mariana Kato, and Gary Rainer (2013) "Mercado de Trabalho e Relações Internacionais No Brasil." *Meridiano*, 47, 14(135): 10–18.

Sahadevan, P. (2009) "Editor-in-Chief's Note." *International Studies*, 46(1–2): 1–1.

Sahni, Varun (2009) "The Fallacies and Flaws of Area Studies in India." *International Studies*, 46(1–2): 49–68.

Santos, Norma Breda dos, and Fúlvio Eduardo Fonseca (2009) "A Pós-Graduação Em Relações Internacionais No Brasil." *Contexto Internacional*, 31(2): 353–380.

Saraiva, José Flávio Sombra (ed.) (2009) *Concepts, Histories and Theories of International Relations for the 21th Century*. Brasilia: IBRI.

Schouten, Peer, and Alexander Dugin (2014) "Theory Talk #66: Alexander Dugin." Available at www.theory-talks.org/2014/12/theory-talk-66.html. (Accessed August 31, 2018).

Sergounin, Alexander (2009) "Russia: IR at a Crossroads." In Arlene Tickner and Ole Wæver (eds.) *International Relations Scholarship around the World*. London and New York: Routledge.

Sergunin, Andrei (2004) "Discussions of International Relations in Post-Communism Russia." *Communist and Post-Communist Studies*, 37(1): 19–35.

Shahi, Deepshikha (2013) "Indian Scholarship on International Relations and Multilateralism." *Economic and Political Weekly*, 48(5): 50–58.

Shahi, Deepshikha, and Gennaro Ascione (2015) "Rethinking the Absence of Post-Western International Relations Theory in India." *European Journal of International Relations*, 22(2): 313–334.

Shambaugh, David (2011) "International Relations Studies in China: History, Trends, and Prospects." *International Relations of the Asia-Pacific*, 11(3): 339–372.

Song, Xinning (1997) "International Relations Theory-Building in China." *Political Science*, 49(1): 40–61.

Song, Xinning (2001) "Building International Relations Theory with Chinese Characteristics." *Journal of Contemporary China*, 10(26): 61–74.

Stephen, Matthew (2017) "Emerging Powers and Emerging Trends in Global Governance." *Global Governance*, 23(3): 483–502.

Stuenkel, Oliver (2015) *The BRICS and the Future of Global Order*. Lanham: Lexington Books.

Tickner, Arlene (2003) "Hearing Latin American Voices in International Relations Studies." *International Studies Perspectives*, 4(4): 325–350.

Tickner, Arlene (2008) "Latin American IR and the Primacy of Lo Practico." *International Studies Review*, 10(4): 735–748.

Tickner, Arlene (2009) "Latin America: Still Policy Dependent after All These Years?" In Arlene Tickner and Ole Wæver (eds.) *International Relations Scholarship around the World*. London and New York: Routledge.

Trindade, Hélgio (2005) "Social Sciences in Brazil in Perspective: Foundation, Consolidation and Diversification." *Social Science Information*, 44(2–3): 283–357.

Tsygankov, Andrei, and Pavel Tsygankov (2004) "New Directions in Russian International Studies: Pluralization, Westernization, and Isolationism." *Communist and Post-Communist Studies*, 37(1): 1–17.

Tsygankov, Andrei, and Pavel Tsygankov (2010) "National Ideology and IR Theory: Three Incarnations of the 'Russian Idea'." *European Journal of International Relations*, 16(4): 569–601.

Ventura, Deisy de Freitas Lima, and Maria Antonieta del Tedesco Lins (2014) "Educação Superior e Complexidade: Integração Entre Disciplinas No Campo Das Relações Internacionais." *Cadernos de Pesquisa*, 44(151): 104–131.

Vigevani, Tullo, Laís Forti Thomáz, and Lucas Batista Leite (2014) "As Relações Internacionais No Brasil: Notas Sobre o Início de Sua Institucionalização." *Interrelações*, 14(40): 5–11.

Vizentini, Paulo (2005) "A Evolução Da Produção Intelectual e Dos Estudos Acadêmicos de Relações Internacionais No Brasil." In Amado Cervo and José Flávio Sombra Saraiva (eds.) *O Crescimento Das Relações Internacionais No Brasil*. Brasília: IBRI.

Wang, Hung-Jen (2013a) "Being Uniquely Universal: Building Chinese International Relations Theory." *Journal of Contemporary China*, 22(81): 518–534.

Wang, Hung-Jen (2013b) *The Rise of China and Chinese International Relations Scholarship*. Lanham: Lexington Books.

Wang, Jiangli, and Barry Buzan (2014) "The English and Chinese Schools of International Relations: Comparisons and Lessons." *The Chinese Journal of International Politics*, 7(1): 1–46.

Wang, Jianwei (2002) "International Relations Studies in China." *Journal of East Asian Studies*, 2(1): 69–88.

Wang, Yiwei (2007) "Between Science and Art: Questionable International Relations Theories." *Japanese Journal of Political Science*, 8(2): 191–208.

Wang, Yiwei (2009) "China: Between Copying and Constructing." In Arlene Tickner and Ole Wæver (eds.) *International Relations Scholarship around the World*. London and New York: Routledge.

Yan, Xuetong (2011) *Ancient Chinese Thought, Modern Chinese Power*. Princeton: Princeton University Press.

Yan, Xuetong (2014) "From Keeping a Low Profile to Striving for Achievement." *The Chinese Journal of International Politics*, 7(2): 153–184.

Yan, Xuetong (2016) "Political Leadership and Power Redistribution." *The Chinese Journal of International Politics*, 9(1): 1–26.

Zhang, Feng (2012) "Debating the 'Chinese Theory of International Relations'." In Fred Reinhard Dallmayr and Tingyang Zhao (eds.) *Contemporary Chinese Political Thought: Debates and Perspectives*. Lexington: University Press of Kentucky.

Zhang, Yongjin (2002) "Review: International Relations Theory in China Today: The State of the Field." *The China Journal*, 47: 101–108.

Zhang, Yongjin (2003) "The 'English School' in China: A Travelogue of Ideas and Their Diffusion." *European Journal of International Relations*, 9(1): 87–114.

Zhang, Yongjin, and Teng-Chi Chang (2016) *Constructing a Chinese School(s) of International Relations*. London: Routledge.

第三章　金砖国家是否挑战了当前全球秩序

一、导言

　　金砖国家的崛起是否挑战了当前的全球秩序？如果是这样，这些国家是会结成联盟共同挑战现有秩序，还是会单独挑战现有秩序？权力过渡会导致冲突，还是可能实现和平过渡？如果金砖国家，特别是中国，都不挑战当前的全球秩序，那么全球秩序将如何演变？本章旨在围绕这些问题，聚焦于对权力转移和霸权的相互对立的理论解读，对金砖国家进行理论建构，特别是考察了与中国崛起和当前全球秩序相关的理论，因为中国是金砖国家中最强大的参与者。本章将试着将这些理论及其背后的逻辑联系扩展到全部金砖国家。

　　本章阐述了相互竞争的国际关系理论和国际政治经济学理论之

间在描述、概念化和理论化当前全球秩序方面的紧张关系。它侧重于权力转移和霸权两个方面,因为这两个方面是相互关联的。权力转移可能导致也可能不会导致霸权的变化,至少在葛兰西对霸权的理解中是这样的,即在一个系统中嵌入的潜在价值和逻辑。例如,权力转移中的一种情况可能是,尽管国际关系行为体 A(如中国)在物质上超过行动体 B(如美国),但支配当前全球体系的潜在价值和逻辑仍然不变。这个场景显示的是系统中参与者位置的变化,而不是系统本身的变化。另一种可能是,权力转移和霸权改变同时发生。这意味着行为体 A 超越行动体 B,在这个过程中行为体 A 建立了一个具有新价值的新系统。因此,将包括军事能力变化和经济地位变化在内的权力转移,与霸权价值观或世界观的根本变化区分开来就显得尤为重要。

本章将中国崛起对当前全球秩序产生潜在影响的政治、经济和文化层面联系起来,而非像传统的研究方法那样分别对这些层面进行研究。此外,它不仅展示了崛起大国与老牌大国之间的紧张关系,即中国与美国之间的紧张关系,也展示了崛起大国之间的紧张关系,如中国与印度之间。

本章超越了西方的国际关系理论,介绍了一些新兴的中国国际关系理论,如阎学通的道义现实主义、秦亚青的关系理论和唐世平的社会进化理论,以期从中国国际关系的视角对金砖国家的崛起研究有所启示。之所以选择西方国际关系理论与中国国际关系理论,是因为它们在权力转移、霸权和全球秩序等理论话语上有着积极的接触。例如,阎学通与约翰·米尔斯海默的合作,秦亚青与亚历山大·温特的合作,唐世平与罗伯特·杰维斯的合作,以及国际关系大辩论。

尽管关于中国崛起和变化中的全球秩序的理论观点多种多样,且存在高度争议,但主要话语围绕着中国崛起是否会从根本上挑战和/或重塑当前的全球秩序这一问题展开。本章从进攻性和防御性的新现实主义理论开始讲起,因为它们逻辑的变体主导着学术界和公众对中国崛起和全球秩序的讨论。然后,将阎学通的道义现实主义或清华大学的方法与西方的新现实主义理论进行比较。随后,本章将讨论新自由主义制度主义理论,并将其与区域化和区域秩序联系起来。接着介绍了秦亚青的关系理论,重点论述了关系认识论和本体论。为了拓宽理论视野,本章对各种批判理论进行了探讨,因为它们通过对当前全球体系的价值和逻辑的阐释,加深了对霸权主义和美国主流国际关系理论的理解。此外,由于国际关系与国际政治经济学正经历着一种文化转向,本章还对一些文化或文明理论进行了简要的讨论。最后,简要介绍唐世平的社会进化理论,这一理论有可能将上述所有理论联系起来。为了更好地理解复杂性和多维性的金砖四国,本章旨在将每个竞争理论的核心观点对权力过渡和霸权的作用,清晰并尽可能精确地展现出来;同时,批判性地考察因变量、干预变量和自变量之间的关系。

二、关于权力过渡

在权力交接时期,中美是否会发生冲突？中国的崛起会对美国霸权产生什么影响？这些问题倾向于主导主流的权力转移理论话语。然而如下所示,这些话语往往是以美国为中心的,因为它们关注中美关系,关注中美之间的潜在冲突,而忽略了中国和其他崛起大国之间的潜在冲突,比如中国和印度之间的冲突。即使是中国著名的国际关系学者,如王缉思、阎学通,也更多地关注中美关系的稳定与不稳定。

各种权力转移理论都没有明确地假设,一个国际关系行为体在一个系统的权力分配中位置的改变,就会导致该系统秩序的改变。例如,经济实力的变化会导致经济秩序的变化。这种逻辑也适用于其他维度,比如安全和文化。我们应该记住,经济实力的变化并不一定导致经济、政治或文化秩序的变化。此外,关注安全方面的国际关系理论对权力转移的看法往往比关注经济方面的理论更为悲观。

三、论中国崛起的新现实主义理论

虽然新现实主义理论在国际关系中的主导地位已经减弱,但其内在逻辑已经被重新创造,并以各种形式存在于理论话语、公共话语和外交政策辩论中。因此,理解新现实主义理论的基本逻辑十分重要。

从进攻性的新现实主义角度来看,中国的快速崛起将不可避免地导致与美国的军事冲突,因为历史上,新兴大国和老牌大国之间曾发生过战争,德国和日本在20世纪20年代的崛起就是一个例证。20世纪曾导致了灾难性的第二次世界大战的关键解释变量是权力在无政府国际体系中的分布,它决定了权力转移的结果。然而格拉翰·阿利森(Graham Allison)认为,即使大多数新兴大国和老牌大国都陷入了"修昔底德陷阱",但如果双方能够建立相互理解并学会适应,中美冲突也不是不可避免的。

揭示米尔斯海默的假设和逻辑是很重要的,但许多新现实主义理论家和权力转移分析人士并不明确地阐明这些假设和逻辑。米尔斯海默构造他的进攻新现实主义的理论基于以下假设:一是"国际体系是无政府状态",二是"大国本身具有一些进攻性军事能力",三是"一个国家永远不能确定其他国家的意图",四是"追求生存是大国的首要目标",五是"国家都是理性的行为体"。

简而言之,由于大国希望在无政府的国际体系中生存,它们无法确定其他大国将如何行事,它们的理性行动基于权力分配。换句话说,除了国际体系中的权力分配是一个自变量外,假设中的所有因素都保持不变。

米尔斯海默的五个理论假设,特别是第一、四、五个理论假设受到了许多相互竞争的理论的挑战,如新自由主义制度主义理论、社会进化理论、批评理论和建构主义理论的变体,以及中国国际关系理论的挑战。例如,温特在1992年指出,国际体系和国家的无政府性和自助性往往被视为自变量,但实际上,它是通过相互作用和实践(自变量)构成一个国家身份(因变量)。换句话说,国家的实践和国家之间的互动创造了无政府主义和自助的国际体系。

此外,米尔斯海默认为冲突就是战争的观点,忽略了冲突也可以通过其他形式表现出来。例如,当今的冲突可以通过货币、贸易和网络空间的形式表现出来。从一种批判的角度来看,各种形式的社会经济冲突可以被视为发生在单一的全球帝国主义系统内的全球内战。这一观点提供了一种系统性的解释,在这种解释中,全球体系被视为一个解释变量。

区分结构性解释和系统性解释是很重要的。如唐世平教授2013年对社会结构和社会制度进行了区分,他将前者视为后者的一个子集。米尔斯海默的解释更倾向于一种结构性的解释,这与华尔兹的结构性新现实主义是一致的,尽管华尔兹并不是进攻性的新现实主义者。在《人、国家与战争》中，华尔兹主张国际关系分析的层次应该从第一层次(个人)和第二层次(国家)转变为结构分析的第三层次。华尔兹用三个标准来定义结构：第一，"根据系统有序的原则"，即如果一种排序原则取代另一种，系统就会发生变化；第二，"差异化单元的功能规范"；第三，"跨单元的能力分配"。在这种理解中，结构在某种程度上与系统混为一谈了。

从华尔兹的结构角度来看，中国目前正在迅速提升其能力，这可能很快就会影响美国的能力。如果这种发展态势继续下去，能力分布的变化可能会导致当前无政府的国际体系向由中国主导的等级体系转变。华尔兹的结构在本质上是一种唯物主义的结构和系统观，与米尔斯海默的结构和系统观相似。华尔兹的唯物主义概念的问题是，它与他自己对结构和系统的定义相矛盾。例如，他的第一个结构标准中的关键词是"原则"，它支配着一个系统。但是原则是无形的，它们是规范的价值观，在不同的时间和空间中不断演变和变化。即使有一天中国的能力超过了美国，也并不意味着中国就一定会取代美国，因为到那时，中国的现行原则可能已经发生了变化和演变。

尽管进攻性和防御性的新现实主义理论都是以国家为中心的，但它们的基本逻辑可以扩展到其他分析单位，如由特定国家领导的跨国组织和机构。例如，金砖国家新开发银行或中国发起的亚洲基础设施投资银行可以被视为金砖国家挑战现有全球秩序的战略。此外，上海合作组织也可能被视为一个由国家主导的安全集团，与北大西洋公约组织竞争。新开发银行、亚投行、上合组织可能会挑战当前的全球金融秩序，也可能不会，但新现实主义的基本逻辑强调竞争而非互补。

最近，新古典现实主义理论将华尔兹的结构自变量与国内干预变量如领导人形象、战略文化、国内制度、国家社会关系等联系起来,以解释国际体系中的结果。换句话说,该理论包含了传统结构主义和新现实主义理论所忽视的国内维度。从新古典主义现实主义的角度来看,国内维度的变量可能会改变和修改金砖国家成员在国际体系中的行为和行为方式,特别是在收入增加、财富不平等和意识形态两极分化以及民族主义复兴的时代。

四、认知很重要

在权力转移过程中,认知是冲突或合作的结果与实际权力分配之间的重要干预变量。罗伯特·杰维斯指出,认知如何影响决策者在选择合作还是叛变时,应基于他们的理性计算。同样,斯蒂芬·范埃弗拉(Stephen Van Evera)表明,认知到的攻防优势比实际的攻防优势在决定冲突或合作的结果方面有更大的影响。此外,斯蒂芬·沃尔特(Stephen Walt)反对经典的权力平衡理论,提出了一种威胁平衡理论,他认为一个国家感知到的威胁比这个国家面临的实际威胁具有更大的影响。

从这些防御性的新现实主义的角度来看,认知理论解释了为什么中国经常被视为美国的威胁,即使其军事力量仍然落后于美国,如各种"中国威胁论"所表现出的那样。相比之下,这种看法也解释了为什么加拿大不把其超级大国的邻国美国视为威胁,尽管加拿大的军事能力远不如美国。

就金砖四国而言,这种看法或许可以解释为什么印度可能认为中国是比美国更大的安全威胁,尽管美国的军事能力比中国更强。在经济上,中巴经济走廊也被视为对印度的威胁。从这个理论角度看,未来金砖国家内部合作与团结的成败，将取决于这些国家如何看待彼此，而不是它们之间的实际权力分配。

五、"清华学派"或道德现实主义

中国的国际关系理论是异质的，而不是同质的。2012年，张峰首次提出"清华学派"或"清华路径""清华方法"的概念。这种方法将中国古代思想与实证主义研究方法、政策建议研究相结合。这种研究方法的领军人物是阎学通，他也被称为"中国道义现实主义理论"的创立者。

与米尔斯海默的观点相对，阎学通认为，中国的崛起不仅为世界经济增长做出重大贡献，使世界科学更进步，也使世界更和平、更文明。因为中国将在减少当前全球权力分配不平等方面发挥积极作用。后来，阎学通还在《纽约时报》的一篇专栏文章中断言，中美之间的竞争是不可避免的，这是一场零和博弈，中国可以通过更人道和更有道义的领导来击败美国。虽然他的推理路线类似于新现实主义逻辑，但阎学通的推理与此不同的是，他引入了从中国古代治国哲学（如孟子的教导）中获得的人文和道义领导的概念。

阎学通的理论以道义和人的因素为中心，对国家综合实力的理解与美国新现实主义者不同。他在衡量一个国家的综合实力时，使用了一个关键概念——政治领导力，以此作为一个操作变量。其公式可简练概括为：$CP=(M+E+C)P$，其中 CP=综合实力，M=军事实力，E=经济实力，C=文化实力，P=政治领导力；括号中的 M、E、C 是作为资源力量，P 是作为运行力量。

阎学通认为，即使一个国家有充足的资源力量，但缺乏运行的政治领导力量,也无法将这种资源力量动员起来,转化为综合力量。假设A国拥有巨大的资源力量,但其政治领导力为零或负,在这种情况下,它的综合实力(因变量)也是零或负的。因此,阎学通很强调伟大的个人在他的理论公式中的重要作用,而这一理论早已被华尔兹和米尔斯海默等结构主义及新现实主义者所抛弃。阎学通对政治领导力的分类和定义如下:政治领导力可以分为四种类型,即消极型、保守型、积极型和进取型。消极型领导指的是没有扩张国家利益野心的政策制定者;保守型领导指的是提倡维持现状的政策制定者,对他们前辈取得的成就感到满意;积极型领导是指致力于提高他们国家地位的决策者;进取型领导是军事决定论的门徒,他们倾向于通过军事力量,包括侵略性的战争来实现战略目标。

根据阎学通的政治领导力理念,目前中国处理国际关系的方式可以被视为积极型的领导。例如,习近平主席在不同场合多次表示,中国致力于全球化。此外,“一带一路”建设也可以被视为中国引领全球经济的主动作为。中国还通过大举投资于高新技术产业,如人工智能、第五代移动通信技术、可再生能源、量子通信和纳米技术,努力在推动第四次工业革命方面处于领先地位。

另一个例子是特朗普的积极领导力。然而面对国内外的批评,他的“积极领导”可能被认为是负面的,因为他退出了跨太平洋伙伴关系协定和《巴黎协定》(The Paris Agreement)等几个国际协议。他还在美国与北约、七国集团和欧盟等传统亲密盟友之间制造了紧张关系。因此,如果我们应用阎学通的公式,美国可能拥有比中国更大的资源力量,但如果它有一个消极的政治领导力,它的综合力量将小于中国。正如阎学通所言:“主导国家的战略信誉与其建立的国际秩序的持久性之间存在着正相关关系。"然而中国或美国的政治领导是更积极还是更消极,仍有争议,这取决于不同的标准,也取决于我们问谁。因此,除了传统的硬实力和软实力之外,还有其他角度看待国家实力,而批判性的国际政治经济学视角可能会提供一些洞见。

将阎学通的分类扩大到其他金砖国家成员,我们可以看到不同的领导形式。例如,一些人可能会辩称,俄罗斯的政治领导是一种咄咄逼人的进取型领导,就像在克里米亚危机中所显示的那样。印度可能会被视为一个积极主动的领导者,巴西和南非也可能会在区域层面上这样做。俄罗斯的强势领导或其他金砖国家积极的全球或地区领导是否会挑战当前的全球秩序,还有待观察。金砖国家成员的积极领导力可能不会相互融合,有时还会相互竞争,比如中国和印度试图在南亚和东南亚施加影响。因此,目前尚不清楚金砖四国在世界权力转移期间是否会团结一致地采取集体行动,而且在特定的时间和背景下,它们可能会对特定的行为主体采取不同的行动。

六、新自由制度主义理论

与美国和中国的新现实主义者不同,新自由主义制度理论家认为,与中国合作和互动时产生的相互依赖将使中国成为世界舞台上一个和平和负责任的参与者。罗伯特·基欧汉反驳了新现实主义理论变体中的悲观主义,认为国际制度或机构,如关税及贸易总协定,使无政府的国际体系中国家之间的合作成为可能。此外,制度同时被概念化为独立变量和因变量,因为人的行为可以影响制度,反之亦然。

然而制度也可以被看作无政府的国际体系与冲突或合作结果之

间的干预变量,它减轻了由于权力分配不平衡而产生的潜在冲突。因此,制度或机构可以被定义为因变量、自变量或干预变量,这取决于它们出现的环境。

与米尔斯海默和阎学通相比,伊肯伯里认为,对中国而言,加入"开放、融合和基于规则"的当前西方自由秩序更为简便,而不是去挑战它。此外,西方自由秩序之所以能够适应中国的崛起,正是因为它是一个开放的、基于规则的体系。此外,战争在核武器时代已经过时。因此,当前的自由秩序可以被定义为一种最广义的制度。

随着"国际社会"的概念在英国学派兴起,巴里·布赞认为,中国的和平崛起可能发生"双向过程",这取决于中国及其与国际社会全球和地区性的关系,特别是与日本,以及其他国家如何应对中国。唐世平在考察了中国学术界关于全球秩序的话语后认为,中国不需要改造现有的全球秩序,只需要对其进行一些修改。

研究还表明,自 20 世纪 70 年代以来,通过与国际机构的互动,中国的社会化如何从一个现实政治的立场、合作的立场,改变了中国的国际行为。以约翰斯顿的国家社会化概念为出发点,我们可能会问,金砖国家领导的机构,如金砖国家新开发银行,是否也会社会化,成为当前主导的国际组织,促进自由的全球秩序。如果是这样,社会化进程的范围就从国家行为体扩大到机构行为体,机构行为体可能进一步扩大到其他行为体,例如民间社会和个人。

令人惊讶的是,当前自由秩序的挑战者并非来自新兴大国,而是来自西方内部。例如,通过废除跨太平洋伙伴协议、退出《巴黎协定》,以及 2018 年对钢铁和铝征收高额关税,美国似乎正在偏离它曾经建立和捍卫的自由秩序。此外,欧洲和北美都出现了民族主义的复兴。然而伊肯伯里仍然坚持认为,尽管最近西方国家的民族主义复兴正在挑战自由秩序,自由秩序仍然存在。相比之下,亨利·基辛格认为中国已经将单极世界重塑为多极世界秩序。与伊肯伯里和基辛格的观点相反,阿查里亚认为,未来的世界秩序不会是当前的自由秩序,也不会回到以前的多极秩序;相反,这将是一种"多元秩序"。在这种秩序中,自由价值观和制度将与其他价值观和制度共存,全球化将日益受到东方和南南关系的推动,尤其是中国和印度。

七、地区秩序

如果阿查里亚的预测是准确的,那么会出现多个地区秩序而不是单一的全球秩序吗?一些学者已经表达了他们对新兴地区秩序的看法。例如,巴里·布赞认为世界正在走向一种"去中心的全球主义",即不再有一个由超级大国维护霸权的全球秩序,而是由大国维护的区域化秩序。同样,彼特·卡赞斯坦指出了区域在世界政治理论中的重要性,以填补民族国家和全球化之间的空白。

此外,如欧盟和东盟案例所示,关于不同形式区域化的全球化趋势的论点如果是正确的,那么区域化是否发生在更大的全球框架内?推动全球化和区域化的共同基本逻辑是什么?换句话说,重组和整合供应、生产和分销链,以及区域贸易和投资的区域化过程是否符合当前世界经济的一般逻辑?这些问题将在下面的国际政治经济学理论部分进行探讨。

不仅如此,相互竞争的国际关系理论可以很容易地将其逻辑从全球层面应用到地区层面。如果将新现实主义理论的逻辑应用于地区秩序,印度的崛起将可能导致与已经确立地位的中国发生冲突,因为中国有可能正在获得在亚洲的主导地位。相反,如果新自由制度主义理论是有效的,那么中国和印度之间的潜在冲突可能会通过金砖国家和上海合作组织等机构来调解和缓解。阎学通的政治领导力理念是决定区域化和区域一体化成败的关键变量。此外,唐世平预测,中国可能会推动东亚和中亚的区域主义,并通过"一带一路"建设投资于区域间的合作和协调。那么,金砖国家机制能否创造跨地区新秩序?

八、建构中国国际关系理论

回到中国的国际关系理论,秦亚青的目标是建立一个中国学派,而阎学通反对这种做法,因为他认为国际关系理论应该是普遍适用的。秦亚青从认识论和本体论两个层面对西方国际关系理论提出了挑战。他认为,"关系"是中国国际关系的理论核心,行动者之间的关系是理解中国国际关系方法的最重要的自变量。

秦亚青提出两个重要概念作为认识论基础:一是阴阳,二是中庸。换句话说,他的目标是从"非此即彼"的范式转向"二者皆有"的范式。这种"两者兼备"的范式可以帮助我们更好地理解中国,在一定程度上也可以帮助我们更好地理解金砖国家在外交政策和国际关系中存在的矛盾行为。

在本体论上,秦亚青认为西方主流国际关系理论,无论是新现实主义、新自由制度主义、建构主义,甚至是英国学派,都形而上学地共享个人主义理性。相对于西方主流文化中自治理性个体的本体论,秦亚青认为关系是儒家文化共同体的形上核心。关系的概念建立在三个假设基础上:一是相互关联,即人物和事件是由重叠互联关系构成的;

二是关系中的行为体不能独立存在，只能在一种社会关系中存在；三是过程，即一切都在不断行为过程中，而不是静态的。这些思想在秦亚青的专著《世界政治的关系理论》中得到了更系统的发展和进一步阐述。

理性选择理论家仍然可以将行为体之间的关系合理化，如利益和效用，但在不同的维度上。他们甚至可能把理性选择理论和关系理论结合起来，即在利益计算中加入关系维度。然而这一方法仍然坚持了理性个人主义的本体论，而秦亚青试图通过假定行为体只能存在于社会关系中的关系本体论来克服这一问题。归根结底，这是一场关于什么是构成分析单元的哲学本体论的斗争。

如果我们认真对待秦亚青的木体论，我们就会把分析的单位从行为体本身转移到行为体之间的关系。我们不会考察金砖国家成员对效用函数的合理计算，而是考察它们之间的关系。以中国、印度和俄罗斯为例，新现实主义理论认为，俄罗斯的行为将由地区权力分配决定。因此，如果中国在亚洲变得过于强势，俄罗斯和印度将联合起来遏制中国。反之，如果我们运用关系逻辑，那么决定因素将是中国、印度、俄罗斯之间的双边关系的条件，这种关系可以通过行为体之间的互动过程向各个方向变化。例如，如果中国和俄罗斯关系密切，即使中国在亚洲占据主导地位，俄罗斯也不会加入印度来遏制中国。原因是各国对待朋友、盟友、对手和敌人的态度不同。同样，如果中国与巴西和南非的关系良好，对这些国家的投资也将得到积极的看待。如果他们的关系恶化，投资就会被视为威胁，甚至殖民主义。因此，是行为体之间的关系决定了这些行为体的行为，而这不是固定的，是开放于不同的轨迹，并在不断形成的过程中。从这种关系逻辑来考虑权力转移，决定结果的不是权力分配或制度,而是霸权国家与新兴国家关系的本质。

九、批判性国际政治经济学理论

与其他理论视角一样,批判性的国际政治经济学视角也存在多样性。新葛兰西主义理论家斯蒂芬·吉尔对新兴地区的秩序和自由秩序的考察提供了相反的视角。他认为当前世界秩序可以作为新宪政概念,有美国和非正式的三边委员会的影响,甚至中国也受到影响。吉尔将新立宪主义定义为"试图打造跨国自由主义的政治计划,如果可能的话,自由民主资本主义将成为未来发展的唯一模式"。

新立宪被定义为一个政治驱动的项目。在这种情况下,一种自由民主的资本主义意识形态和一种垄断的发展模式构成了唯一的不允许任何选择的模式。自由民主资本主义作为唯一的模式,与弗朗西斯·福山关于历史终结的观点是一致的。如果这是真的,那么将不会再有像人类历史上以往时代那样的权力转移,因为我们已经到达了历史的终点,世界将永远被自由民主资本主义的各种变体所统治。这种历史观是功利性的,在某种程度上是准宗教的,因为自由民主资本主义的福音拯救了这个冰冷、残酷的世界。不同的理论家对人间"天堂"的概念有不同的认识:对福山来说,天堂是自由民主;对马克思来说,天堂是共产主义。然而他们都坚持功利的历史观,认为人类历史的发展必然有一个终点。

世界体系理论是批判性国际政治经济学的另一种重要的分析方法,它可能为理解和分析金砖国家提供见解。伊曼努尔·沃勒斯坦将世界划分为核心、半边缘和边缘三个层面,它们代表了全球资本主义经济中的全球劳动分工。尽管沃勒斯坦声称他的分析单位是一个系统,但他仍然以民族国家为单位将世界划分为核心、半边缘和边缘。因此，他的分类在地理上受到国家领土的限制，这是非常有问题的，忽略了当前全球经济不断发展的复杂性。例如，在他的分类中，中国仍然被认为是边缘或半边缘国家，而不是核心之一。实际上，中国的经济活动既是资本密集型的，又是劳动密集型的，在不同地区、不同领域是不同的。与沃勒斯坦在《亚当·斯密在北京》一书中不同的是，乔瓦尼·阿里吉认为，21世纪全球资本主义经济的核心将从美国转移到中国。李明启运用辩证的方法，认为中国的崛起加速了当前资本主义世界经济灭亡的历史进程。然而他们的争论仍然是在民族国家的框架内进行的。

将核心、半边缘和边缘概念化为其他单元，如产业集群和全球城市，可能会更好地捕捉当前全球化经济中的复杂现实。边缘国家中既有核心国家，核心国家中又有边缘国家，而这些边缘国家已不再被国界所界定。萨森(Saskia Sassen)的全球城市概念有助于理解核心和边缘城市如何随着时间的推移而演变。如今，资源越来越集中在纽约、伦敦、东京、上海等全球性城市。全球城市与国内其他城市之间的差距往往比国家之间的差距更大。

将"全球城市"的概念应用到金砖四国，上海、莫斯科、孟买、圣保罗、约翰内斯堡等城市可以被视为全球资本主义核心的一部分，因为那里的金融资本和资本密集型经济活动高度集中。然而在这些全球性城市的内部和周围仍有大量的人口参与劳动密集型的经济活动。因此，核心-边缘的区分已经变得模糊，即不再以国界划分，而是以特定的地区、部门和行业划分。换句话说，一个国家可以是全球核心的一部分，但同时也可以是全球边缘的一部分，这取决于当地人口和行业的区域和细分。这种核心–边缘的新概念有助于我们超越民族国家思维的限制来思考金砖四国,并提出新的问题。例如,与其问中国或金砖国家是否会挑战西方,不如问上海或孟买是否会取代纽约或伦敦,成为全球头号金融之都。此外,人们可能会问一些更具体的问题,比如金砖国家中哪些人会支持或挑战当前的全球秩序。

十、文化或文明理论

文化或文明已经成为国际关系理论和国际政治经济学理论中一个重要的独立变量或解释变量。基于文明的视角,亨廷顿认为,中国将与西方发生冲突,因为中国的文明价值观与西方存在冲突和不相容。把他的逻辑延伸到金砖国家,即金砖国家之间会有冲突,因为他们的文化和文明是异质的。

彼特·卡赞斯坦反驳了亨廷顿的论点,他认为文明并非像亨廷顿假设的那样是一个整体,而是多元化的,它不倾向于参与冲突,而是追求"文明间的相遇和跨文明的接触"。如果我们仔细研究金砖四国,就会发现它们符合卡赞斯坦的观点,即文明是多元化的,因为每个国家内部都存在巨大的多样性。

与亨廷顿和卡赞斯坦的观点相反,张维为认为中国是一个正在崛起的文明国家,它是和平的,对世界是有益的,正是因为它的传统文化价值观,例如与外国打交道时的"仁"或"人"的观念。此外,雅克(Martin Jacques)认为,中国的崛起将从根本上重塑具有中国特色的世界体系,这可能会导致一个类似古代朝贡体系的以中国为中心的世界秩序。"天下体系"是中国哲学家赵汀阳提出的,旨在取代目前的威斯特伐利亚体系。根据他的说法,"天下体系"更和平、更有益。卡拉汉批评"天下体系"是一种新的霸权,旨在复兴以中国为中心的旧秩序,而不是创建一个后霸权的世界秩序。

这些作者都用文化或文明作为他们的解释变量。然而他们忽视了文化和文明的进化本质。根据中国古老的文明,人们能真正理解中国在全球舞台上的行为吗?

在民族文化之外,鲍勃·杰瑟普(Bob Jessop)在国际政治经济学中提出了一种文化转向,他构建了一种文化政治经济学,将文化符号的构成角色与政治经济学联系起来。此外,文化不一定以民族国家或文明的形式出现,它也可能以部门或组织的形式出现。例如,研究金融文化如何创造和影响2008年金融危机。这在文化概念化中产生了微妙的细微差别,其中特定部门(例如金融部门)的文化在不同国家之间比在各自的民族文化中更相似。换句话说,相似点更多的是由行业和组织共享,而不是在一个国家社区内,安德森(Bene dict Anderson)称之为"想象社区"。此外,在国际政治经济学全球化运动之后,又出现了一场国际政治经济学全球化运动,通过对国际政治经济学的其他非西方文明基础的考察,对国际政治经济学的西方文明基础提出了挑战。因此,金砖国家文化和文明的多样性为从不同的文明基础上重建国际政治经济学提供了巨大的潜力,这可能会创造对全球政治经济的新认识和理解。

十一、霸权理论

霸权是当前全球秩序与权力转移理论中又一个至关重要、相关性很强且极具争议的概念。与权力转移理论一样，霸权理论在政治、经济、文化方面也有诸多变化。

从防御性新现实主义视角来看，范埃弗拉指出，美国倾向于权力平衡，这意味着他们将加入弱联盟以对抗地区霸主。如果这个逻辑成立，随着中国在亚洲变得更加强大和主导，更多的国家（包括中立国）将组成联盟来对抗中国的"霸权"。在这种情况下，日本、印度，或许还有俄罗斯将加入联盟，以平衡中国的地区"霸权"。其结果是，这将导致金砖国家内部的地缘政治紧张程度远高于中美之间。

"霸权稳定论"是以经济为基础的一种重要的霸权理论，它往往为美国的战略利益服务。霸权稳定论中战争与和平的关键解释变量是霸权国家的存在或缺失。查尔斯·金德尔伯格基于对20世纪二三十年代大萧条的研究，认为大萧条期间发生的混乱是由于缺乏一个能够塑造和执行自由主义全球秩序的单一霸权国家。值得注意的是，他的理论主要关注全球经济的稳定和开放，这与一个可以设定标准和执行规则的霸权国家的存在或缺失有关。同样，罗伯特·吉尔平认为霸权国家对于维护国际体系的和平与开放是必不可少的。

按照霸权稳定论的逻辑，多极全球秩序的出现将导致混乱。而且如果是这样，为什么只有美国能发挥霸权作用，为什么中国或其他国家将来不能发挥霸权作用？

霸权稳定论对"霸权"的理解过于狭隘。李形教授认为，近期的霸权将不再是美国霸权，而是"相互依存的霸权"，即老牌大国和新兴大国将通过在竞争利益上的共识不断重塑霸权。许多人认为，美国霸权危机可能会导致混乱，但这仅仅在资本主义制度中是正常的，因为资本主义制度容易发生持续的周期性危机。

如果借鉴安东尼奥·葛兰西在意大利国内政治中对霸权的理解，霸权也可以理解为一种意识形态，进而可以延伸到国际层面。在葛兰西的意义上，霸权不仅仅是通过物质力量来实现的，它也是通过对统治阶级意识形态的整合来实现的。从葛兰西的视角来看，美国的物质实力可能已经大幅下降，但它的文化价值正在通过好莱坞、美国媒体和流行文化迅速传播，在世界许多国家具有影响力甚至占主导地位。从葛兰西的角度来看，人们可能会辩称，美国霸权并没有衰落，实际上是在增长。

罗伯特·考克斯认为，世界霸权是一个霸权国家内部霸权的外化和扩张的表现，由一个占主导地位的社会阶级及其生产方式所支配。与考克斯一致，谢乐（Christoph Scherrer）将"双重霸权"的概念应用到当前的全球秩序中，他认为，一方面是美国行使的"民族国家霸权"，另一方面是全球资产阶级维护的"基于阶级的霸权"。为了反驳美国不再是霸权国家的说法，谢乐指出，一场危机，比如2008年的金融危机，并不足以削弱美国的霸权。他认为，美国的霸权已经从福特主义时代建立在国际军事和国内生产力契约基础上，转变为通过全球化、金融化和军事化实现的新形式的新自由主义霸权。

此外，大卫·哈维认为，中国自1978年推行改革开放以来，已逐渐发展成为一个"新自由主义国家"。如果哈维的观点成立，那么谢乐的民族国家霸权需要从美国国家中进行修正和扩展，以便纳入任何推动新自由主义议程的强大国家。此外，霸权并不一定意味着统治。阿里吉认为，中国可能在没有对世界施加统治的情况下实现"霸权"。在现阶段，这仍然是一个推测性的论点，需要时间来印证。

然而在中国，人们对霸权有着不同的理解。在冷战时期，当中国讨论霸权主义时，它指的是苏联，它暗示了一个国家对另一个国家的统治，与帝国主义有天然的联系。近期中国话语仍以反对美国霸权为中心，尽管话语的变化已经慢慢开始了。

从中国古代历史渊源（如荀子）出发，阎学通区分了中国的霸权观念与西方的霸权观念，通过区分"王道""霸道"，强调了人道主义的权威。虽然中国的"霸"与西方霸权观念有许多相似之处，但是"王"或人道主义权威被认为是一种更高形式的权力。阎学通将"人道主义权威"定义为，是一种奉行道德原则和保持较高国际战略信誉的国家间领导力量，它通常通过三种方式维护国际秩序：一是根据国际准则，为其他国家的实践树立道德榜样；二是奖励遵守国际准则的国家，以促进这些准则的内部化；三是惩罚违反国际准则的国家。

这个界定显示了道义和规范在人道主义权威中的核心作用。阎学通主张中国应该改变"低调"的传统外交政策，在全球舞台上转向"求成"的新方式，追求人道主义权威的政治领导，而不是充当霸权。在他看来，一个国家如果没有综合实力的坚实基础，就不可能实现人道主义权威。例如，如果一个国家违反了国际准则，但没有一个更强大的国家能够惩罚和追究前者的责任，那就不可能维持人道权威。最近，阎学通认为，中国可以通过将中国传统价值观（如仁、义、礼）与西方自由价值观（如平等、民主、自由）相结合，重塑当前的全球秩序，实现现代化的人道权威。这些价值观的融合将分别创造出公平、正义和文明，成为新的全球准则。

十二、唐世平的社会进化论

国际关系研究学者和国际政治经济学的理论家在研究同一现象时,为什么会对当前的全球秩序产生对立的理解?为解决这一难题,唐世平教授运用社会进化理论,通过人为的变异—选择—继承机制,内生地解释了全球秩序和国际体系的变化。

他根据五个关键变量对不同时空的几个历史时期进行了实证研究,如公元前1045年至公元1759年的古代中国和1450年至1995年的后罗马欧洲时期。五个关键变量是:每个时期的开始和结束时的国家数量,期间的国家数量,期间灭亡的国家数量,每个世纪国家的灭亡率,国家灭亡所需的平均时间。通过研究,他发现了这五个变量的趋势。他观察到前四个变量在增加,而最后一个变量随着时间的推移而减少。基于这些观察,唐世平总结说,不同的宏大理论适合解释历史上的某个时期,认为国际体系已经从米尔斯海默的进攻现实主义世界演变为防御性的现实主义世界,在不久的将来,它可能会演变成一个基于规则的世界。

值得注意的是,社会进化理论并不是将生物进化理论(如新达尔文主义)直接转移到国际社会,它是结合了物质和思想的维度。作用于概念维度的机制和力不同于作用于物理维度的机制和力。例如,在观念维度的选择机制中最重要的力量是社会权力,它是人为实现的,而不是在生物世界中自然产生的。此外,继承机制在观念层面表现为基因型(如思想)和表象型(如机构),而在生物世界中,只有表象型才能被继承。

唐世平的社会进化理论可能解决也可能解决不了这些相互竞争的国际关系与国际政治经济学关于权力转移和霸权的所有难题,这还需要进一步的观察、讨论、探索和检验。

十三、结论

本章认为,对当前全球秩序、权力转移和霸权进行多元、多维的概念化,而不是单一、一维的概念化,以及超越以美国为中心的国际关系与国际政治经济学理论,可能有助于更好地理解金砖国家的崛起。合作与争论可以在不同的维度同时发生,既可以发生在新兴大国之间,也可以发生在新兴大国与老牌大国之间。两个地理位置相近的新兴大国之间更容易发生冲突,而不是一个新兴大国和一个老牌大国之间。

一些金砖国家的关系十分复杂。一方面,中国、印度和俄罗斯是跨区域组织金砖国家和地区安全组织上海合作组织的成员。另一方面,它们也正在竞争亚洲的主导权——中国在南亚、印度,在东南亚的主导权,中国和俄罗斯在中亚的主导权。例如,作为"一带一路"建设重要组成部分的中巴经济走廊,可能被印度认为既引发了经济竞争,也引发了安全担忧。从经济上讲,这条经济走廊可能会削弱印度在南亚的经济领导地位;在安全方面,从中国到巴基斯坦的铁路建设,穿过有争议的克什米尔地区,可能会导致冲突。尽管存在这些关切,中印仍在金砖国家、上海合作组织等框架内开展合作。因此,秦亚青基于"两者"逻辑的关系理论可能比以美国为中心的国际关系/国际政治经济学理论更能揭示亚洲的这些复杂关系。此外,在秦亚青的理论中,人际关系在决定个人行为和行为方面起着核心作用。

虽然金砖国家经常被认为是库珀所称的"国家中心的项目",金砖国家的理论化应该超越单一民族国家的单位,并探索对其他单位的分析,如金砖国家领导的机构和公司,如金砖国家新开发银行、亚投行、上海合作组织等,都是需要深入研究的重要机构。总部设在金砖国家的跨国公司也需要进一步审查,以确定它们与总部设在全球北方的跨国公司是否相似或不同。而且正如秦亚青所提出的,分析的单位可以从行动者和结构扩展到行动者之间的关系。

中美两国的权力转移和霸权理论都倾向于关注中美关系。为了更好地理解当前变化中的全球秩序,这些理论不仅需要解决中美关系问题,更需要解决中国与其他崛起和新兴大国的关系,特别是与中国邻国的关系。以美国为中心的国际关系与国际政治经济学理论往往会导致片面和误导性的问题,而这些问题往往是为了美国的利益而制定的。不幸的是,中国的国际关系与国际政治经济学理论有时会落入美国"中间主义"的陷阱。因此,研究问题的框架往往与中国自身的利益,尤其是紧迫的问题无关。

此外,本章还展示了不同的理论家如何对当前的全球秩序进行概念化、描述和理解。例如,新自由制度主义理论家将其视为自由秩序,而批判理论家则称其为新自由秩序。值得注意的是,在一个特定的国际关系与国际政治经济学学派中也可以看到变化。我们不应该被这些学派的标签所束缚,而应该充分理解其特殊性。

未来的研究可以进一步探讨新兴大国之间的紧张关系,而不是传统的以新兴大国和老牌大国为主的研究方法。同时,要吸收"金砖四国"的理论,如新兴的中国国际关系理论,更好地理论化全球秩序、权力转移和霸权,发展全球国际关系。此外,如果"一带一路"建设成功地将亚洲和欧洲融合在一起,随着权力从西半球转移到欧亚大陆,可能会形成新的全球秩序。因此,唐世平的社会进化观对于解释权力转移、霸权和全球秩序的根本变化至关重要。

最后,批判性国际政治经济学视角基于社会进化的理解和借鉴其他非美国国际关系或国际政治经济学理论的观点,比如中国新兴的国际关系理论,可以更好地理解和解释当前快速变化的全球秩序,以及权力的重新分配和新出现的支配权问题。

参考文献

Acharya, Amitav (2017) "After Liberal Hegemony: The Advent of a Multiplex World Order." *Ethics & International Affairs*, 31(3): 271–285.

Allison, Graham (2017) *Destined for War: Can America and China Escape Thucydides's Trap?* Boston: Houghton Mifflin Harcourt.

Anderson, Benedict (2016[1983]) *Imagined Communities: Reflections on the Origin and Spread of Nationalism*. London: Verso.

Arrighi, Giovanni (2008) *Adam Smith in Beijing: Lineages of the Twenty-First Century*. London: Verso.

Buzan, Barry (2010) "China in International Society: Is 'Peaceful Rise' Possible?" *The Chinese Journal of International Politics*, 3(1): 5–36.

Buzan, Barry (2011) "The Inaugural Kenneth N. Waltz Annual Lecture a World Order without Superpowers." *International Relations*, 25(1): 3–25.

Callahan, William (2008) "Chinese Visions of World Order: Post-Hegemonic or a New Hegemony?" *International Studies Review*, 10(4): 749–761.

Chey, Hyoung-kyu, and Eric Helleiner (2018) "Civilisational Values and Political Economy beyond the West: The Significance of Korean Debates at the Time of Its Economic Opening." *Contemporary Politics*, 24(2): 191–209.

Cooper, Andrew (2016) *The BRICS: A Very Short Introduction*. Oxford: Oxford University Press.

Cox, Robert (1983) "Gramsci, Hegemony and International Relations: An Essay in Method." *Millennium*, 12(2): 162–175.

Fukuyama, Francis (1992) *The End of History and the Last Man*. New York: Free Press.

Gill, Stephen (1991) *American Hegemony and the Trilateral Commission*. Cambridge: Cambridge University Press.

Gill, Stephen (1998) "New Constitutionalism, Democratisation and Global Political Econ-
omy." *Pacifica Review: Peace, Security & Global Change*, 10(1): 23–38.

Gill, Stephen (2008) *Power and Resistance in the New World Order*. 2nd ed. Basingstoke
and New York: Palgrave Macmillan.

Gilpin, Robert (1981) *War and Change in World Politics*. Cambridge: Cambridge Univer-
sity Press.

Gramsci, Antonio (1995) *Further Selections from the Prison Notebooks*. Minneapolis: Uni-
versity of Minnesota Press.

Hardt, Michael, and Antonio Negri (2005) *Multitude: War and Democracy in the Age of
Empire*. New York: Penguin Books.

Harvey, David (2005) *A Brief History of Neoliberalism*. Oxford: Oxford University Press.

Helleiner, Eric, and Antulio Rosales (2017) "Toward Global IPE: The Overlooked Signifi-
cance of the Haya-Mariátegui Debate." *International Studies Review*, 19(4): 667–691.

Huntington, Samuel (1997) *The Clash of Civilizations and the Remaking of World Order*.
New Delhi: Penguin Books India.

Ikenberry, John (2008) "The Rise of China and the Future of the West: Can the Liberal
System Survive?" *Foreign Affairs*, 87(1): 23–37.

Ikenberry, John (2018) "The End of Liberal International Order?" *International Affairs*,
94(1): 7–23.

Jacques, Martin (2012) *When China Rules the World: The End of the Western World and
the Birth of a New Global Order*. 2nd ed. London: Penguin Books.

Jervis, Robert (1978) "Cooperation under the Security Dilemma." *World Politics*, 30(2):
167–214.

Jessop, Bob (2004) "Critical Semiotic Analysis and Cultural Political Economy." *Critical
Discourse Studies*, 1(2): 159–174.

Jessop, Bob, Brigitte Young, and Christoph Scherrer (2014) *Financial Cultures and Crisis
Dynamics*. 1st ed. London: Routledge.

Johnston, Alastair (2008) *Social States: China in International Institutions, 1980–2000*.
Princeton: Princeton University Press.

Katzenstein, Peter (2005) *A World of Regions: Asia and Europe in the American Imperium*.
Ithaca: Cornell University Press.

Katzenstein, Peter (2010) "A World of Plural and Pluralistic Civilizations: Multiple Actors,
Traditions and Practices." In Peter J. Katzenstein (ed.) *Civilizations in World Politics:
Plural and Pluralist Perspectives*. London: Routledge, 1–40.

Keohane, Robert (2005[1984]) *After Hegemony: Cooperation and Discord in the World
Political Economy*. 1st ed. Princeton: Princeton University Press.

Keohane, Robert, and Lisa Martin (1995) "The Promise of Institutionalist Theory." *Inter-
national Security*, 20(1): 39–51.

Kindleberger, Charles (2013[1973]) *The World in Depression 1929–1939: 40th Anniver-
sary of a Classic in Economic History*. 40th ed. Berkeley: University of California
Press.

Kissinger, Henry (2015) *World Order*. London: Penguin Books.

Li, Minqi (2008) *The Rise of China and the Demise of the Capitalist World-Economy*. New

York: Monthly Review Press.

Li, Xing (2014) "Conceptualizing the Nexus of 'Interdependent Hegemony' between the Existing and the Emerging World Orders." *Fudan Journal of the Humanities and Social Sciences*, 7(3): 343–362.

Li, Xing and Timothy Shaw (2014) "'Same Bed, Different Dreams' and 'Riding Tiger' Dilemmas: China's Rise and International Relations/Political Economy." *Journal of Chinese Political Science*, 19(1): 69–93.

Mearsheimer, John (2001) *The Tragedy of Great Power Politics*. New York: W.W. Norton.

Mearsheimer, John (2006) "China's Unpeaceful Rise." *Current History*, 105(690): 160–162.

Qin, Yaqing (2016) "A Relational Theory of World Politics." *International Studies Review*, 18(1): 33–47.

Qin, Yaqing (2018) *A Relational Theory of World Politics*. Cambridge: Cambridge University Press.

Ripsman, Norrin, Jeffrey Taliaferro, and Steven Lobell (2016) *Neoclassical Realist Theory of International Politics*. Oxford: Oxford University Press.

Sassen, Saskia (2001) *The Global City: New York, London, Tokyo*. 2nd ed. Princeton: Princeton University Press.

Scherrer, Christoph (2001) "'Double Hegemony'? State and Class in American Foreign Economic Policymaking." *Amerikastudien/American Studies*: 573–591.

Scherrer, Christoph (2011) "Reproducing Hegemony: US Finance Capital and the 2008 Crisis." *Critical Policy Studies*, 5(3): 219–246.

Tang, Shiping (2010) "Social Evolution of International Politics: From Mearsheimer to Jervis." *European Journal of International Relations*, 16(1): 31–55.

Tang, Shiping (2013) *The Social Evolution of International Politics*. Oxford: Oxford University Press.

Tang, Shiping (2018) "China and the Future International Order(s)." *Ethics & International Affairs*, 32(1): 31–43.

van Evera, Stephen (1998) "Offense, Defense, and the Causes of War." *International Security*, 22(4): 5–43.

Wallerstein, Immanuel (2004) *World-Systems Analysis: An Introduction*. Durham: Duke University Press.

Walt, Stephen (1990) *The Origins of Alliance*. Ithaca: Cornell University Press.

Waltz, Kenneth (1979) *Theory of International Politics*. London: Addison-Wesley.

Waltz, Kenneth (2001[1959]) *Man, the State and War: A Theoretical Analysis*. New York: Columbia University Press.

Wang, Jisi (2005) "China's Search for Stability with America." *Foreign Affairs*, 84(5): 39–48.

Wang, Yong, and Louis Pauly (2013) "Chinese IPE Debates on (American) Hegemony." *Review of International Political Economy*, 20(6): 1165–1188.

Wendt, Alexander (1992) "Anarchy Is What States Make of It: The Social Construction of Power Politics." *International Organization*, 46(02): 391–425.

Yan, Xuetong (2001) "The Rise of China in Chinese Eyes." *Journal of Contemporary China*, 10(26): 33–39.

Yan, Xuetong (2010) "The Instability of China: US Relations." *Chinese Journal of International Politics*, 3(3): 263–292.

Yan, Xuetong (2011) *How China Can Defeat America* [online]. Available at www.nytimes.com/2011/11/21/opinion/how-china-can-defeat-america.html. (Accessed September 26, 2017).

Yan, Xuetong (2013) *Ancient Chinese Thought, Modern Chinese Power*. Princeton: Princeton University Press.

Yan, Xuetong (2014) "From Keeping a Low Profile to Striving for Achievement." *The Chinese Journal of International Politics*, 7(2): 153–184.

Yan, Xuetong (2016) "Political Leadership and Power Redistribution." *The Chinese Journal of International Politics*, 9(1): 1–26.

Yan, Xuetong (2018) "Chinese Values vs. Liberalism: What Ideology Will Shape the International Normative Order?" *Chinese Journal of International Politics*, 11(1): 1–22.

Zhang, Feng (2012a) "The Tsinghua Approach and the Inception of Chinese Theories of International Relations." *Chinese Journal of International Politics*, 5(1): 73–102.

Zhang, WeiWei (2012b) *The China Wave: Rise of a Civilizational State*. Hackensack: World Century Pub. Co.

Zhang, Yongjin, and Teng-Chi Chang (2016) *Constructing a Chinese School of International Relations: Ongoing Debates and Sociological Realities*. London: Routledge.

Zhao, Tingyang (2006) "Rethinking Empire from a Chinese Concept 'All-under-Heaven' (Tian-xia)." *Social Identities*, 12(1): 29–41.

第四章　新兴国家和老牌国家的贸易合作基础

一、导言

北方和南方国家在全球经济治理合作中面临的困难已被广泛讨论。对于老牌国家(如美国或欧盟中的较大成员国)与新兴经济体(包括但不限于金砖国家)之间的合作而言,尤其如此。这种合作常被描述为陷入冲突。例如,学者们就 2010 年国际货币基金组织配额改革的问题,强调了美国和欧盟与金砖国家之间的分歧。同样,2008 年,美国在世界贸易组织日内瓦部长级会议上与印度和中国发生争执,导致谈判破裂。尽管如此,也有一些成功的例子表明新兴国家与老牌国家可以在全球经济治理方面展开合作。例如,中国、德国和美国愿意牺牲其部分配额份额,以确保世界银行配额改革进程的顺利进行,以及二十国集团框架内新兴国家和老牌国家之间的合作,这导致了积极的政策成果,并加强了这些国家政府之间的信任。

那么决定新兴国家与老牌国家之间合作成功的因素是什么?显然没有什么因素比贸易合作更重要,贸易合作是解释国家合作或冲突的最有效因素。一方面,在世贸组织多哈回合谈判中,巴西、印度等新兴国家与包括美国和欧盟在内的老牌大国之间发生了一些备受关注的争吵和谩骂,最引人注目的是 2007 年的波茨坦谈判和世界贸易组织争端解决机制的争议。巴西、印度、美国和欧盟都是最常见的世贸组织投诉国,而中国则保留了追究现有老牌国家政策的权利。另一方面,新兴市场国家与老牌国家间的贸易合作也蓬勃发展。积极的例子包括美国和巴西在 2008 年日内瓦部长级会议上的合作,以及印度和美国之间的双边协议,该协议使 2013 年的巴厘岛协议得以实施。因此,理解贸易合作的挑战可以帮助理解新兴国家与老牌国家在全球经济治理领域的总体合作。

笔者认为,美国和巴西贸易合作出现的问题,源于政府无力驾驭相互冲突的国内理念和利益集团。这一点在两个案例研究中得到了证明——美洲自由贸易区谈判和 2008 年世界贸易组织小型部长级会议,它们展示了美国和巴西贸易合作成功的不同之处。最后,本章将讨论未来加强贸易合作面临的挑战,并对未来如何加强贸易合作提出建议。

二、迄今的贸易合作

长期以来,贸易问题一直是美国和巴西双边合作的核心。在传统上,以制成品贸易为主,近年来双边贸易的范围扩大了,例如,美国对巴西的服务出口在2002年至2009年期间增加了一倍多。伴随而来的是贸易量的绝对增长。从图4.1可以看出,2001年至2014年,美国对巴西出口和从巴西进口额分别达到440亿美元和325亿美元。自2016年3月以来,经济官员之间的重新接触旨在扩大商业联系,解决非关税贸易壁垒。2017年的数字表明,贸易水平(如果不是与2014年持平的话)至少与前两年的相应月份持平。两个市场的兼容性进一步证明了未来双边贸易增长的潜力。莫雷拉(Mauricio Mesquita Moreira)指出,美国等北方市场的生产结构和规模对巴西的经济吸引力远大于与南方国家签订的优惠贸易协议带来的市场收益。同样,巴西等市场被美国企业代表和经济学家称为"美国出口增长的最佳前景"和"美国公司的重要市场"。

两国采取的类似做法进一步挖掘了贸易合作的潜力。

首先,两国都是全球性而非区域性贸易国。因此,它们在传统上都是多边贸易治理的强烈支持者。美国的参与推动了世贸组织的前身关税和贸易总协定下的前八轮贸易自由化,并帮助建立了至今仍对全球贸易治理至关重要的原则。同样,巴西政府成功地利用了世贸组织的争端解决机制,并领导了二十国集团贸易联盟,加强了世贸组织及其原则的持续相关性稳定。

其次,两国都支持以不同形式追求贸易优惠。虽然特朗普总统对双边谈判的优先顺序在媒体上得到了大量"差评",但美国贸易多样化的基础实际上至少可以追溯到乔治·W.布什政府,布什政府的官员将双边贸易协定视为世贸组织成功协议的典范和基础。同样,巴西总统卢拉·达席尔瓦在世贸组织内外加强了南南贸易合作,在他执政期间

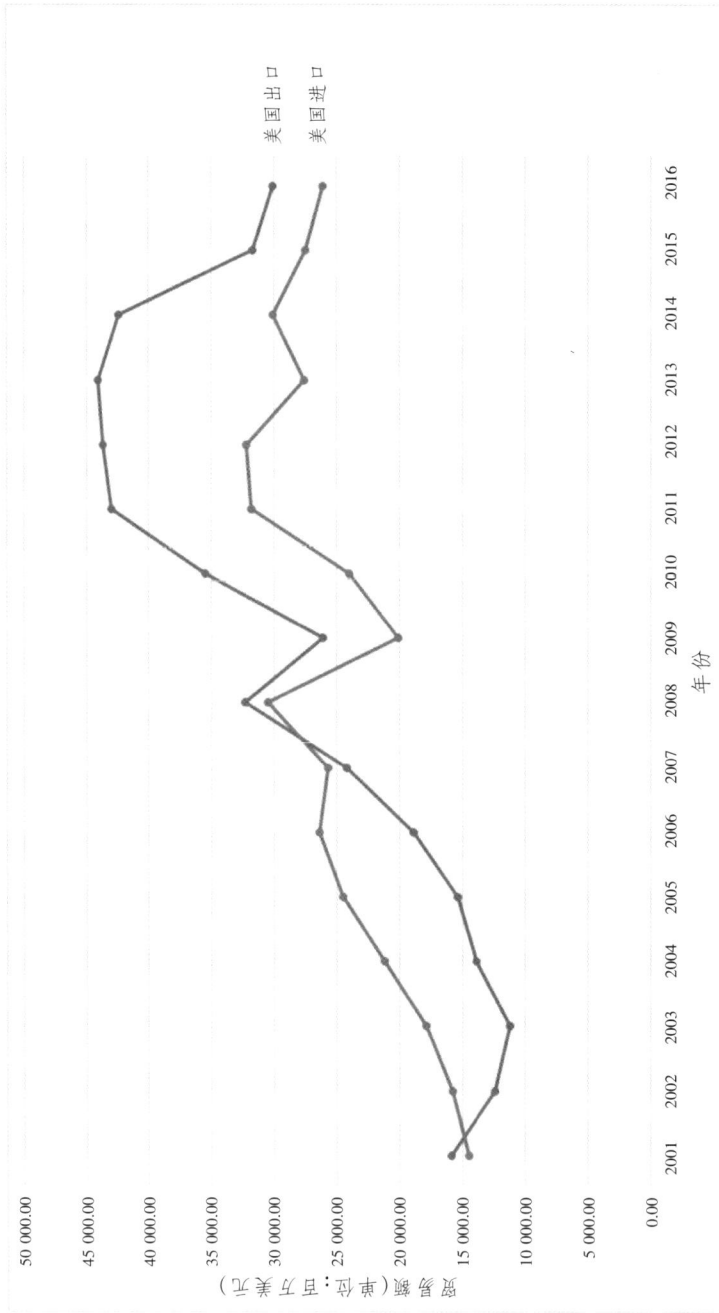

图 4.1 巴西和美国的双边货物贸易

数据来源：美国人口普查局

签署了9项南南贸易协定。

最后,两国政府在言辞上都强调了两国在贸易方面进行更密切合作的愿望。2011年,时任美国总统奥巴马和巴西总统迪尔玛·罗塞夫发表联合声明,强调在两国贸易关系的基础上,深化和扩大两国贸易关系的重要性。同时,签署的经贸合作协议也反映了这些意图。

然而尽管有这些可喜的迹象,双边贸易合作的潜力仍然不足。卢拉政府时期南南合作的突出地位使得亚洲国家,特别是中国获得了巴西很大的市场份额,而这一趋势在米歇尔·特梅尔总统的政府下很可能会继续。同样,美国决定与欧洲和亚洲谈判大型区域贸易协定,这含蓄地重申了拉丁美洲在美国贸易政策中的相对不重要性,而特朗普政府退出跨太平洋伙伴关系的决定及其在重新谈判北美自由贸易协定方面难以解决的问题,则使人们对贸易组合在"美国第一"外交政策中的重要性产生了疑问。即使巴西和美国进行贸易往来,但在农业补贴和知识产权保护等具体贸易问题上,双边冲突持续不断,造成两国之间产生了公开和潜在的破坏性摩擦。例如,2018年3月,时任美国总统特朗普决定对钢铁和铝进口征收关税,这有可能对巴西人产生强烈和负面影响,因为巴西是美国第二大钢铁进口来源国。巴西在排除了对世贸组织的报复和法律挑战后最终免征关税,这既说明了双边合作的潜力,也说明了这种不断发展的贸易关系的多变性。

三、美国和巴西贸易政策的国内基础

一方面是经济潜力和政治承诺,另一方面是冲突和未实现的国家野心,为什么会如此脱节?国际关系的自由主义理论和相关的社会研

究方法指出,国内因素对于解释全球经济治理的各种结果至关重要。这些方法假定政府的偏好是在各自国内形成的,然后再传递给国际合作的潜在伙伴。当选官员会对国内偏好做出反应,因为他们在选举中依赖选民。正如帕特南(Robert D. Putnam)的两级博弈方法所阐述的那样,成功的合作需要国际层面的谈判代表达成既能为其他政府所接受又符合其自身利益的双赢协议。民主政府之间的这种合作需要包容合作伙伴的国内认同,例如整合社会主流意见或部门经济利益。就巴西与美国的贸易合作而言,这意味着两国政府在或多或少取得成功的双边贸易合作中,对其他成果的国内理念和利益集团的包容能力各不相同。

尽管巴西国内的行为体在传统上对巴西的贸易政策制定几乎没有影响,但国内利益集团对贸易政策的影响正在增加。美洲自由贸易区谈判标志着国内政治关系的重大变化,因为巴西国内行为体成功地将他们在准备巴西谈判立场方面的作用制度化了。通过创建像巴西商业联盟这样的组织,国内的行为体能够更好地向政府综合传达不同的国内偏好。此外,他们通过提供行业相关信息,帮助政府更好地评估其提出的贸易政策立场在国内可能产生的影响。如今,巴西贸易一体化的未来"主要取决于该国的国内政治"。

长期以来,美国国内参与者一直是贸易政策制定的关键力量。例如,为政府参与者提供技术建议,帮助他们评估潜在贸易政策对美国经济的影响。这赋予了国内行为体在贸易谈判中决定美国政府"能同意什么、不能同意什么"方面的巨大影响力。例如,游说支出已被证明在说服当选和非当选的政府官员达成有利于国内利益集团的政策决定方面是有效的。此外,国内行动者通过自己的想法间接影响美国政府的贸易政策决定。研究表明,美国立法者的贸易投票与他们的意识形态定位密切相关,因为获得选民对贸易计划的支持取决于选民和立法者的意识形态取向的一致性。尽管国内偏好对两国贸易政策的影响可能会被外交政策考虑的因素所缓和,但国内偏好仍然是理解两国贸易政策决定的关键因素。

本章将重点讨论两种类型的国内偏好。"理念"被定义为"对适当政府政策的路径依赖和基于价值的集体期望"。大众思想的集体性质赋予了它们在国内政治中的力量。因此,虽然承认非政府组织对这些国家国内政治辩论和框架的宝贵贡献,但总体而言,国内的思想参考依据是选民。经济利益被定义为作为政府决策的结果,为私人行为者进行联合产生利益和成本的经济行为。假设行为体在利益集团中进行联合,为他们的利益偏好而游说,向政府提供捐款和票源,以换取部门偏好。因此,部门利益集团和最高利益集团将成为国内经济利益偏好的参考意见。

四、理念的偏好

有两个因素似乎与美国和巴西的贸易合作特别相关。

第一个是影响力。影响力在这里定义为对国际贸易谈判结果施加控制的愿望。从美国的角度来看,影响力是相关的,因为保持美国在全球经济事务中的独特地位一直是美国政府的外交政策目标。此外,美国将贸易活动视为增强美国影响力的一种手段,利用进入美国市场的机会来获得理想的贸易结果。美国选民对这一观点表现出明确和一贯的支持,例如 2002 年 83% 的美国受访者认为美国在世界事务中的领导力"非常可取"或"有些可取",2010 年这一数据的比例为 84%。此外,美国受访者接受贸易和外交政策之间的联系,这使得美国可以利用其市场规模对伙伴的贸易政策施加影响,67%的受访者认为自由贸易协定在实现美国外交政策目标方面"非常有效"或"有些有效"。

从巴西的角度来看,影响力应该是重要的,因为尽管巴西已提升到了新兴大国的地位,但美国和巴西的双边关系仍然不对称。巴西反对美国在拉丁美洲的外交政策倡议,至少在一定程度上是由于巴西希望实现其"世界上最重要的国家之一"的自我认知。因此,巴西国内行为者不仅应该关心避免剥削,而且应该寻求我们承认双边关系必须适应巴西在全球经济事务中的新地位。巴西的民意数据验证了这一论点的逻辑。一方面,巴西人在与美国的关系上保持务实态度。55%的巴西受访者同意美国在制定外交政策时"不考虑他人",76%的受访者表示富裕国家在贸易谈判中"不公平"。另一方面,73%的受访者预期巴西在未来会"更重要",87%的受访者表示他们在自己的国家有"更多的骄傲而不是羞耻"。因此,尽管认识到巴西对世界的影响力是来之不易的,但巴西人始终认为巴西在世界上的影响力会增加。

第二个是发展。发展是指努力创造稳定和繁荣的宏观经济环境,同时尽量减少社会不平等。对巴西来说,发展应该很重要,美国和巴西的贸易合作提供了发展的可能性。由于美国市场规模巨大,对拉丁美洲具有很强的吸引力,美国和巴西之间快速增长的商业联系表明,巴西尤其如此。此外,巴西决策者期望更高的贸易水平来促进国内发展,并且已经表明,当贸易谈判的结果偏离这一目标时,他们愿意在贸易谈判中使用巴西的否决权。美国政策制定者也看到了贸易与发展之间类似的联系。长期以来,区域贸易倡议一直被美国认为是巩固拉丁美洲民主经济基础的一种手段,并为美国及其企业创造一个稳定、繁荣的邻国。此外,学者们指出,美国在该地区的外交政策举措能否成功,很大程度上取决于巴西政府能否成功实现巴西国内的发展目标。

两国选民都认同发展的重要性。96%的巴西人认为巴西的社会不平等是一个"非常大"或"中等大"的问题,80%的受访者认为"巴西的经济体系普遍倾向于富人"。巴西需要关注的其他发展问题包括扩大教育、扩大社会项目和经济发展。和政策制定者一样,巴西选民也认为贸易是解决这些问题的一个潜在方案。例如,44%的受访者认为贸易增加会提高工资,56%的人认为贸易增加会增加巴西的就业机会。相比之下,美国选民把注意力集中在海外的发展努力上。美国受访者在2007年将"不断扩大的贫富差距"列为"世界第三大威胁"。此外,分别有62%和74%的受访者支持发展援助,以帮助发展中国家"发展经济"和"提高生产率"。最后,和巴西受访者一样,美国受访者也认为贸易是解决发展问题的重要手段。总而言之,虽然国内对发展的支持似乎是相辅相成的,并且有利于贸易合作,但是选民对两国影响力的支持力度可能使政府难以就其在世界事务中的影响力做出妥协。这表明,有关影响力的理念冲突可能会使美国和巴西的贸易合作复杂化。

五、利益的偏好

有两个矛盾的做法似乎与美巴贸易合作有关。这些做法代表了与贸易合作目的相反的政策方针,即规范市场准入机会和贸易流动。第一个做法——开放,即为进入新市场或扩大进入现有市场提供机会。第二个做法——保护,即维持或减少一定的市场准入水平。

20世纪90年代末,随着美国企业变得全球化,越来越依赖全球市场,国内对贸易保护主义的支持开始下降。这一点在被认为是美国利益集团中"最具政治影响力"的美国三大利益集团的授权中显而易见。商业圆桌会议认为,贸易和投资的自由市场对美国经济健康"至关重要",确定获得"贸易和美国贸易协定的利益"为优先事项,并积极敦促国会通过立法,促进贸易倡议的成功实施。美国商会和全美制造商协会也表达了类似的观点。美国商会认为,更自由的市场是"更光明未来"的关键。然而在最高层次之外,政策偏好似乎不太一致。农业等一些行业仍对贸易持谨慎态度。例如,全美农场主组织发布了《不走捷径》和《进口巴西牛肉是个坏主意》两篇政策宣言。加大反对自由化的贸易制度,反对改善巴西对美国出口的市场准入。而其他部门,包括美国的服务部门,则积极游说国会开放与贸易自由化。例如,电信行业协会明确支持在 2014 年延长奥巴马总统的贸易促进授权法,声称贸易协定会增加通信技术出口,因此应该促进贸易。显然,美国国内对贸易的利益偏好各不相同。

至于巴西,主张保护主义的利益集团在传统上比自由主义利益集团更成功地获得了政府的关注。然而在卢拉总统执政期间,这些团体中的一些人开始重新考虑他们对市场准入的立场,自由化的支持者同时在贸易政策上获得了一些影响力。因此,巴西现在的特点是"在开放问题上存在巨大的矛盾心理"。一方面,一些行业呼吁政府进行干预,以确保巴西在全球市场上的竞争力。例如,巴西机械设备协会表示,国内竞争力应该"由国家鼓励",而政府应该"确保与贸易竞争对手平等竞争"。这些措施会使市场竞争偏向有利于巴西生产商,保护巴西公司不受外国竞争的影响。另一方面,高度竞争的农业部门大力游说自由化,建立了像国际贸易谈判研究所这样的研究机构,以支持贸易官员并维护自己的利益。这种在自由化和保护之间的矛盾心理也反映在顶端利益集团的声明和使命中,如圣保罗的工业联合会和全国农业和畜牧业联合会。

总之,重要而强大的商业集团正在努力确保两国获益。使双边合作复杂化的利益冲突集中在两国利益集团偏好冲突的领域,比如农业,或者政治发展、钢铁和煤炭业的发展等。

六、失败的合作:2001—2005 年美洲自由贸易区谈判

美洲自由贸易区最初是在 1994 年的美洲迈阿密首脑会议上提出的。谈判于 1998 年开始,目标日期定在 2005 年 1 月。从一开始,这一过程就是巴西和美国作为联合主席在谈判的范围和形式方面的冲突。到 2005 年,谈判以失败告终,美国和巴西都没有表现出让步和达成协议所必需的"政治承诺"。那么国内集团的想法和利益偏好是如何导致美巴合作失败的?

正如预期的那样,从想法开始,"发展"因素在美巴合作失败中起不到什么作用。根据国内偏好,巴西政府行为体经常在谈判中谈到美洲自由贸易区在"纠正影响我们的不平等"方面的作用。美国官员同样强调,有必要帮助自由贸易区的伙伴促进"可持续发展",并将其作为美国在谈判中的目标之一。相比之下,"影响力"因素似乎更具有蓄意阻挠的意味。通过回顾谈判文献可以看出,巴西方面,强调了巴西政府希望通过美洲自由贸易区谈判来平衡美国在该地区力量的想法。官员们担心谈判将损害南方共同市场的利益,巴西政府在其中投入了大量的政治资本。因此,他们寻求的谈判结果,在确保巴西未来区域影响力

的同时，避免影响美国的区域主导地位。正如当时的巴西总统候选人卢拉所指出的那样："拟议中的美洲自由贸易区不是一项一体化的政策，而是一项兼并的政策。我们不会被吞并。"美国方面，美洲自由贸易区谈判被视为一个很好的机会，以加强"美国霸权的结构和意识形态基础"。具体来说，美国政府寻求促进拉丁美洲国内经济改革的维持，支持美国的利益偏好，以及争取美洲自由贸易区伙伴对美国外交政策倡议的支持。换句话说，美国试图对其自由贸易区贸易伙伴的经济和外交政策施加影响。因此，在美洲自由贸易区谈判期间，美国拒绝向巴西或其南方共同市场伙伴提供显著的影响力收益。这些情况使两国政府在影响谈判方面的立场发生了争执。

谈到经济利益，两国政府都有意实现自由化。虽然美国专注于为其农业和制造业开放市场，但是它也将美洲自由贸易区视为进入受高度保护的南方服务市场的机会。对美国政府官员来说，增加与巴西的贸易是一个特别有吸引力的目标。同样，巴西寻求增加其制造业和服务业的准入目标，既进入美国市场，也进入其他区域市场。巴西官员们还希望在谈判期间与美国讨论取消现有的保护主义结构与政策。然而两国国内参与者对开放和保护的矛盾心理意味着，在通过美洲自由贸易区增加市场准入方面，问题出在细节上。对两国而言，官员们优先考虑的是开放与自由化的目标，都是针对对方贸易保护主义最严重的行业。例如，美国政府试图在农业领域"消除对美国出口造成不利影响的政府行为"，同时也保留其"酌情改善美国进口救济机制"的权利。消除这些保护主义的"救济机制"是巴西在自由贸易区谈判中谈判立场的中心。正如巴西贸易部长塞尔吉奥·阿马拉尔（Sergio Amaral）所指出的："达成协议（包括农业补贴）没有任何条件，因为我们的竞争力主要来自农产品。"因此,各国都是坚持本国的利益偏好,而不管对方的政策敏感性,这种态度显然阻碍了谈判的进展。

自由贸易区谈判明显标志着美国和巴西贸易合作的失败。在两国施加影响的想法所产生的目标相互冲突,拖延了谈判,并导致了对谁将决定基本问题的不断竞争。此外,两国政府都不愿在国内利益偏好发生冲突的农业等问题上做出妥协。

七、成功合作:日内瓦世贸组织小型部长级会议(2008 年)

2008 年 7 月,世界贸易组织的小型部长级会议在日内瓦召开,约 40 个国家的部长聚集在一起,开始解决多哈回合谈判的剩余问题,并概述贸易谈判的下一步目标步骤。谈判主要是在包括巴西和美国在内的七国集团这个小集团内进行的。与自由贸易区谈判不同,七国集团内部的新兴国家冲突主要发生在美国和印度之间,而不是巴西。事实上,谈判虽延长了几天,但美巴在日内瓦的贸易合作几乎取得了突破性进展——两国政府都接受了所谓的拉米一揽子协议,美国同意降低农业补贴上限,以换取巴西深化工业关税削减。在这种情况下,国内的理念和利益偏好对美巴贸易合作的成功起到了什么作用呢?

谈判的名称——多哈发展议程,这表明了发展议题对多哈回合谈判的重要性,并建议参与者至少在口头上支持符合这一想法的立场。美国和巴西政府的声明证实了这一假设。美国贸易代表苏珊·施瓦布(Susan C. Schwab)指出:"多哈回合贸易谈判的成功将有助于世界各地的发展,使数百万人摆脱贫困。"同样,巴西外长塞尔索·阿莫林(Celso Amorim)强调了多哈回合对"促进发展""不可估量"的重要性。

相比之下，考虑到在多哈回合谈判中北方和南方各国之间的冲突，以及美国和巴西各自在这两个集团中的领导地位，"影响力因素"似乎是美国和巴西之间可能的冲突点。令人惊讶的是,事实并非如此。美国政府的声明明确表示，美国意识到自己不能决定最终协议的条款,而是依赖于与其他政府的合作和妥协。类似内容也出现在巴西政府的声明中。此外,美国官员还不遗余力地全面赞扬了巴西的领导能力,从而承认巴西在世界上的地位正在发生变化。例如,美国贸易代表施瓦布指出:"巴西是真正表现出领导能力的国家之一",显示出它"能够并愿意支持星期五的拉米一揽子计划,尽管这个计划带来了一些痛苦和不适"。巴西官员则投桃报李,宣称美国"在多边农业改革进程中的领导地位"有助于达成协议,并将口头挑衅最小化。例如,阿莫林强调,巴西在加入由世贸组织主要成员组成的"新四方"(巴西、欧盟、印度和美国)时,并没有寻求消除美国在谈判中的影响力,而是简单地加入了巴西的声音。

经济利益偏好对于美国和巴西的合作也同样不成问题。这一点在巴西和美国接受的拉米一揽子协议条款中得到了明显体现。美国政府的接受意味着同意在未来不将美国农业补贴总额提高到145亿美元以上。这并不像巴西自由农业出口商所希望的那样低,但"比美国谈判代表曾经接受的上限更低"。这也标志着与之前的多哈谈判的巨大变化,在农业补贴上的分歧导致了广泛宣传的失败。因此,美国的接受是在一个问题上做出的象征性让步。鉴于巴西农业部门的实力,这个问题已成为巴西贸易政策的核心。

反过来,巴西接受拉米一揽子计划,就意味着同意美国为其所设定的条件。首先,美国的农业补贴将在指定的一段时间内免于世贸组织的诉讼。这不太可能令巴西农业部门满意,该部门通过与美国和欧洲的纠纷获得了较大份额的市场准入。然而美国提供补贴所带来的市场准入潜力必须被视为一种充分的权衡,或者至少是一种足以继续谈判的权衡。正如巴西猪肉出口商协会主席所指出的:"如果有机会,我们应该这样做。但这个数字太低了。我们离多哈的承诺还很远。"巴西政府必须在服务和制成品方面向世贸组织成员提供"重要的市场准入"。美国在这方面要求的模糊性,使巴西更容易遵守。没有界定什么是"重大"利益,使得巴西的保护主义行业能够在谈判期间接受本国政府的立场。正如全美汽车制造商协会主席所指出的那样,政府"在尊重行业限制的情况下占据了强势地位"。

在这种情况下,成功合作的特点是双方愿意公开承认他们的贸易伙伴在他们的交流中所重视的想法。此外,两国政府通过承认对方弱点的战略和象征性的妥协,显示出他们愿意处理存在矛盾的国内利益偏好。

八、结论

笔者认为,理解巴西和美国国内理念和利益的互补性,对于理解自2001年多哈回合贸易谈判开始以来美巴贸易合作的成败至关重要。此外,本章还认为,这种做法将为全球经济治理内新兴国家的合作带来有益的见解。那么我们从美巴贸易合作中学到了什么呢?

第一,经贸合作论坛能否成功至关重要。在多边一级比在区域一级更容易处理国内观念上的分歧。这是因为,世贸组织的更大制度背景——影响问题是由许多国家而不是两个国家协商的,使两国在国际事务中的领导地位更容易得到承认。同样,多边机构的更广泛议程促进了涉及国内利益的跨问题妥协。例如,拉米的一揽子协议就体现了这一点。在该协议中,美国以增加服务业和制造业的市场准入,取代了农业补贴的上限。

第二,两国的对外贸易政策仍然紧密相连,成功的双边合作不可能在真空中发生。外交政策丑闻——比如2013年发现美国国家安全局一直在监视巴西总统,对各国政府以符合贸易进展的方式构建谈判框架的能力产生了强烈的负面影响。然而与此同时,贸易合作也可以缓和甚至消除外交政策冲突对更广泛的双边关系的影响。例如,2014年10月,长达11年之久的棉花贸易争端得到解决,标志着巴西和美国之间的紧张关系自监视丑闻以来首次出现缓和迹象。

第三,必要的让步(象征性的或非象征性的)关系到双边贸易合作的成功与否。尽管拉米的一揽子协议不太可能给巴西带来重大的农业收益,但美国的让步具有象征意义,因为它既承认了巴西的影响力抱负,也承认了巴西国内一个重要部门的利益。同样,巴西政府决定在世贸组织谈判期间尽量减少口头挑衅(这与美洲自由贸易区谈判不同),甚至口头上支持美国的领导地位,这让谈判代表们放下了美国国内的担忧,即包括巴西在内的新兴大国正寻求在国际事务中取代美国。要推动美巴贸易合作取得积极成果,最好的情况是双方同意在市场准入方面做出真正的让步。考虑到此类让步在政治上的不稳定性、巴西和美国政府都可能卷入了腐败丑闻,以及现任美国政府倾向于对贸易关系采取零和思维,这种情况不太可能在短期内发生。因此,就目前而言,最好的希望是象征性的让步,以确保两国政府继续谈判。

以上这些发现也为新兴国家在更广泛的全球经济治理领域的合

作提供了经验教训。关于论坛的选择，双边、区域和多边论坛长期以来一直被视为新兴国家和老牌国家之间进行贸易合作的合法条件，即使不是同样理想的条件。相比之下，建立亚洲基础设施投资银行（亚投行）等行动的近期发展往往被认为是新兴国家"傲慢"或"侵略"的证据，与追求权力相关目标有关。新兴国家的合作可以通过承认新兴国家寻求老牌国家多年来享有的特权和论坛灵活性来加强。这样做将扩大现有的全球环境监测系统并使之多样化，但并不需要消除，甚至可能加强该系统所产生的利益。假设这种态度也有助于将新的理论见解嵌入政策制定者对合作伙伴意图的解释中，这些见解强调了外交和外交经济政策之间的联系，这可以提高新兴国家讨论合作的质量。至于让步，贸易合作最可借鉴的经验便体现了象征性让步的重要性。尽管这些可能不足以确保全球经济治理机构的持续生存能力和有效性，但美国和巴西的贸易合作表明，通过这种让步，承认合作伙伴的政策敏感性，可以通过建立和修复关系来延长合作。此外，这样做还可以模糊北方和南方之间的界线，使讨论重新集中于国内可行的政策选择，这些政策选择更有可能由新兴国家和老牌国家执行，因此更有可能促进它们之间的有效合作。

参考文献

ABIMAQ (2014) "Política Industrial." *Associação Brasileira da Indústria de Máquinas e Equipamentos.* Available at www.abimaq.org.br/site.aspx/Abimaq-Pauta-Reivindicatoria.

Agence France Presse (2002) "The FTAA Is a Proposed Annexation, Says Candidate Lula da Silva." September 28. Available at www.lexisnexis.com.

Altieri, Laura (2003) "NAFTA and the FTAA: Regional Alternatives to Multilateralism." *Berkeley Journal of International Law*, 21(3): 847–877.

Amorim, Celso (2008a) "Discurso do Ministro das Relações Exteriores, Embaixador Celso Amorim, na Reunião Informal do Comitê de Negociações Técnicas da OMC." *Itamaraty*, July 21. Available at www.mre.gov.br/portugues/politica_externa/discursos/discurso_detalhe3.asp?ID_DISCURSO=3346.

Amorim, Celso (2008b) "Palestra proferida pelo Ministro das Relações Exteriores, Embaixador Celso Amorim, aos alunos do Instituto Rio Branco." *Itamaraty*, August 6. Available at www.mre.gov.br/portugues/politica_externa/discursos/discurso_detalhe3.asp?ID_DISCURSO=3356.

Armijo, Leslie Elliot, and Saori N. Katada (2015) "Theorizing the Financial Statecraft of Emerging Powers." *New Political Economy*, 20(1): 42–62.

Associated Press (2018) "WTO Chief: If Not for Body, There Would Already Be Trade War." *CNBC*, March 15. Available at www.cnbc.com/2018/03/14/the-associated-press-wto-chief-if-not-for-body-there-would-already-be-trade-war.html.

Bahadian, Adhemar G. (2008) "FTAA Trade Negotiations: A View of the Brazilian Co-Chairmanship." *Journal of World Investment & Trade*, 9(3): 299–315.

Baiocchi, Gianpaolo, Patrick Heller, and Marcelo Kunrath Silva (2008) "Making Space for Civil Society: Institutional Reforms and Local Democracy in Brazil." *Social Forces*, 86(3): 911–935.

Baldwin, Robert E., and Christopher S. Magee (2000) "Is Trade Policy for Sale? Congressional Voting on Recent Trade Bills." *Public Choice*, 105(1/2): 79–101.

Barbosa, Rubens Antonio (2004) "The Free Trade Area of the Americas and Brazil." *Fordham International Law Journal*, 27(4): 1017–1028.

BBC News (2018) "EU and Six Other Countries Exempted from US Metals Tariffs." March 23. Available at http://www.bbc.com/news/business-43505804.

BBC News Business (2014) "US and Brazil Resolve Longstanding Cotton Dispute." October 1. Available at www.bbc.com/news/business-43505804.

Bhagwati, Jagdish (2004) "Don't Cry for Cancun." *Foreign Affairs*, 83(1): 52–63.

Blustein, Paul (2008) "The Nine-Day Misadventure of the Most Favored Nations: How the WTO's Doha Round Negotiations Went Awry in July 2008." Available at www.brookings.edu/research/articles/2008/12/05-trade-blustein.

Bodman, Samuel W., and James D. Wolfensohn (2011) "Global Brazil and US-Brazil Relations." *Council on Foreign Relations*. Available at www.cfr.org/report/global-brazil-and-us-brazil-relations.

Brooks, Bradley (2002) "Economic Storms Hit Brazil." *United Press International*, May 7. Available at www.lexisnexis.com.

Bureau of Western Hemisphere Affairs (2017) "US Relations with Brazil." *US Department of State*, January 27. Available at www.state.gov/r/pa/ei/bgn/35640.htm.

Business Roundtable (2014) "International Engagement Committee Priorities." Available at http://businessroundtable.org/.

Carranza, Mario E. (2004) "Mercosur and the End Game of the FTAA Negotiations: Challenges and Prospects after the Aregentine Crisis." *Third World Quarterly*, 25(2): 319–337.

CCGA (2010) "Global Views 2010: US Public Topline Report." *Chicago Council on Global Affairs*, September 22. Available at www.thechicagocouncil.org/publication/

global-views-2010-us-public-opinion-topline-report.

CCGA (2012) "Global Views 2012: US Public Topline Report." *Chicago Council on Global Affairs*, July 27. Available at www.thechicagocouncil.org/publication/global-views-2012-us-public-opinion-topline-report.

Chorev, Nitsan (2007) *Remaking US Trade Policy*. Ithaca: Cornell University Press.

CNA (2014) "Sobre o Sistema CAN." *Confederação da Agricultura e Pecuária*. Available at www.canaldoprodutor.com.br/sobre-sistema-cna/missao-visao-objetivos.

Cohen, Stephen D. (2000) *The Making of United States International Economic Policy: Principles, Problems, and Proposals for Reform Degrees*. Westport: Praeger Publishers.

Datafolha (2000) "Utopia do brasileiro." *Datafolha Instituto de Pesquisas*, April 23. Available at http://datafolha.folha.uol.com.br/po/ver_po.php?session=97.

Destler, I.M. (Mac) (2012) "American Trade Policymaking: A Unique Process." In James M. McCormick (ed.) *The Domestic Sources of American Foreign Policy: Insights and Evidence*. 6th ed. Lanham: Rowman and Littlefield.

Drope, Jeffrey M., and Wendy L. Hansen (2004) "Purchasing Protection? The Effect of Political Spending on US Trade Policy." *Political Research Quarterly*, 57(1): 27–37.

The Economist (2016) "The Infrastructure of Power." July 2. Available at www.economist.com/finance-and-economics/2016/06/30/the-infrastructure-of-power.

Engeler, Eliane (2008) "WTO Countries Slam US Farm Bill." *Associated Press Financial Wire*, June 3. Available at www.lexisnexis.com.

Evenett, Simon J., and Michael Meier (2008) "An Interim Assessment of the US Trade Policy of 'Competitive Liberalization'." *The World Economy*, 31(1): 31–66.

Feinberg, Richard E. (2003) "The Political Economy of United States' Free Trade Arrangements." *World Economy*, 26(7): 1019–1040.

FIESP (2014) "Derex: Departamento de Relações Internacionais e Comércio Exterior." *Federation of Industries of São Paulo*. Available at www.fiesp.com.br/sobre-a-fiesp/departamentos/relacoes-internacionais-e-comercio-exterior/.

Gawande, Kishore, and Bernard Hoekman (2006) "Lobbying and Agricultural Trade Policy in the United States." *International Organization*, 60(3): 527–561.

GlobeScan (2004) "19 Nation Poll on Global Issues: Questionnaire." *GlobeScan Research Partners*. Available at www.pipa.org/OnlineReports/Other%20Studies/GlobalIss_Jun04/GlobalIss_Jun04_quaire.pdf.

Grossman, Gene M., and Elhanan Helpman (1994) "Protection for Sale." *The American Economic Review*, 84(4): 833–850.

Grugel, Jean B. (2004) "New Regionalism and Modes of Governance: Comparing US and EU Strategies in Latin America." *European Journal of International Relations*, 10(4): 603–626.

Hakim, Peter (2004) "The Reluctant Partner." *Foreign Affairs*, 83(1): 114–123.

Hakim, Peter (2014) "The Future of US-Brazil Relations: Confrontation, Cooperation or Detachment?" *International Affairs*, 90(5): 1161–1180.

Hopewell, Kristen (2013) "New Protagonists in Global Economic Governance: Brazilian Agribusiness at the WTO." *New Political Economy*, 18(4): 603–623.

Hopewell, Kristen (2016) *Breaking the WTO: How Emerging Powers Disrupted the Neo-*

liberal Project. Stanford: Stanford University Press.

Hurrell, Andrew, and Amrita Narlikar (2006) "A New Politics of Confrontation? Brazil and India in Multilateral Trade Negotiations." *Global Society*, 20(4): 415–433.

IBOPE (2007) "População aponta temas que exigem atenção especial da sociedade brasileira." *Instituto Brasileiro de Opinião Pública e Estatística*, December 13. Available at www.ibope.com.br/calandraWeb/servlet/CalandraRedirect?temp=6&proj=PortalIBO PE&pub=T&db=caldb&comp=pesquisa_leitura&nivel=null&docid=7CB6F016ABDB 2DC5832573B000480B84.

Ismail, Faizel (2009) "An Assessment of the WTO Doha Round July–December 2008 Collapse." *World Trade Review*, 8(4): 579–605.

Kaushik, Atul, Rashid Kaukab, and Pranav Kumar (2008) "A Brief Analysis of the July 2008 Lamy Package." Available at www.cuts-citee.org/pdf/ADV08-11.pdf.

Kennedy, Kevin C. (2003–2004) "The FTAA Negotiations: A Melodrama in Five Acts." *International Law Review*, 1(2): 121–138.

Kennedy, Matthew (2012) "China's Role in WTO Dispute Settlement." *World Trade Review*, 11(4): 555–589.

Kim, Youngwan (2017) "How NGOs Influence US Foreign Aid Allocations." *Foreign Policy Analysis*, 13(1): 112–132.

Landim, Raquel (2008) "Setor privado lamenta colapso das negociações da Rodada Doha; Setor privado elogia governo e lamenta fracasso de Doha." *Valor Econômico*, July 30. Available at www.lexisnexis.com.

Leahy, Joe (2017) "Temer Stays Tough on Brazil Economic Reforms." *Financial Times*, February 2.

Lesage, Dries, Peter Debaere, Sacha Dierckx, and Mattias Vermeiren (2013) "IMF Reform after the Crisis." *International Politics*, 50(4): 553–578.

Lin, Hongyu, and Li Xing (2014) "G20 and C2: Sino-US Relations as an Institutional Cooperation Game?" In Li Xing (ed.) *The BRICS and Beyond: The International Political Economy of the Emergence of a New World Order*. Farnham: Ashgate.

Mahrenbach, Laura Carsten (2013) *The Trade Policy of Emerging Powers: Strategic Choices of Brazil and India*. Basingstoke: Palgrave Macmillan.

Marconini, Mario (2005) "Trade Policy-Making Process in Brazil." *London School of Economics*, London, England, May 25. Available at www6.miami.edu/hemispheric-policy/ LSEWorkshopTradePolicy250505.pdf.

Marconini, Mario (2010) Interview with author. *ManattJones Global Strategies*, São Paulo, Brazil, May 26.

Marques, Roberto (2013) "Statement of Roberto Marques, Company Group Chairman, Johnson & Johnson Consumer Companies of North America." *CQ Congressional Testimony*, June 12, Washington, DC.

Martinez-Diaz, Leonardo, and Lael Brainard (2009) "Brazil: The 'B' Belongs in the BRICs." In Lael Brainard and Leonardo Martinez-Diaz (eds.) *Brazil as an Economic Superpower?: Understanding Brazil's Changing Role in the Global Economy*. Washington, DC: Brookings Institution Press.

Mastanduno, Michael (2009) "System Maker and Privilege Taker." *World Politics*, 61(1):

121–154.

Mera, Laura Gomez (2005) "Explaining Mercosur's Survival: Strategic Sources of Argentine-Brazilian Convergence." *Journal of Latin American Studies*, 37(1): 109–140.

Miller, John W. (2008) "Global Trade Talks Falter." *Wall Street Journal*, July 29. Available at http://online.wsj.com/article/SB121734618198593583.html?mod=hpp_us_whats_news.

Moravcsik, Andrew (1997) "Taking Preferences Seriously: A Liberal Theory of International Politics." *International Organization*, 51(4): 513–553.

Moreira, Mauricio Mesquita (2009) "Brazil's Trade Policy: Old and New Issues." In Lael Brainard and Leonardo Martinez-Diaz (eds.) *Brazil as an Economic Superpower?: Understanding Brazil's Changing Role in the Global Economy*. Washington, DC: Brookings Institution Press.

NAM (2014) "Manufacturing and Trade: Bilateral Trade." *National Association of Manufacturers*. Available at www.nam.org/Issues/Trade/Manufacturing-And-Trade-Bilateral-Trade.aspx.

National Farmers Organization (2014) "National Farmers Press Room." Available at www.nfo.org/About_Us/Press_Releases.aspx.

OAS (2017) "Information on Brazil." *Organization of American States*. Available at www.sice.oas.org/ctyindex/BRZ/BRZagreements_e.asp.

Obama, Barack, and Dilma Rousseff (2011) "Joint Statement by President Rousseff and President Obama." *Office of the Press Secretary*, March 19. Available at www.whitehouse.gov/the-press-office/2011/03/19/joint-statement-president-rousseff-and-president-obama.

Pew (2002) "What the World Thinks in 2002." *Pew Research Center*, December 4. Available at http://pewglobal.org/2002/12/04/what-the-world-thinks-in-2002/.

Pew (2007) "Final 2007 Comparative Topline." *Pew Research Center*, June 27. Available at www.pewglobal.org/files/2007/10/2007-Report-3-Comparative-Topline-REVISED-MAY-27-2014.pdf.

Pew (2010) "Brazilians Upbeat about Their Country, Despite Its Problems." *Pew Research Center*, September 22. Available at http://pewglobal.org/2010/09/22/brazilians-upbeat-about-their-country-despite-its-problems/.

Pew (2013) "2013 Spring Survey Topline Results." *Pew Research Center*, May 23. Available at http://assets.pewresearch.org/wp-content/uploads/sites/2/2013/05/Pew-Global-Attitudes-Economic-Report-Topline-May-23-2013.pdf.

Pew (2014) "Faith and Skepticism about Trade, Foreign Investment." *Pew Research Center*, September 16. Available at www.pewglobal.org/2014/09/16/faith-and-skepticism-about-trade-foreign-investment/.

Phillips, Nicola (2003) "Hemispheric Integration and Subregionalism in the Americas." *International Affairs*, 79(2): 327–349.

Putnam, Robert D. (1988) "Diplomacy and Domestic Politics: The Logic of Two-Level Games." *International Organization*, 42(3): 427–460.

Reeves, Philip (2018) "Brazil Reacts to Trump's Steel Tariffs." *Morning Edition*, March 9. Available at www.npr.org/2018/03/09/592196607/brazil-reacts-to-trumps-steel-tariffs.

Rios, Sandra Polónia (2006) "Integration in Latin America: Going Global or Becoming Fragmentary?" In Wonhyuk Lim and Ramon Torrent (eds.) *Multilateral and Regional Frameworks for Globalization: WTO and Free Trade Agreements*. Seoul: Korea Development Institute.

Shaffer, Gregory, Michelle Ratton Sanchez, and Barbara Rosenberg (2008) "The Trials of Winning at the WTO: What Lies Behind Brazil's Success." *Cornell International Law Journal*, 41(2): 381–501.

Schirm, Stefan A. (2010) "Leaders in Need of Followers: Emerging Powers in Global Governance." *European Journal of International Relations*, 16(2): 197–221.

Schirm, Stefan A. (2016) "Domestic Ideas, Institutions or Interests? Explaining Governmental Preferences towards Global Economic Governance." *International Political Science Review*, 37(1): 66–80.

Schott, Jeffrey J. (2003) "US-Brazil Trade Relations in a New Era." In Paulo Roberto de Almeida and Rubens Antonio Barbosa (eds.) *Brasil e os Estados Unidos num Mundo em Mutação*. Available at https://piie.com/commentary/speeches-papers/us-brazil-trade-relations-new-era.

Schott, Jeffrey J. (2006) "Free Trade Agreements and US Trade Policy: A Comparative Analysis of US Initiatives in Latin America, the Asia-Pacific Region, and the Middle East and North Africa." *International Trade Journal*, 20(2): 95–138.

Schwab, Susan C. (2008a) "Ambassador Susan C. Schwab, USTR Doha Media Roundtable." *Office of the United States Trade Representative*, July 17. Available at www.ustr.gov/sites/default/files/uploads/speeches/2008/asset_upload_file887_15028.pdf.

Schwab, Susan C. (2008b) "Press Briefing." *Office of the United States Trade Representative*, July 30. Available at www.ustr.gov/sites/default/files/uploads/speeches/2008/asset_upload_file786_15046.pdf.

Schwab, Susan C. (2008c) "Schwab Announces US Contribution to WTO Technical Assistance Efforts." *Office of the United States Trade Representative*, June 18. Available at www.ustr.gov/sites/default/files/uploads/pdfs/press_release/2008/asset_upload_file223_14945.pdf.

Seixas Corrêa, Luiz Felipe de (2001) Statement by the Secretary-General of External Relations, Ambassador Luiz Felipe de Seixas Corrêa. Americas Society, New York.

Stokes, Bruce (2014) "Global Public Downbeat about Economy." *Pew Research Center*, September 9, Washington, DC.

TIA (2014) "TIA Supports the Bipartisan Congressional Trade Priorities Act of 2014." *Telecommunications Industry Association Press Releases*, January 16. Available at www.tiaonline.org/news-media/press-releases/tia-supports-bipartisan-congressional-trade-priorities-act-2014.

US Census Bureau (2017) "Trade in Goods with Brazil." *US Census Bureau, Foreign Trade*. Available at www.census.gov/foreign-trade/balance/c3510.html.

US Chamber of Commerce (2014) "International Trade and Investment." Available at www.uschamber.com/international-trade-and-investment.

Veiga, Pedro da Motta (2005) "The Politics of Trade in Brazil." In Dominic Kelly and Wyn

Grant (eds.) *The Politics of International Trade in the Twenty-First Century: Actors, Issues and Regional Dynamics.* New York: Palgrave Macmillan.

Veiga, Pedro da Motta (2009) "Brazil's Trade Policy: Moving Away from Old Paradigms?" In Lael Brainard and Leonardo Martinez-Diaz (eds.) *Brazil as an Economic Superpower? Understanding Brazil's Changing Role in the Global Economy.* Washington, DC: Brookings Institution Press.

Vestergaard, Jakob, and Robert H. Wade (2015) "Protecting Power: How Western States Retain Their Dominant Voice in the World Bank's Governance." In Dries Lesage and Thijs Van de Graaf (eds.) *Rising Powers and Multilateral Institutions.* Basingstoke: Palgrave Macmillan.

Ward, John (2011) "Brazil and the United States: Working to Advance Their Common Prosperity." *International Trade Update.* Available at http://trade.gov/publications/ita-newsletter/0411/brazil.asp.

Woods, Ngaire (2010) "Global Governance after the Financial Crisis: A New Multilateralism or the Last Gasp of the Great Powers?" *Global Policy*, 1(1): 51–63.

Wrobel, Paulo S. (1998) "A Free Trade Area of the Americas in 2005?" *International Affairs*, 74(3): 547–561.

WTO (2013) "Trade Policy Review: Brazil: Report by the Secretariat: Revision." *World Trade Organization.* Available at www.wto.org/english/tratop_e/tpr_e/tp383_e.htm.

Zanatta, Mauro (2008) "Agronegócio apoia acordo comercial global na Rodada Doha." *Noticias Financieras*, July 17. Available at www.lexisnexis.com.

Zoellick, Robert (2002) "USTR Outlines Objectives for Free Trade Area of the Americas." *Office of International Information Programs*, October 4. Available at www.lexisnexis.m.

第五章 巴西、中国及金砖国家
合作机制

一、导言

拉迪卡·德赛声称,2013 年在南非德班举行的金砖国家首脑会议是自 20 世纪 70 年代"不结盟运动"和提出国际经济新秩序要求以来,发展中国家对西方在世界经济中的霸权地位进行协调挑战的第一个迹象。官方的首脑会议宣言强调了金砖国家通过新开发银行进一步制度化的重要性。然而这一观点并非所有人都同意。事实上,来自美国的主流学者和媒体对这家新银行持怀疑态度。

2012 年,创造"金砖国家"这个词的高盛高管吉姆·奥尼尔批评将南非纳入这个论坛机制。他说:"这是错误的,南非不属于金砖国家,南非的经济规模太小。在数量上,与其他四个国家没有多少相似之处。事实上,南非的加入在一定程度上削弱了该组织的力量。"但是实际上吉姆·奥尼尔没有注意到这一决定背后的地缘政治构造运动。吉姆·奥尼尔所创建的"金砖国家"概念已不可逆转地超越了"增长前景"的理论基础。南非作为一个中等大国的重要性,确保了它能被纳入论坛机制,无论从地缘政治还是地缘经济角度来看,它对中国和印度在非洲大陆的贸易和投资"打开大门"非常重要。

其他怀疑论者则认为,俄罗斯不应该被视为金砖国家的一部分,因为俄罗斯与其他成员国的利益和目标不相同。特别是自 2014 年以来,克里米亚危机和俄罗斯与西方之间日益紧张的关系最终导致俄罗斯退出"八国集团",在俄罗斯寻求维持其区域势力范围之际,这一新的方向转变起到了至关重要的作用。在这方面,还必须强调俄罗斯与中国日益增长的经济联系,体现在合作和能源协定中。最近,基利(Ray Kiely)从更广的视角看待美国的衰落,对金砖国家的崛起提出了怀疑,认为"有充分的理由说明,这种所谓的崛起是基于片面的话语,甚至可以说,我们现在正在进入一个新的时期,我们可以少谈新兴大国的崛起,应更多关注新兴市场的危机"。

乔治·托洛拉亚(Georgy Toloraya)是俄罗斯前外交官和俄罗斯金砖国家委员会前执行主任。2016 年,在果阿峰会之后,托洛拉亚写道:"金砖国家仍处于青春期,这个词已经诞生 15 年了,虚拟现实成为物理现实已经 10 年了。金砖国家每半年召开一次会议的情况并不理想。的确,在经济上,只有印度或多或少能够拥有增长活力,然而它仍然处于贫困的泥潭中,许多社会问题和经济制度仍不理想;中国尚未克服经济的基本结构性问题,经济增长正在放缓;俄罗斯正处于长期的经济放缓之中；由于政府的非自然变化，巴西成为金砖国家中的"异类"，在前总统罗塞夫被弹劾后，巴西追求独立政策议程的意愿和能力变得令人怀疑。"

鉴于这场旷日持久的争论，本章将讨论六个问题：第一，考虑到资本主义体系中"正常"的周期性危机，我们对金砖国家的表现能说些什么呢？第二，我们该如何解读金砖国家及其制度化的演变？第三，在影响金砖国家的不断演变的转型过程中，中国和巴西扮演着怎样的角色？第四，巴西及其国内的政治和经济危机会对金砖国家合作机制产生怎样的影响？第五，巴西右翼政府是否会影响金砖国家在新兴集团中扮演主角的优先任务？第六，随着金砖国家之间日益不对称，中国的崛起和巴西的相对衰落会如何影响金砖国家机制的巩固？

为了回答这些问题，本章不仅关注发展不平衡的经济表现，还关注正在演变中的金砖国家合作机制的两个方面问题：第一个方面是集团逐步和持续的制度化，第二个方面是对外进程及其区域和全球困境。我们的研究得出了一个不同于持怀疑态度的学者和分析人士所持立场的结论。尽管我们在一定程度上同意他们对经济危机对金砖国家的影响的看法，但我们强烈不同意他们对金砖国家作为一个机构的演变和前景的分析。从第三部分开始，我们将不断发展的金砖国家制度化进程视为在中国经济领导下，在多极世界加强新的单一体制经济治理的实践。换句话说，该机制正在逐渐成为一个以新开发银行和应急储备安排为基础的制度化的经济集团，对这一过程的认可，为巴西和中国在该集团发展中的作用提供了一个有趣的阐释性视角。

二、多极世界的新兴国家与机会空间

关于新兴国家和新兴集团的争论带来了一个理论和方法上的挑战，这在主流国际关系和国际政治经济学界还没有得到充分的探讨。爱德华·乔丹(Eduard Jordaan)为了克服传统中等强国和新兴中等强国的矛盾，对"新兴中等强国概念"的相关性展开了有趣的辩论。这场辩论融合了早期关于中等强国和中国崛起的讨论、传统中等强国的利基外交、中等强国在西方"自由治理"制度及其外交政策中所扮演的角色和"中间权力主义"的概念。

通过对中等强国概念的探究，以及对其在当代世界中作用的质疑，乔丹转向了"中等强国"在行为和霸权方面的分类。他认为作为一个类别，"中等力量"的概念"太难以捉摸"，最好将其归类为主要涉及"中等水平权力"的国际行为体。然而对于应该衡量哪些因素(包括国民生产总值、区域重要性、领导能力、内部凝聚力、外交技巧或基于道德行为的活动)，以及如何衡量国家权力的各个组成部分，还没有明确的答案。

就霸权而言，这一概念引发了中间大国是稳定者还是不稳定者的争论。乔丹的观点强调了国际政治中以代理人为导向的立场和行为，从而区分了三种中间力量。

第一种是作为稳定器的中等强国。事实上，他们是"霸权的支持者"，处于一种以现状为条件的立场。在冷战时期，罗伯特·考克斯曾指出，中等强国日本在这种情况下的任务是支持当前国际秩序并使之合法化。然而冷战的背景、日本在第二次世界大战中的失败，以及美国在资本主义制度中的霸权地位,是决定这一时期中等国家如何行动的主要因素。

第二种中等强国对美国霸权或在全球资本主义和国际制度治理中的主导地位持矛盾立场。自冷战结束以来,特别是 2000 年以来,各国对遵守现行规则和制度的偏好各不相同。例如,一些当代新兴中等大国对现行制度治理体系中的某些规范和规则不满意,对体现这些规范和规则的现有国际组织不满意。一个很好的例子是有关国际货币基金组织和世界银行的改革辩论,这是金砖国家在所有年度会议上持续性的要求。

第三种中等强国是乔丹所强调的"作为对抗大国霸权"的力量。这种固定模式的问题是不可能使用它来理解当前全球经济的复杂动力学和在特朗普时代中国的崛起。在当今"角色转换"的时代,当"追随美国"并不一定意味着追随"自由的国际秩序"时,情况变得更加复杂。换句话说,要理解资本主义制度下的崛起和霸权宪政过程,就必须关注不断变化的经济结构和地缘政治秩序,并将其纳入分析。

正如李形教授所指出的,世界体系理论为理解新兴国家以及"向上流动"的可能性(或不可能性)提供了一个历史视角。资本主义经济以及大国所玩的地缘政治游戏的变化,可能会改变一个试图改变规则的"半边缘结构"的动机——无论是单独还是集体的。尽管如此,如上所述,新兴国家可能想改变规则,却不想改变组织。新兴国家可以认为这个体系及其规则是不公平的,但只要它能反映新的多极政治格局即可。因此,正如沃勒斯坦所言,"半边缘国家"作为"中等强国"的角色,对于理解改变全球力量平衡的可能性至关重要。"半边缘国家"必须谨慎而迅速地选择他们的联盟和经济机会,因为"半边缘国家"

之间主要是相互竞争。例如,如果主导产业发生重大搬迁,那么它通常会转移到半边缘国家去。但不是对所有的国家都如此,也许只对他们中的一两个。在整个系统的生产结构中,没有足够的空间在太多的国家中同时允许这种迁移(也称为"发展")。在可能的 15 个国家中,哪一个国家将是这种迁移的地点,事先并不容易确定,甚至在回顾时也不容易加以解释。很容易理解的是,并非每个国家都能得到如此优待,否则收益会急剧下降。

因此,就我们的研究目的而言,乔丹和李形的观点可以被理解为互补而不是相互竞争的立场。他们的方法帮助我们理解新兴国家的关键角色和结构性地位,这对研究金砖国家以及巴西和中国的交往非常重要。李形教授称之为"邀请式提升",它是指半边缘国家或边缘国家的向上流动路径,其地缘政治地位在全球权力斗争时期至关重要,或其内部条件有利于全球资本流动和生产转移。这种向上流动是由现有霸权国家或核心国家集团为了自身地缘政治和地缘经济利益的推动和邀请所创造的良好外部环境所刺激的。

李形教授强调,中国通过巩固中国特色社会主义制度,从地缘政治反苏形势中获益,以及在这一历史关键时期获得"邀请式提升"的可能性,进入了资本主义制度。冷战之后,特别是在 21 世纪,新兴大国"基于对世界秩序的明确看法和对该国在这一秩序中的实际和潜在地位的了解",获得了强大的国际认同。此外,与传统的中等强国不同,新兴国家也是地区大国,往往会影响全球议程的某些问题领域。在这种背景下,20 世纪 90 年代的经济危机促使并推动了新兴国家对全球治理机构"改革"议程的要求。

三、金砖国家是一个正在崛起的制度产物

自 20 世纪 90 年代中期以来,各国经济或金融危机频发——墨西哥(1995 年)、亚洲(1997 年)、俄罗斯(1998 年)、巴西(1999 年)、阿根廷(2001 年)和土耳其(2001 年)——已经表明,管理世界秩序不能继续忽视新兴国家的存在和半周边国家的崛起。新兴的中等大国直到 20世纪 90 年代末才参加八国集团(七国集团+俄罗斯),当时二十国集团的成立是为了适应亚洲危机后更多的国家。直到 2008 年,二十国集团才举办元首峰会。21 世纪初,巴西、印度、中国、南非和墨西哥逐渐被邀请担任八国集团观察员(八国集团+五国集团)。然而五个新兴国家没有参加关于世界经济走向的辩论。2003 年,国际战略与经济联盟(印度、巴西和南非)成立,2006 年,巴西、俄罗斯、印度和中国四国外长首次举行会议,2009 年 6 月在俄罗斯叶卡捷琳堡举行首届金砖四国峰会,这一连串事件为金砖机制的建立奠定了基础。

第一次金砖四国峰会以二十国集团峰会的成果为标志,反映了该集团对早期决策的承诺,并表明了即将召开的二十国集团峰会上该集团合作的性质。此外,"金砖四国"还强调了改革金融机构,以增加新兴中等大国在国际秩序中的参与度和重要性。最终,金砖四国在科学和教育领域的合作取得了进展。第二次金砖四国峰会于 2010 年在巴西利亚举行,讨论了几个问题,特别是与全球治理、国际贸易和金融有关的问题。特别值得注意的是,金砖四国支持联合国改革,并强调国际货

币体系的稳定——这两者都与国际组织的合法性危机有关。2011年，金砖国家领导人第三次会晤在三亚举行。这次峰会的两个亮点：一是南非的加盟；二是当时金砖五国都在联合国安理会，这使这次峰会对安全问题尤其关注。例如，关注当时的"阿拉伯之春"事件。这是第一次在金砖国家峰会的最终宣言中明确提到联合国改革。会议还重申了二十国集团在国际金融架构中的重要性和完成多哈回合贸易谈判的必要性。

2012年，金砖国家领导人第四次会晤在新德里举行。会议首次讨论了创建一个新的金砖国家多边开发银行的可能性，最终各方达成的一致，金砖国家财长将研究建立这样一家银行的可行性。此外，最终达成的《宣言》重申了国际合作的重要性，同时强调有必要改革国际金融机构，以确保金砖国家的系统重要性在制度上得到承认。

2013年在南非德班举行的第五次金砖国家领导人会晤结束了第一轮会晤。这也是南非寻求更大国际影响力的一个里程碑，突显了金砖国家与非洲国家的关系。与以往的峰会一样，金砖国家重申了其对多边主义的承诺，以及通过改革国际金融机构，特别是国际货币基金组织份额体系来寻求更民主的全球治理，正如2010年商定的那样。此外，金砖国家再次强调了它对多哈回合贸易谈判的承诺；它将支持让巴西、印度和南非在联合国发挥更重要作用的努力。最终，金砖国家表示支持巴西人罗伯托·阿泽维多（Roberto Azevedo）担任世贸组织总干事。

随后，为了"帮助金砖国家避免短期流动性压力"，1000亿美元的储备基金也成立了。这是继2012年金砖国家签署的《金砖国家银行间合作机制多边本币授信总协议》和《多边信用证保兑服务协定》之后的后续行动。最后,金砖国家宣布建立金砖国家新开发银行,这是寻求"资源基础设施、可持续发展项目在金砖国家同其他新兴经济体和发展中国家来补充现有的多边金融机构与全球经济增长、区域合作发展"。

2014年在巴西福塔莱萨举行的金砖国家领导人第六次会晤开启了第二轮会晤。会议的主题是"实现包容性增长的可持续解决方案",这是金砖国家机制巩固进程中最重要的时刻之一。《成立新开发银行的协议》的签署,旨在为金砖国家及其他新兴和发展中经济体的基础设施项目和可持续发展调动资源。金砖国家新开发银行核准的初始资本为1000亿美元,认缴初始资本为500亿美元,在创始成员国之间平均分配。此外,与会各方还签署了《关于建立金砖国家应急储备安排的条约》(1000亿美元)、《金砖国家出口信贷保险机构技术合作谅解备忘录》和一系列出口担保协议。前者将在预防方面产生积极影响,并帮助各国抵消短期流动性压力,而后者将改善环境,增加金砖国家之间的贸易机会。

2015年,有很高期望的第七次金砖国家峰会在俄罗斯乌法举行。乌法峰会在金砖国家间的贸易、金融和投资合作方面取得一些进展,深化了金砖国家出口信贷机构之间的对话,增强金砖国家银行在实现金砖国家贸易和投资合作方面的角色,对"在相互贸易中更广泛使用金砖国家货币"的可行性开展研究,这些举措都产生了重大影响。

在金砖国家合作至关重要的背景下,此次峰会的首要任务是确定新开发银行和应急储备安排。与会者讨论了这些新制度安排的细节,已经有迹象表明新开发银行将如期运作。特别值得一提的是,金砖国家新开发银行的资源将主要集中在金砖国家的基础设施投资上——正如俄罗斯财政部部长西卢安诺夫(Anton Siluanov)所强调的那样,这与当时巴西和俄罗斯的经济负增长有直接关系。巴西希望新开发银行支持其能源和基础设施投资,俄罗斯则已经将新开发银行视为吸引中国资本的一个重要机会。此外,峰会还提出了新开发银行和亚洲基础设施投资银行之间的合作建议,这将对新丝绸之路基础设施项目的融资起到重要作用。

与金砖国家是非正式论坛的惯常做法一样,人们预期主办国将主导峰会议程。这一次,出于俄罗斯自2014年克里米亚危机以来的国际利益考虑,金砖国家、上海合作组织和欧亚经济联盟有望实现融合。因此,乌法峰会讨论中突出了两个安全问题:一是尊重主权和不干涉原则的重要性(特别是在阿富汗、伊拉克和叙利亚),二是强调影响非洲大陆以及该地区稳定的安全问题。尽管当前国际秩序和传统大国的行动受到批评,但非对抗性战略得以保留,现有多边安排得以重申。这在某种程度上在第二年继续被保留在果阿邦。

2016年,印度峰会后发表的《果阿宣言》重申,可持续和平需要在互信、平等和合作的基础上,以"一致和坚定的全球方式"构建"公平和民主的多极化国际秩序"。金砖国家重申"坚定维护国际法和联合国作为具有普遍性的多边组织的核心作用,承担维护国际和平与安全的使命"。《果阿宣言》在强调联合国作用的同时,呼吁改革联合国安理会,使其更具代表性和效率。值得注意的是,尽管印度和南非一再强调这一要求,俄罗斯和中国却表现出一种较为温和的立场。从历史上看,巴西的立场更接近印度和南非,但自政变以来,新政府几乎没有朝这个方向努力。

《果阿宣言》的其他重要成果包括:第一,支持联合国和平利用外层空间委员会工作组做出的到2018年制定空间长期可持续性计划的决定;第二,支持俄罗斯关于在双边和国际合作基础上制定关于制止化学和生物恐怖主义行为的国际公约的倡议。尤其明显的是,俄罗斯外交专注于打击恐怖主义,特别是车臣分裂主义和国际极端主义组织,比如在叙利亚打击阿萨德政府的那些恐怖组织。

作为参与叙利亚冲突的金砖国家成员国,俄罗斯表明了自己的立场:俄罗斯致力于通过包容性的全国对话和叙利亚政府主导的政治进程,根据联合国安理会第2254号和第2268号决议的精神,在2012年6月30日通过的《日内瓦会议宣言》的基础上建立和平。俄罗斯还致力于打击"伊斯兰国"(ISIS)和"努斯拉阵线"(Jabhat al-Nusra)等恐怖组织。俄罗斯在叙利亚冲突中日益自信,对阿萨德政府稳定和完整的信念一直并将继续与美国及其盟国的政策相悖,美国及其盟国的目标是解散阿萨德政府,即使这意味着支持"反叛"的伊斯兰圣战分子。

峰会还强调了另外两个安全议题:一是需要在联合国安理会决议、"马德里原则"和"阿拉伯和平倡议"的基础上,实施以巴冲突的"两国方案";二是对阿富汗的安全挑战提出关切,对阿富汗政府在打击恐怖主义和毒品走私的同时建立民族和解的努力表示支持。

除了这些安全问题,会晤还重点讨论了金砖国家机制化进程的进展。重要进展包括签署《建立金砖国家农业研究平台的谅解备忘录》《金砖国家反恐工作组第一次会议纪要》，以及金砖国家新开发银行的业务进展，启动关于创建金砖国家评级机构提议的谈判等。另外，同等重要的是创建一个共同的讨论平台，研究金砖国家出口信贷机构在金砖国家之间的贸易合作。在金砖国家经济伙伴关系战略框架内设立金砖国家海关合作委员会，此前在乌法举行的第七届首脑会议上提出过。

在"深化金砖伙伴关系，开辟更加光明未来"的主题下，金砖国家领导人第九次会晤在中国厦门举行。峰会签署了三个相关文件：一是《金砖国家创新合作行动计划（2017—2020年）》，二是《金砖国家海关合作战略框架》，三是《金砖国家工商理事会与新开发银行关于开展战略合作的谅解备忘录》。会议商定了发展金砖国家地方货币债券市场和建立未来金砖国家地方货币债券基金的倡议，强调"金砖国家发展银行在缔结关于银行间本币信贷额度和银行间信用评级方面的谅解备忘录方面所取得的进展"。在本次会议上，还提到了关于非洲银行发展情况的讨论，并商定在南非开设"金砖国家新开发银行非洲区域中心"，这将成为新开发银行的第一个区域办事处。此外，还建立了宏观经济信息交流中心系统。

在解决安全问题时，金砖国家谴责了"单方面军事干预"，称时任美国总统唐纳德·特朗普的一些声明和行为属于此种。此外还涉及恐怖主义、叙利亚和其他国际冲突等议题。筹资金融行动工作组讨论了关于打击洗钱、反资助恐怖主义和防止核扩散的国际标准的执行情况。中国首次承认巴基斯坦境内的恐怖组织"虔诚军"（Lashkar-e-Taiba）、"杰什-穆罕默德"（Jaish-e-Mohammed）和"哈卡尼网络"（The Haqqani

Network)的存在——这对印度外交与安全很重要。另一项重要举措是2017年7月27日至28日在北京举行的金砖国家安全问题高级代表第七次会议，有关金砖国家的安全问题在这次会议上取得了进展。应该说，有关安全的问题占《厦门宣言》的很大一部分。

在机构的密集化方面，某些趋势是明显的。国际安全问题在首脑会议上日益占据突出的位置。金砖国家一直受到地缘政治转型的考验，这些转型与美俄关系以及美中关系的发展有关。自2014年以来，俄罗斯与其他金砖国家密切接触，这对此后的集团议程产生了重大影响。此外，印度、俄罗斯和中国在打击恐怖主义方面有强烈的利益趋同。

就相对参与度而言，巴西和南非似乎落后于其他金砖国家，尽管它们在金砖合作历史上的某些时刻发挥了更积极的作用。这两个国家都是规范接受者而不是制定者。

这里有两点变化值得注意：第一，国际安全问题的突出程度发生了值得注意的变化。综观金砖国家合作的历史，在处理与国际政治经济有关的问题，特别是国际发展问题时，基本上都进行了体制整合——这是一条"阻力最小的道路"。当然，也不应忽视最近关于国际安全问题的首脑会议取得的进展。第二个值得注意的变化是峰会东道国对外联系的进程的直接影响。东道国经常邀请地区盟友参加金砖国家会议，从而加强了金砖国家的机构密集化程度。

尽管这些都是重要的趋势，但经济仍是金砖国家合作的核心。"金砖国家合作选择主要依靠经济和金融能力，而不是军事力量。"经济是金砖国家实现目标的强大向心力。正如罗伯茨（Cynthia Roberts）等人所强调的，金砖国家的合作推动了布雷顿森林体系改革，鼓励人民币国际化,建立平行的国际金融机构。

金砖国家与西方自由秩序或世界资本主义秩序相比,这种约定代表了一种保守主义行为。换句话说,金砖国家可以被视为一个典型的、保守的全球化安排。因此,有趣的是,从叶卡捷琳堡到厦门,制度的进步是在与现有国际机构的持续对话中发生的。这一趋势在各种问题领域都很明显。例如,不断要求改革国际金融机构,特别是国际货币基金组织;强调创新促进中长期增长和可持续发展,重申 2016 年峰会提出的二十国集团议程及二十国集团作为宏观经济合作论坛的重要性;与《巴黎气候变化协定》有关的可再生能源、能源安全和气候变化的讨论;向"国际反洗钱金融行动特别工作组"和向世贸组织所做的声明。从政治角度看,金砖国家的议程不具对抗性,它试图与西方大国(如七国集团)在谈判桌上占有一席之地,希望在现有国际机构中拥有更强的话语权和更广的参与度。

我们越来越有理由不把金砖国家视为对全球资本主义的集体挑战,而是将其视为一群试图改变西方自由秩序(布雷顿森林体系)和联合国(如安理会)系统平衡的新兴国家。同时,金砖国家的这种改革性体现在另外两个方面:一是逐步建立平行的国际机制,二是鼓励人民币国际化。

正如卡塔达(Saori Katada)等人所指出的那样,金砖国家合作最显著的特点可能是它们有能力共同行使国家金融战略,即主权政府为了实现更大的外交政策目标而使用金融和货币政策。因此,金融治国之道是金砖国家制度强化的核心,每年峰会涉及体制更新和调整,但一致的对外联系进程都会提到。金砖国家作为新兴集团的配置这两个特点，是我们分析揭示的主要特征。另外，仔细审查年度宣言，可以发现金砖国家成员一再提出的四项主要要求：一是改革货币基金组织的配额和投票；二是联合国安理会改革；三是强大的金砖国家新开发银行和应急储备安排；四是巩固金砖国家在二十国集团峰会上的共同政治立场，包括在安全问题上的共同政治立场。

四、巴西、中国和其他金砖国家的未来

当金砖国家抱怨西方的紧缩政策阻碍了世界经济增长时，一些人公开批评西方的经济主导地位。此外，他们抱怨称，各国央行的非常规货币政策正在鼓励全球投机，而非国内增长。

然而金砖国家在全球新自由主义方面的关键立场，与巴西自2016年8月政局变动以来所走的政治道路形成了鲜明对比。自那次政局变动以来，巴西一直在根据新自由主义的脚本实施严厉的紧缩政策，从而显示出金砖国家不断演变的制度巩固的核心内在矛盾。巴西作为新兴的中等强国和地区国家，金砖国家为该国带来了知名度，为世界秩序的多元化做出了贡献，也为要求国际金融机构和联合国安理会进行改革施加了额外的压力。

但自2013年以来，巴西国内经济政治形势严峻。这次政局变动后，建立了一个由国会议员、企业媒体和商界支持的右翼政府。这种情况也可以被看作一场"政治和经济危机"。在经济上，右翼势力的崛起导致了新自由主义政策调整的重新实施，旨在应对危机和吸引金融跨

国资本。这些措施正在社会、国家和市场之间建立一种新的关系,产生不确定的政治后果。就巴西前总统特梅尔的外交政策而言,愿望和现实之间存在一种矛盾关系。也就是说,巴西政府渴望来自美国和西欧的投资,但它面临的物质现实却是资本主义制度给巴西经济带来的短期和中期问题。

这种矛盾情绪影响了巴西在金砖国家中的地位和作用。在第八次金砖国家峰会期间,特梅尔几乎被普京所忽视,巴西在峰会中的作用微不足道。在厦门举行的第九次金砖国家领导人会晤上,巴西积极鼓励中国投资和改善贸易关系。巴西政府试图加强与其他金砖国家(特别是中国)的关系,这一点在第八届金砖国家峰会上表现得很明显。特梅尔和习近平在峰会前的双边会晤至关重要。特梅尔似乎想把"国家"推销给中国,促进私有化,并试图出售贬值的国有企业。两国签署了 14 项关于中国投资的协议和备忘录,并批准了中国银行家在巴西的投资。中国给巴西银行 3 亿美元的新信贷额度,并为深化战略合作,巴西国家经济社会发展银行与中国国家开发银行达成的另一项协议,确定了未来 30 亿美元信贷额度。巴西的政治经济危机似乎拉近了两国的距离。金砖国家新开发银行南非区域办事处获得批准后,金砖国家新开发银行决定于 2018 年在巴西开设另一个办事处。由于国家开发银行的这种体制扩张,金砖国家新开发银行行长 K. V.卡马斯(K. V. Ka-math)于 2018 年 5 月 21 日会见了巴西外交部部长阿洛伊西奥·努内斯·费雷拉,双方同意开设一个国家开发银行美洲区域办事处。

金砖国家拓展进程的可能性反映了巴西当前的外交政策困境,即如果要遵循新自由主义意识形态,将推动南方共同市场和南美洲国家联盟的弱化,巴西将削弱自己作为地区大国的领导力。这点对巴西来说至关重要,因为对于习近平主席所提出的"金砖+"概念而言,国家的地区代表性和未来与金砖国家合作的可能性是"金砖+"的基础。如前所述,金砖外拓进程受到东道国利益和理念的极大影响。正如"金砖+"概念所表达的那样,中国目前对金砖外延的构想,可能会在这一过程中引入其他概念。从这个意义上说,出于政治和经济方面的原因,阿根廷和墨西哥都是拉丁美洲"自然"的候选国家。如果我们再加上巴西国际地位的下降,就有可能预见到,在不久的将来,巴西在金砖国家中的角色将会受到影响。

五、结论

对中国来说,金砖国家的经济议程显然是一个优先事项,但随着安全议程的重要性与日俱增,俄罗斯的作用也越来越重要。另一个值得未来研究的有趣问题是,金砖国家的共同议程是否正在将国际经济治理从新自由主义和西方占主导地位的国家手中夺过来。尽管存在种种欲望,但瓦解似乎不太可能。在此背景下,我们需要考虑两种截然不同的逻辑并存:一是中国逻辑和经济领导力,强调"金砖+"外拓机制所体现的区域间活力;二是主张回归地缘政治和均势的俄罗斯逻辑。这是巴西未来生存逻辑的更广泛结构背景。在厦门峰会之前的外拓进程中,对于外拓程序、多少成员、哪些成员可以加入,以及外拓进程对金砖国家发展轨迹的影响,还一直没有达成共识。然而"金砖+"是一项重要创新,必须认真对待。

在全球治理中追求更显要的地位,加强金砖国家金融合作制度化,进一步拓展金砖国家的合作,这三点共识,将引领金砖国家未来发展路径,并逐步在一个更加平衡的全球经济治理世界中发现多边和多极世界的力量,其发展后果将对巴西在世界上的地位至关重要。

参考文献

Abdenur, Adriana Erthal, and Maiara Folly (2015) "O Novo Banco de Desenvolvimento e a Institucionalização do Brics." In Renato Baumann, Flávio Damico, Adriana Erthal Abdenur, Maiara Folly, Carlos Márcio Cozendey, and Renato G Flôres Jr. (eds.) *Brics: Estudos e Documentos*. Brasilia: FUNAG.

Alexandroff, Alan S., and Andrew Fenton Cooper (2010) *Rising States, Rising Institutions: Challenges for Global Governance*. Waterloo and Washington, DC: Brookings Institution Press.

Ambrosio, Thomas (2017) "The Architecture of Alignment: The Russia-China Relationship and International Agreements." *Europe-Asia Studies*, 69(1): 110–156.

Bo, Xiang (2018) "Brics New Development Bank Plans to Launch Americas Regional Office in Brazil." *XinhuaNet*, May 22. Available at www.xinhuanet.com/english/2018-05/22/c_137197986.htm.

BrazilGovNews (2017) "Brazil and China Sign 14 Cooperation Acts." Available at www.brazilgovnews.gov.br/news/2017/09/brazil-and-china-sign-14-cooperation-acts.

BRICS (2009) "First Summit: Joint Statement of the Bric Countries Leaders." Available at http://brics.itamaraty.gov.br/pt_br/categoria-portugues/20-documentos/73-primeiro-declaracao.

BRICS (2010) "Second Summit: Joint Statement." Available at http://brics.itamaraty.gov.br/category-english/21-documents/66-second-summit.

BRICS (2011) "Third Summit: Sanya Declaration and Action Plan." Available at http://brics.itamaraty.gov.br/category-english/21-documents/67-third-summit.

BRICS (2012a) "Fourth Summit: Delhi Declaration and Action Plan." Available at http://brics.itamaraty.gov.br/category-english/21-documents/68-fourth-summit.

BRICS (2012b) "Agreements between Brics Develoment Banks, Nova Delhi." Available at www.brics.utoronto.ca/docs/120329-devbank-agreement.pdf.

BRICS (2013) "Fifth Summit: Ethekwini Declaration and Action Plan." Available at http://brics.itamaraty.gov.br/category-english/21-documents/69-fifth-summit.

BRICS (2014) "Sixth Summit: Fortaleza Declaration and Action Plan." Available at http://brics.itamaraty.gov.br/category-english/21-documents/223-sixth-summit-declaration-and-action-plan.

BRICS (2015) "VII Brics Summit: Ufa Declaration." Available at http://brics.itamaraty.gov.br/category-english/21-documents/253-vii-brics-summit-ufa-declaration.

BRICS (2016) "8th Brics Summit Goa Declaration." Available at http://brics.itamaraty.gov.br/images/pdf/GoaDeclarationandActionPlan.pdf.

BRICS (2017) "Brics Leaders Xiamen Declaration." Available at www.brics.utoronto.ca/docs/170904-xiamen.pdf.

Campos, Ana Cristina (2017) "Temer: Chinese Entrepreneurs Seeking to Expand Investments in Brazil." *Agência Brasil*, August 31. Available at http://agenciabrasil.ebc.com.br/en/internacional/noticia/2017-08/temer-chinese-entrepreneurs-seeking-expand-investments-brazil.

Cooper, Andrew F. (1997) *Niche Diplomacy: Middle Powers after the Cold War*. Studies in Diplomacy. Basingstoke: Macmillan.

Cooper, Andrew F. (2013) "Squeezed or Revitalised? Middle Powers, the G20 and the Evolution of Global Governance." *Third World Quarterly*, 34(6): 963–984.

Cooper, Julian M. (2006) "Russia as a Bric: Only a Dream?" *European Research Working Paper Series No 13*, July. Available at www.download.bham.ac.uk/govsoc/eri/working-papers/wp13-cooper.pdf.

Cox, Robert W. (1989) "Middlepowermanship, Japan, and Future World Order." *International Journal*, 44(4): 823–862.

Desai, Radhika (2013) "The Brics Are Building a Challenge to Western Economic Supremacy." *The Guardian*, April 2. Available at www.theguardian.com/commentisfree/2013/apr/02/brics-challenge-western-supremacy.

Desai, Radhika (2015) "Geopolitical Economy: The Discipline of Multipolarity." *Valdai Discussion Club*, 24. Available at http://valdaiclub.com/files/10943/.

Fontdeglòria, Xavier (2017) "China Promete a Temer Participar do Programa de Privatizações Brasileiro." *El País*, Set 1. Available at https://brasil.elpais.com/brasil/2017/09/01/internacional/1504279321_972453.html.

Fortescue, Stephen (2014) "The Brics and Russia." In Vai Io Lo and Mary Hiscock (eds.) *The Rise of the BRICS in the Global Political Economy: Changing Paradigms?* Cheltenham: Edward Elgar.

Garcia, Ana, and Patrick Bond (2015) "Introduction." In Ana Garcia and Patrick Bond (eds.) *Brics: An Anti-Capitalist Critique*. Sunnyside: Jacana.

Giaccaglia, Clarisa (2013) "Estrategias de 'Quodlíbet' en el Escenario Internacional Contemporáneo: Las Acciones ye India, Brasil y Sudáfrica (IBSA) en los Ámbitos Multilaterales." *Revista Brasileira de Política Internacional*, 55(2): 90–108.

Gilley, Bruce, and Andrew O'Neil (2014) *Middle Powers and the Rise of China*. Washington, DC: Georgetown University Press.

Huelsz, Cornelia (2009) "Middle Power Theories and Emerging Powers in International Political Economy: A Case Study of Brazil." PhD Thesis, University of Manchester, Faculty of Humanities. Available at http://hummedia.manchester.ac.uk/institutes/gdi/research/research-programmes/BeyondtheBICsdocs/Cornelia%20Huelsz%20Thesis.pdf.

Hurrell, Andrew (2000) "Paths to Power: Foreign Policy Strategies of Intermediate States." In Andrew Hurrell, Andrew F. Cooper, Guadalupe González González, Ricardo Ubiraci Sennes, and Srini Sitaraman (eds.) *Some Reflections on the Role of Intermediate Powers in International Institutions*. Washington, DC: Latin American Program, Woodrow Wilson International Centre.

Itamaraty (2017) "Atos Assinados por Ocasião da Visita do Presidente Michel Temer à China-Pequim, 31 de Agosto a 3 de Setembro de 2017." Brasília. Available at www. itamaraty.gov.br/pt-BR/notas-a-imprensa/17378-atos-assinados-por-ocasiao-da-visita-do-presidente-michel-temer-a-china-pequim-31-de-agosto-a-3-de-setembro-de-2017.

Jordaan, Eduard (2017) "The Emerging Middle Power Concept: Time to Say Goodbye?". *South African Journal of International Affairs*, 24(3): 1–18.

Kahler, Miles (2013) "Rising Powers and Global Governance: Negotiating Change in a Resilient Status Quo." *International Affairs*, 89(3): 711–729.

Kahler, Miler (2016) "The Global Economic Multilaterals: Will Eighty Years Be Enough?". *Global Governance*, 22(1): 1–9.

Katada, Saori N., Cynthia Roberts, and Leslie Elliott Armijo (2017) "The Varieties of Collective Financial Statecraft: The Brics and China." *Internations Studies Association*. Baltimore.

Khalid, Ahmed (2014) "The Power of the Brics in World Trade and Growth, Analysing the Macroeconomic Impacts within and across the Bloc." In Vai Io Lo and Mary Hiscock (eds.) *The Rise of the BRICS in the Global Political Economy: Changing Paradigms?* Cheltenham: Edward Elgar.

Kiely, Ray (2016) *The Rise and Fall of Emerging Powers*. London: Palgrave Macmillan.

Lima, Maria Regina Soares de, and Monica Hirst (2006) "Brazil as an Intermediate State and Regional Power: Action, Choice and Responsabilities." *International Affairs*, 82(1): 21–40.

Li, Xing (2017) "The Rise of Emerging Powers & China and the Enlargement of 'Room for Maneuver' and 'Upward Mobility'". *Rising Powers in Global Governance*. Available athttp://risingpowersproject.com/the-rise-of-emerging-powers-china-and-the-enlargement-of-room-for-maneuver-and-upward-mobility/.

MacFarlane, Neil S. (2006) "The 'R' in Brics: Is Russia an Emerging Power?". *International Affairs*, 82(1): 41–57.

MercoPress (2014) "India, Brazil and South Africa Want Argentina to Join the Brics Club." *MercoPress*, May 6. Available at http://en.mercopress.com/2014/05/06/india-brazil-and-south-africa-want-argentina-to-join-the-brics-club.

Naidoo, Sharda (2012) "South Africa's Presence 'Drags Down Brics.'" *Mail & Guardian*, March 23. Available at https://mg.co.za/article/2012-03-23-sa-presence-drags-down-brics.

NDB (2018) "Ndb President Meets Brazil's Minister of Foreign Relations in Shanghai." *New Development Bank*. Available at www.ndb.int/press_release/ndb-president-meets-brazils-minister-foreign-relations-shanghai/.

Neelakantan, Shailaja (2016) "India Used Brics-Bimstec Summit to Outmanoeuvre Pakistan, Chinese Media Says." *The Times of India*. Available at http://timesofindia.indiatimes.com/india/India-used-Goa-Brics-meet-to-outmanoeuvre-Pakistan-Chinese-media-says/articleshow/54933030.cms.

Netto, Andrei (2016) "Temer foi o único dos representantes dos Brics a não ser recebido por Putin em Goa, Na Índia." *Estadão*, Outubro 18. Available at https://politica.estadao.

com.br/noticias/geral,temer-foi-o-unico-dos-representantes-dos-brics-a-nao-ser-recebido-por-putin-em-goa-na-india,10000082946.

Nogueira Batista, Paulo (2017) "Brasil pode abrir representação do Novo Banco De Desen-volvimento já em 2018." *Sputnik*, September 9. Available at https://br.sputniknews.com/mundo/201709059282153-desenvolvimento-financiamento-infraestrutura-energia-comercio-exterior-geopolitica/.

Pandey, Pragya (2017) "2017 Brics Summit: Post-Doklam, India, China Meet in Xiamen." *The Diplomat*. Available at https://thediplomat.com/2017/09/2017-brics-summit-post-doklam-india-china-meet-in-xiamen/.

Pautasso, Diego, Gabriel Adam Adam, and Bruno Rocha Lima (2015) "A Política Externa Da Rússia Diante Da Crise Na Síria." *Tensões Mundiais*, 11(21): 147–168.

Polgreen, Lydia (2013) "Group of Emerging Nations Plans to form Development Bank." *New York Times*, March 26. Available at www.nytimes.com/2013/03/27/world/africa/brics-to-form-development-bank.html.

Ramos, Leonardo, Ana Garcia, Diego Pautasso, and Fernanda Rodrigues (2018) "A Decade of Emergence: The Brics' Institutional Densification Process." *Journal of China and International Relations*, Special Issue: 1–15.

Ramos, Leonardo, Rodrigo Corrêa Teixeira, Marcia Paiva Fernandes, and Rafaela Carne-vali (2012a) "Objetivos, Contradições e Atuação da África Do Sul no G20." *Meridiano 47*, 13(132): 46–52.

Ramos, Leonardo, Javier Vadell, Ana Saggioro, and Márcia Fernandes (2012b) "A Gover-nança Econômica Global e os Desafios do G-20 Pós-Crise Financeira: Análise das Posições de Estados Unidos, China, Alemanha e Brasil." *Revista Brasileira de Política Internacional*, 55(2): 10–27.

Roberts, Cynthia, Leslie Armijo, and Saori Katada (2018) *The Brics and Collective Finan-cial Statecraft*. Oxford: Oxford University Press.

Toloraya, Georgy T. (2016) "Goa as Today's Geopolitical Fulcrum." *The Brics Post*, Octo-ber 17. Available at http://thebricspost.com/goa-as-todays-geopolitical-fulcrum/#.W4B7us5KiUk.

Wallerstein, Immanuel (1974) "The Rise and Future Demise of the World-Capitalist Sys-tem: Concepts for Comparative Analysis." *Comparative Studies in Society and History*, 16: 387–415.

Wallerstein, Immanuel (2004) *World-Systems Analysis: An Introduction*. Durham and Lon-don: Duke University Press.

Wu, DD (2017) "Russia-China Relations Reach a New High." *The Diplomat*. Available at https://thediplomat.com/2017/07/russia-china-relations-reach-a-new-high/.

Xinhua (2017) "Mexico Open to Cooperation with Brics: Trade Group." *Xinhuanet*. Avail-able at www.xinhuanet.com/english/2017-08/30/c_136567833.htm.

第六章　中国在资本主义世界秩序中的双重身份

一、研究命题

国际关系和国际政治经济学者在研究世界秩序的历史演变或转变时，往往面临着许多本体论和认识论的问题。例如，国家和市场是如何结合在一起并相互作用的？什么样的通用游戏规则支配着国家和市场间的关系？造成权力转移的原因是什么？一个新的全球大国的崛起，将在哪些方面改变国际关系学和国际政治经济学的关系——不仅在功能上，而且在结构上？国际关系学和国际政治经济学的变化，是有目标地前进还是后退，还是有兴盛、衰亡的辩证过程？国际关系学和国际政治经济学的关系是在一种循环反复的状态中不断演变，还是在一个确定的逻辑进程中？

英国学者斯特兰奇直截了当地把世界秩序定义为"一套全球安排",而这些安排"既不是上天注定的,也不是盲目偶然的结果";相反,它们是"在人为制度和自我设定的规则和习俗的背景下,人类决策的结果"。在中国全球崛起的大背景下,了解21世纪的中国是否会成为世界第一大经济体就不那么重要了。鉴于美国目前的衰落及其从国际领导地位和义务上的退出,笔者认为21世纪将是中国的世纪,这也许对政策制定者和国家精英来说是很重要的。另外,要知道印度、俄罗斯或巴西的国内生产总值是否会在21世纪上半叶超过日本、德国或法国,也不那么重要。重要的是本章的中心论点——研究中国的崛起在多大程度上影响了由现有世界秩序的"结构性力量"塑造的一系列现有的"全球关系"和"全球安排"。

中国在全球的崛起创造了一个具有双重复杂性的现象。一方面,随着中国经济重要性和政治影响力的增长,中国正在积极实施振兴和领导南南政治经济合作的战略;另一方面,它正在利用其在全球经济中越来越多的杠杆地位来改变或修正现有的全球管理机构的规范和做法。在前一种关系中,中国似乎处于一个新"领导国"的位置,而在后一种关系中,中国被视为扮演了一个"反霸权"的角色。因此,笔者认为将新兴大国与现存霸权国家的关系作为一种高度复杂的现象进行研究,对于学术研究者具有启发性和创新性。本章的研究问题及其主要分析框架,提出了当今中国崛起在若干关系中所带来的双重复杂性影响。这种双重复杂性影响表明了两种截然不同的现象。

本章的讨论基于中国崛起对世界不同地区所产生的不同影响的研究。一方面,有人可能认为中国正在成为一个引领国际社会政治和经济力量的"中心",修正现有的世界秩序;同时,它又被视为一个新兴

世界的领导国,塑造边缘与半边缘地区的国际秩序。这种情况促使笔者审视以下两个开放式研究命题之间的动态和辩证关系:

1.命题 A:"中国崛起为反霸权国家"

根据现实主义的理解,中国经济的崛起是以扩大和加强国际体系一体化为前提的,但按照米尔斯海默的观点,中国的崛起预示了当前国际体系内部不可避免的冲突,也是对美国霸权的挑战。从自由主义的角度看,自由世界秩序是建立在不歧视和市场开放规范基础上的开放、规则且制度化体系之上的,中国等新兴大国目前之所以成为全球化时代的赢家,恰恰是因为其经济增长和财富积累产生于秩序内。因此,中国能很好地融入这个体系,遵守其规范和规则,这符合中国和制度核心大国的利益。

但具有讽刺意味的是,中国目前融入世界经济体系,加上政府的强大作用,正在加强中国的比较优势,增加其在世界财富和资源中的份额。中国在全球供应链中的地位不断上升,对全球资源的占有量不断增加,大大减少了传统老牌国家垄断的利润空间和资源获取渠道。北京方面为重新划分已经分裂的世界所做的努力被视为一种威胁。中国国家主导的发展模式在意识形态上不符合自由秩序的既定规范和价值观。即使在今天,中国仍未被现有的自由世界核心大国——美国和欧盟承认的"市场经济"国家。

中国加入并修正现有国际机制,同时建立自己的全球金融机制的双轨战略,正使中国经济的崛起从被动的规则追随者转变为主动的规则制定者,形成"具有中国特色的新兴世界秩序"。换句话说,中国目前有两种选择:第一,它可以选择"从现有机构内部运作,通过寻求决策权的再分配来提升自己的地位,或者利用其影响力反对当今自由规则、做法和规范的逐步演变,因为此演变伤害了中国国家利益"。第二,如果第一种选择没有带来中国预期的结果,中国可以建立自己的国际机构。这两种选择都在不同程度上影响着全球关系模式,在中国看来,当今这种模式给世界秩序造成严重的不平等,全球财富和权力都归核心国家,特别是给美国带来巨大特权和力量。目前,中国正在同时实施这两种选择。

中国经济地位的上升和体制作用的日益增强,加大了中国决策者和知识分子思想和实践对与中国有经济关系的国家决策者的影响。因此,中国政策、规范、价值观和制度的观念将在新兴世界秩序中传播。

2.命题 B:"中国崛起为新霸主"

其他分析人士认为,中国的竞争将导致现有半边缘国家在当前世界体系中边缘化,因为中国的竞争将打破现有半边缘国家在某些商品链上相对垄断的状况。产品附加值将受到挤压,迫使传统的半边缘国家接受接近中国的较低工资水平。同时,还将导致许多现有半边缘国家从制成品出口国转变为原材料商品供应国,这在一定程度上导致其去工业化或边缘化。拉丁美洲的许多学者也赞同这种思路和论点。

尽管这与中国长期的自我定位不相符,但自相矛盾的是,中国作为世界经济和政治强国的新地位正在将中国变成一个新的所谓"世界霸主",正面临着新势力的挑战。中国向世界边缘地区(如非洲和世界南方其他地区)的直接投资和生产外包,正被视为正在产生一个新的所谓"不平等交换"的循环,这反映在传统的南北依赖关系中。中国与全球南方的经济关系使其日益被各种西方媒体抹黑为所谓的"新殖民主义"。今天,关于中国是新殖民主义的"掠夺者"还是"发展伙伴"的争论仍在进行中,尤其是在西方主导的主流媒体上。

二、概念和理论视角

中国经济的崛起是资本主义全球扩张历史进程中不可分割的一部分,世界霸权的兴衰必须在资本主义世界体系中而不是外部来理解。国际政治经济学研究的前提是,所有国家和市场都与全球定义的资本主义生产、交换和分配系统相连,国际政治经济学研究世界各国和市场相互联系的方式以及演变为相互联系的"社会、政治和经济安排"。同时,国际政治经济学研究方法为理解维持这些安排的全球"结构权力"提供了分析框架。

国际政治经济学的分析优势在于它为理解"结构权力"的全球转移提供了框架。"结构权力"是指"决定如何做事的权力,塑造国家相互关联、人与人相互联系或与企业相互关联的框架权力"。结构权力是霸权概念的重要组成部分。正是在这种广泛的国际政治经济学研究方法的基础上,本章研究了中国的崛起如何影响了由传统权力分配以及国家和市场在结构上相互关联的方式所形成的既定的全球安排。现有大国的霸权从根本上说是建立在结构权力的占有之上的,而中国的崛起则被视为对这种结构大国现状的挑战。

本章所应用的概念和分析工具构成了分析"霸权"的工具透镜,这一概念常常被运用来描述资本主义世界体系中秩序的不同持久方面。现实主义认为霸权是一个主导国家在国家间关系中的主导地位,而自由主义则认为霸权是植根于底层每个人的互动中,以及国际机构作为最高规则制定者的规范和价值观中。建构主义认为霸权植根于国际社会的社会基础,在这种基础上,代理人和结构、身份和利益在各种形式的规范传播和规范制定中是可改变的。

国际关系与国际政治经济学理论的关键学派认为,霸权既是国家之间的普遍秩序,也是将国家联系在一起的主导生产方式。正如考克斯所指出的,国际一级的霸权不仅仅是国家之间的秩序,这是世界经济中的一种秩序,其主导生产方式渗透到所有国家,并与其他从属生产模式联系起来。它也是连接不同国家社会阶层的一个复杂的国际社会关系。世界霸权是一种社会结构、经济结构和政治结构,而且它不能只是其中之一,但必须是三个结构的结合体。

霸权始终处于动态状态,象征着国际体系自身的演变状况。它是概念化和理解世界秩序和国际关系体系中动态和辩证的相互作用的有用概念。它涉及不同的相互关联的组成部分——观念思想、物质能力、机构、社会力量、国家形式、世界秩序,以及它们在国家和国际行为者和机构之间的互动。然而"霸权"往往被主流的国际关系理论视为现状,这种看法的前提是美国主导和西方主导的世界秩序做出的"既定安排"。中国的崛起不仅挑战了这种现状,而且还需要改变"观念"和理论前提。

本章的"霸权"概念,结合了国际关系理论批判学派和世界体系理论的基本理论原理。国际政治经济学将世界秩序概念化为"社会、政治和经济安排",这与世界体系理论将世界体系确定为"全球分层"之间具有有机联系。这两种理论都旨在解释将世界各国联系在一起的社会经济和政治联系,以及系统内发生的无休止的运动。本着这一思路,本

126

章旨在探讨中国在世界体系中的地位变化及其对全球分层的影响。

笔者将"霸权"的概念置于当前全球化和转型的自由世界秩序的语境中，并引入了一个可以接受新形势的替代概念，一个笔者自己创造的概念："相互依赖的霸权"。当今世界秩序所见证的，不是崛起大国与现存大国之间的世界大战(除了一些大国竞争的迹象)的历史重演，也不是后来者和谐地融入和适应既定的制度安排。笔者认为世界秩序是进入一个相互依存的霸权的时代，这意味着结构性权力不再只由美国及西方主导和垄断，他们在很大程度上取决于新兴大国。

虽然"霸权"概念是理解和分析国际政治和国际关系的重要工具，但本章认为，"相互依存的霸权"是描述、理解和分析转型中的世界秩序的更好概念。"相互依存的霸权"的概念隐含着一个相互挑战、相互制约、相互需要、相互迁就的辩证过程。它象征着一个动态的情况下，现有国际体系的霸主与新兴反霸权国家权力相互交织、不断互动的过程塑造和世界秩序重塑，即国家、全球治理、跨国行为体、公民社会和利益集团以不同的方式纳入全球资本主义的主导项目。

因此，有必要采取辩证的方法来理解当前的世界秩序，在这种秩序中，国际关系模式是由霸权结构的历史演变所塑造的，而像中国这样的新兴大国在政治和经济上是一体化和嵌入其中的。新兴大国的反霸权挑战与现有秩序的结构性壁垒之间的关系，可以通过当前资本主义世界秩序时代的"相互依存的霸权"的概念来研究。也就是说，相互依存的霸权带来的新兴现象是一种辩证的二元论。一方面，资本主义呈现自由、动态、包容的自然秩序；另一方面，矛盾和结构性限制嵌入在现有秩序中，使新兴大国不得不适应并进行整合。大国利益相互交织，新兴大国和现存大国相互依赖，国与国之间的关系正日益成为良性循环的特征。

三、中国的崛起："霸权"与"反霸权"的双重角色

本章开头提出的中国"霸权"和"反霸权"的双重地位是辩证的、动态的、复杂的。这种相互关系的一个方面是，它是两代人的意外结果。"中国反霸权"命题的强化，意味着"中国新霸权"命题的强化，反之亦然。

世界资本主义制度具有一系列周期性的基本特征，即繁荣或危机、上升或下降。按照沃勒斯坦的理论，这一体系在漫长的历史光谱中扩展，发展成一种严格的劳动分工，使经济核心、半边缘、边缘关系的条件得以延续。更重要的是，在这一系列的周期性节奏之后，原有霸权国家衰落，新霸权国家崛起。

中国的崛起可以被合理地视为该体系向上流动的节奏周期的一部分，并且中国继续遵循世界资本主义体系的核心特征。人们认为，由于中国在制度的生产方式和资本积累上的经济一体化和市场依赖性，中国有动机或被驱使充当一种新的政治经济制度的担保人。这解释了为什么体系中的新霸主将不可避免地拥有自己独特的控制模式；但它将无法改变体系中价值法则的基本特征，即资本积累和追求利润。笔者认为，这符合新葛兰西主义的视角和世界体系理论的解释。即使未来的世界秩序将被注入具有中国特色的元素，这也只会是一个反映中国的内部经济膨胀的现象——政治和文化结构。世界资本主义秩序的核心架构——由主导生产方式塑造的国际关系不会因此而改变。

然而今天的共识是，中国确实在无形中挑战了资本主义体系中心

的霸权国家。但人们低估了中国独特的历史文化烙印对这一共识的影响。葛兰西的分析强调了这样一个事实：霸权国家不断地通过国内和国外的社会力量进行竞争。而从理论上讲，中国是一个"维护现状"的力量，这符合该体系的经济逻辑。但实际上，它越来越被现有的核心大国视为"修正主义"的力量。

中国在资本主义体系的半边缘和边缘的出现，并没有对该体系的"等级"产生任何根本的"改变"。相反，中国在世界体系的半边缘和边缘所扮演的角色越来越重要，进一步证实了资本主义世界体系的"周期节律"。新霸权国家的崛起，将新的国家相继纳入体系的劳动分工中，重复了普雷维什（Raul Prebisch）最初提出的观点，即以"拉美结构主义"为代表的"不平等交换"机制作为维持体系等级制度的手段。由于中国、半边缘国家和边缘国家都以全球大宗商品和资本市场的紧迫性所反映的主导生产方式为条件，因此尽管中国正成功地向核心地区转移，但它仍需要半边缘国家和边缘国家。不仅如此，更关键的是，中国将永远需要这两种阶层，当中国转变为"高度发达的'资本主义'国家"时，可能更需要这两种阶层。

这就是说，资本主义世界秩序不是不相关的个别国家的偶然集合。相反，在资本主义世界秩序中，各个国家作为一个整体联系在一起，每个参与者都是历史进程的组成部分。因此，正确理解霸权的方式应是将其视为一种动态的、辩证的运动，一种高度多元的现象。世界秩序中的霸权竞争代表着一个动态的过程，或者是国际体系本身不断变化的状态，一个涉及共同或对立的愿景、项目、战略和利益的状态。

该体系产生的盈余在各国之间的分配是不均匀的，这取决于各国在世界经济市场中的不同地位。不同的立场表示每个国家可以从该制度的"回旋空间"(增加或减少)和"内部流动性"(向上或向下)获益或受损的程度。

"回旋空间"是指世界资本主义经济中有利于内部"向上流动"发展的外部条件。回顾历史,世界体系理论所界定的全球核心、半边缘、边缘的层次结构已经形成了一个相对稳定的结构。该体系有节奏的循环和霸权国家的兴衰提供了向上和向下的流动性。美国的崛起是向上流动的明显例证,20世纪80年代以来的中国也是如此。向上流动的积极作用体现在外部力量,如"被动参与"和"主动抓住机会"相结合。根据世界银行的报告,中国在非洲的直接投资代表了新一轮的全球资本流动和生产转移。

以全球核心、半边缘、边缘结构为代表的各国处于不同的等级地位,这是冲突的潜在根源。随着边缘国家试图利用任何可能的"回旋空间"和"向上流动"来提升其在体系中的地位,半边缘国家正努力在不陷入"向下流动"趋势的情况下进入体系,从而成为边缘化国家。与此同时,核心国家也在以既定的博弈规则和结构性权力为基础,通过贸易关系和国际机制,努力维护自身在体系中的主导地位。

从国际政治经济学结构视角来看,"全球协议"已经持续了几十年,制度架构组成的主要政治和经济机构,如联合国、国际货币基金组织、世界银行集团和关贸总协定主持下创建的布雷顿森林体系领导的跨大西洋联盟。正是"美国霸权",即美国在经济、政治和安全方面的领导地位,特别是其提供了全球性的制度"公共产品",塑造了战后世界秩序。这也是新葛兰西主义国际关系/国际政治经济学的理论原则,它将在一个民族国家内占据主导地位的社会力量驱动下的霸权建设,放在世界范围内放大来看,从而形成国际秩序。罗伯特·考克斯正是用国际机构做实证研究的范例。

如果说现有霸权的特定源头来自美国主导的世界秩序,那么反霸权是动态的内在反映,或者说是持续的全球性变化带来的后果。中国一直被视为所谓的"修正主义大国",因为近几十年来中国崛起带来的日益多极化的世界经济与其主导的治理组织的代表性不匹配之间存在差异,给全球政治造成了很大的压力。现有的世界秩序(政治、体制、思想、规范)应被理解为特定历史背景下的产物,而新的历史变革(新的背景,如全球化和新兴大国的崛起)正在产生新的社会和政治力量,这些力量正在以辩证和动态的关系塑造新的政治、体制和思想。

显然,世界经济从"单极"向"多极"的转变并没有转化为世界银行和国际货币基金组织等多边组织内部霸权(权威和影响力)的变化。因此,在这个支离破碎的体制环境中,全球的政策一致性成为问题,而中国正逐渐在国际决策过程中获得更大的影响力。管理中国日益增长的影响力和改革多边机构,正成为现有全球治理体系主要大国面临的具有决定性、不可或缺的问题。

四、中国是世界秩序核心的反霸权国家?

从历史上看,世界秩序从混乱到重塑秩序中的反霸权力量或反体系运动,往往是由周期性的秩序危机所释放的令人不安的动力导致的。由于现有秩序的霸权与反霸权成分有机地嵌在一起,并不断受到反霸权成分的挑战,霸权与反霸权便是一种不断出现的双重现象。中国崛起与现有国际制度的关系,为研究反霸权的方方面面和相互作用提供了良好的契机。

美国前副国务卿罗伯特·佐利克(Robert Zoellick)在 2015 年的演讲中预计,中国将在现有的自由多边机构中成为一个"负责任的利益相关者"。北京在世界贸易组织的成员身份,以及它在一系列广泛的多边机构中发挥的建设性作用,似乎证实了佐利克的预期。例如,中国在接受现有的新自由主义秩序并从中受益方面一直是先行者,特别是在自由贸易领域。这与一些经典批判理论所追求的论点相反,例如普雷维什在核心-边缘结构中仿效的"贸易条件恶化理论",即边缘国家在同等程度上没有从自由贸易中获益,自由贸易阻碍了边缘国家的发展。中国从开放和竞争的经济体制中获益匪浅,相信其持续的成功取决于制度的运作。一个很好的例子是,中国经济的成功是以扩大和加强国际体系一体化为前提的,中国经济成就的内外部因素相互交织且相互依赖。因此,作为一个正在崛起的大国,中国的国家利益和外交政策行为日益反映和接受现状。中国目前之所以成为全球化时代的赢家,恰恰是因为中国的经济增长和财富积累产生于资本主义世界体系内部,而不是独立于资本主义世界体系。正如伊肯伯里所解释的那样:"今天对国际秩序的斗争与基本原则无关。中国和其他新兴大国不想对自由国际秩序的基本规则和原则提出异议,他们希望获得更多的权威和领导力。"

然而批评人士认为,中国积极参与现有多边组织并与之接触,是一个隐藏的议程。换句话说,人们认为北京正利用这些务实的解决方案作为战略,利用其日益增强的杠杆作用来获取让步。一旦没有获得预期的让步,中国会开始寻求另一种反霸权道路,要么绕过现有的多边机构体系,要么建立中国主导的替代机构。中国另类道路的来源是其"金融小多边主义",如亚投行、金砖国家新开发银行,以及太平洋和东亚区域全面经济伙伴关系协定。这些新机构的诞生标志着中国作为所谓的"修正主义大国"与美国主导的现有资本主义体系秩序之间的边界线的生成。

这些以中国为主导的全球金融机构和区域发展框架显示了对布雷顿森林体系的挑战。中国正越来越多地从建立国际金融机构中获得更多的领导权和合法性。这种所谓的修正主义和反霸权机制挑战或许将在很大程度上打破美国领导的全球和区域霸权。虽然中国表明并没有任何反霸权的目的,但它是具有反霸权的经济结构与实力的。后者必然导致在规范扩散和规则制定方面建立反霸权的超级结构。

然而中国以"中国特色"为主导的发展模式带来的经济发展上的成功,在观念上对现行体制提出了挑战。正如英国原香港总督彭定康所言,中国的崛起是"对西方国家的威胁",是"一个国家在国际体系中取得惊人成就,但成功撼动这一体系根基的第一个例子"。中国经济的成功不仅引领世界走向多极化、多边化和多元化,它还为重塑规范和价值观敞开了大门。"中国模式"正在就形成国家发展的机制、财产权与经济增长之间、法治与市场经济之间、自由货币流动与经济秩序之间,最重要的是民主与发展之间一系列相互依赖的关系提供替代因素和解释。这些西方所谓的普遍规范和价值观通常仅由现有大国来定义,而中国的崛起正使它们"非普世化"——应尊重各国的国情,因地制宜。

中国的崛起,由于它与体制结构和机构设置的关系,正在对现有的世界秩序中心产生巨大的影响。无论是现实主义的"冲突与战争",还是自由主义的"合作与独立",都无法对中国的影响进行正确的分析。中国的反霸权似乎被视为与现有结构安排的竞争,尤其是与创建这种结构安排的机构之间的竞争。

例如,根据彭中州(音译)和卓少杰 2016 年的一项研究,中国主导的亚投行可以从三个角度确定为中国在国际金融治理中的规范力量:根据现有的规范权力概念框架,从规范原则、外部感知、规范扩散三个角度审视"亚投行"在中国规范权力中的作用。作为中国的倡议,亚投行的政策框架继承了中国无条件和基础设施建设的准则。这家新银行的管理结构也体现了中国对内部安排的偏向。此外,亚洲发展中国家拥有亚投行的多数表决权。这种选票分配也符合中国在国际金融机构中建立公平治理结构的呼吁。

上述研究表明,强调这三个角度的传统准则一直由现有核心力量确定,它们是世界银行和货币基金组织的规范支柱。然而中国正在重新编写和重新界定它们,作为亚投行的一套新的规范准则。

从中国的成功中可以看出什么是"规范传播",即社会文化和政治"嵌入"在一个被治理的市场中,这种作用体现在国家与市场-社会关系的独特嵌入式整合上。中国在这方面的相关性也许与中国政治制度和文化价值观的吸引力没多大关系,而更多的是与中国特色——"按自己的方式做事"有关。中国独特的议政模式,辅之以"审议机制"和"权威复原力",是中国政治文化最强烈的持久特征之一,其特点是动态适应能力强、政治体制的生存能力强。美国前国务卿雷克斯·蒂勒森曾警告拉美国家,不要将中国称为新的"大帝国",称"中国国家主导的发展模式让人想起不愉快的过去,它不一定是这个半球的未来发展模式"。看来,华盛顿真的担心中国模式的规范传播。

虽然现有核心大国认为,中国将塑造自己,以适应新自由主义秩序,他们可能忘记的是,这种适应不能是单向的妥协。相反,必须进行双向的相互适应。现有的自由秩序没有给出一个明确的线索,即现有的秩序如何适应中国为自身生存而带来的必要变化或修改。中国不仅仅是在暗示不愿"加入其他主要大国的俱乐部",相反,它认为自己正在发挥作为发展中国家代表的新作用,其宏伟目标是朝着一个更加平衡且有代表性的方向大幅度改变现有秩序。当前的自由霸权危机是新自由主义发展模式深刻而复杂的危机的结果,新自由主义发展模式没有强加于人。因此,重要的是要明白,后来者是否会接受或抵制既定秩序或建立世界新秩序,这也取决于新兴大国,特别是中国决定扮演什么样的角色。

五、中国作为世界秩序的半边缘和边缘地带的"新霸主"?

世界体系理论认为,在将衰退行业转移到半边缘或边缘国家的过程中,资本总是根据这些国家的劳动条件和技术水平进行流动。其中一些国家将从全球资本流动和生产外包中受益。从历史上看,正是在这样的关键时刻,产生和再生了系统内部向上流动的机会。中国过去几十年的高速经济增长是一个很好的例子,反映了利用体制向上流动的积极溢出效应。

1.中国和半边缘国家

在中国自身资本和生产向外扩张之后,中国在全球的崛起似乎代表了所谓"新霸主"崛起的又一个有节奏的周期。这种上升对一些国家来说是扩大回旋空间、增加向上流动性的机遇,但对另一些国家来说可能是挑战,甚至是下行的影响。中国的竞争被认为将导致现有半边缘国家在当前世界体系中的去工业化,因为中国的竞争将完全打破现有半边缘国家在某些商品链上的相对垄断。产品附加值将受到挤压,迫使传统的半边缘国家接受接近中国的低工资率,这是他们无法做到的。中国的崛起使现有世界资本主义体系的半边缘空间最小化,最终将导致整个体系的灭亡。

例如,巴西与中国的经济关系在巴西国内就一直是重大争议的来源。中巴贸易关系代表着同一枚硬币的两面——机遇与挑战并存。一方面,中巴贸易关系对巴西来说正变得越来越重要,因为它们给巴西带来了许多好处,特别是在铁矿石和大豆等大宗商品领域。这种情况与许多其他发展中国家的情况类似,这些国家得益于中国对初级产品需求的快速增长和世界价格的上涨。但另一方面,两国之间的"不对称交换或交易",导致中国出口制成品和巴西出口初级商品和原材料,这导致巴西出口的"低级化"和"去工业化",因此对巴西经济的长远发展产生负面影响。

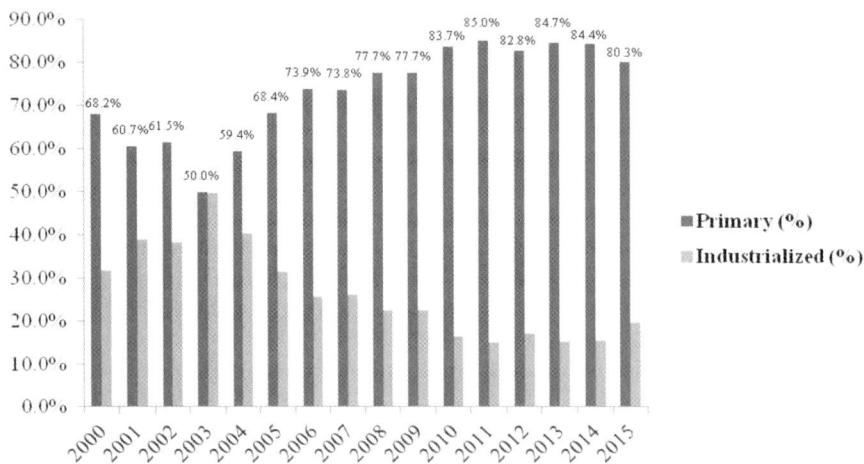

资料来源:MDIC/Brazil。

图 6.1   2000—2015 年巴西对中国的出口

136

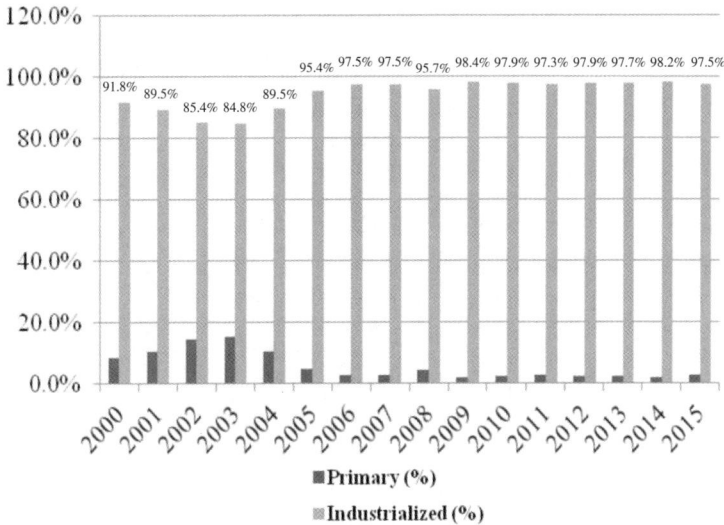

资料来源：MDIC/Brazil。

图 6.2 2000—2015 年巴西从中国的进口

上述数据都表明，就制造业在巴西国内生产总值中所占份额的下降而言，巴西经历了相对的"去工业化"。这种情况被认为是由中巴贸易关系的直接和间接影响造成的，巴西对中国的出口和进口都产生了"初级化"和"去工业化"。上述数据为中国崛起是否导致现有半边缘国家的边缘化的争论提供了进一步的证据。

2.中国和边缘国家

如今一些研究成果批评中国与欠发达国家(边缘国家)的关系，尤其是中国在非洲的投入。"依赖理论"也被提出来了。据此，非洲被视为外部重商主义势力强加的不平等经济关系的受害者。因此，中国政府如今被认为是其他国家中的一个角色，所有这些国家都在战略上追求资源，并试图确保原材料供应。图 6.3 可以被批评者认为是中国似乎在重复依赖理论的"不平等交换"逻辑的证据。

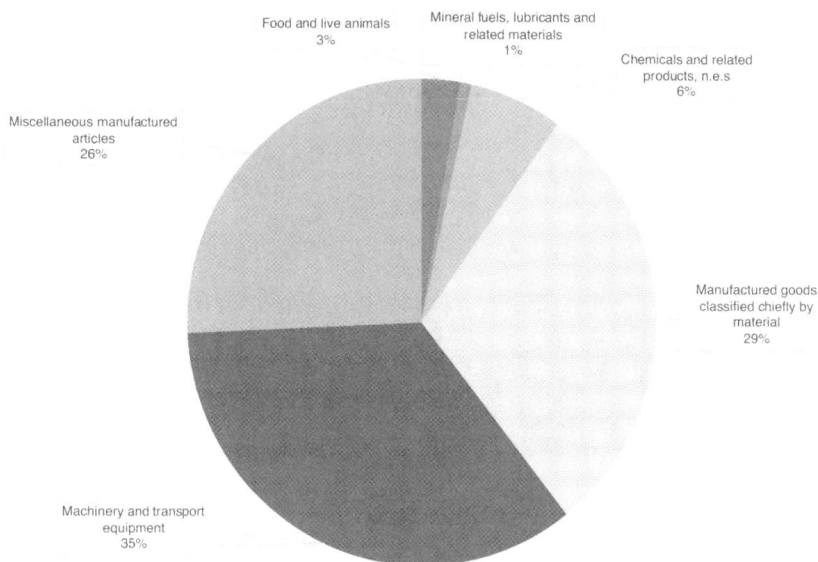

Food and live animals
3%

Mineral fuels, lubricants and
related materials
1%

Chemicals and related
products, n.e.s
6%

Miscellaneous manufactured
articles
26%

Manufactured goods
classified chiefly by
material
29%

Machinery and transport
equipment
35%

资料来源：World Bank(2018). World Integrated Trade Solutions. Retrieved from wits.world-bank.org。

图 6.3　2016 年中非出口贸易数据

当前争论和争论的中心在于如何平衡地解读和分析中国与周边国家的融合关系。以泰勒(Ian Taylor)为代表的一批学者认为,中国与发展中国家的经济关系可以通过新葛兰西主义的"被动革命"概念来解释。从这个角度看,中国在全球秩序中的崛起并没有改变资本主义秩序,这与世界体系理论的观点类似。与泰勒的观点一致,在资本主义秩序下,中国的利益取决于跨国精英和跨国资本所青睐的条件。这是建立在全球跨国资本主义基础上的新自由主义霸权。世界正在经历的是中国及其政治经济精英被传统大国和领先的跨国经济阶层所适应和吸引的过程。新自由主义秩序对中国的吸纳,加上中国的对外直接投资和金融生产相关的扩张,巧妙地重新激活了考茨基–列宁关于资

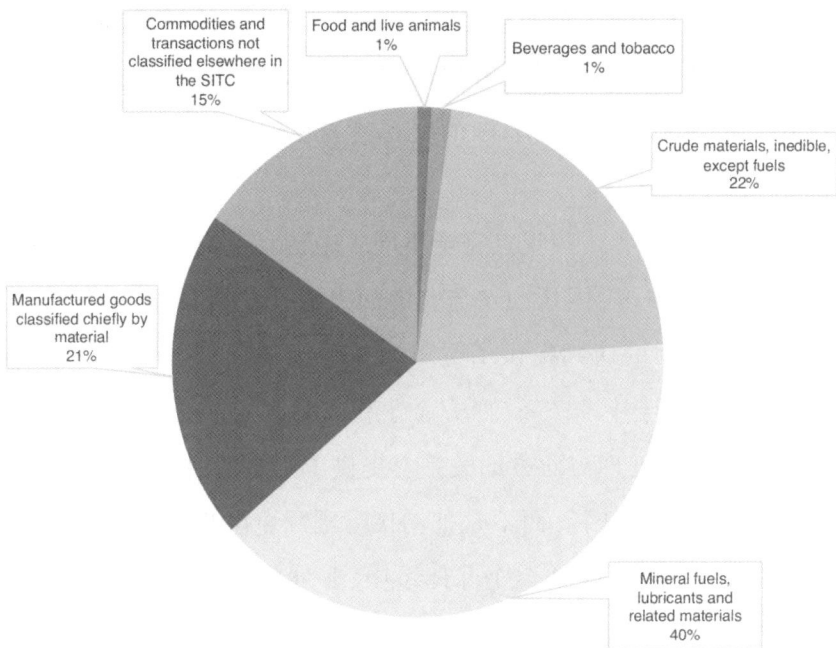

资料来源：World Bank （2018）. World Integrated Trade Solutions. Retrieved from wits.world-bank.org。

图 6.4　2016 年中非进口贸易数据

本主义和帝国主义的辩论。而从考茨基的"帝国主义终极阶段"的角度来看,中国资本与西方核心国家资本形成"卡特尔",为了共同利用世界上的其他国家的市场。如果从列宁的帝国主义论来看,中国的崛起加速、加剧了帝国主义国家之间的竞争与冲突。

针对这些争论和争议,一些学者,如泰勒提出了这样一个问题:中国为非洲提供的合作利益是否比传统的北方伙伴为非洲提供的发展机遇更好?他们怀疑金砖国家的崛起和中国在非洲日益增加的存在有关,是否为非洲积极融入全球经济提供了新的、在质量上不同的、更好的机会？金砖国家(尤其是中国)和非洲国家之间的关系,与非洲和传统北方伙伴的关系是否有本质的区别？非洲国家对外部伙伴的依赖正不断加深。中国与非洲的关系是否就像西方发达工业国家与非洲的关系一样？

显然,西方学者这些观点完全不同于中国自己对在非洲的角色和影响的自我认知。中国认为:"与非洲的投资、金融和贸易关系为非洲国家与西方公司的谈判提供了更多的筹码,以获取更好的投资、金融和贸易协议。由于中非关系,西方企业和政府面临着更加激烈的竞争。这为非洲国家在处理与西方的关系上提供了更多的回旋余地。他们现在有了一个可靠的选择,而不是被动接受国际金融机构的指令。中国是非洲的战略盟友,在这个全球体系中,非洲的利益不再被视为理所当然。而且与西方公司相比,中国公司以相对便宜的价格向非洲人提供商品。当西方公司主要为中上层阶级提供商品时,中国公司为非洲工人阶级和穷人提供商品。这怎么不利于非洲国家的进一步发展呢？贫穷的非洲人通过购买相对便宜的商品来改善他们的物质条件,这有什么不道德的呢？"

六、中国:一个崛起中的大国,拥有多方面的地位

尽管全球对中国崛起达成了共识,但对中国崛起的性质进行概念化是非常重要的。在一定程度上,中国的崛起已经加剧了现有世界资本主义体系中半边缘空间的最小化,这种情况曾被预测会导致资本主义世界体系的崩溃。笔者认为这部分属实,占世界人口20%的中国自

己的大体量已占领了相当比例的半边缘空间,已经改变了世界体系理论的传统分层的世界经济结构。

根据这一理解,中国作为新兴大国逐步向核心区域迈进,不应与世界系统论三层结构所定义的传统"核心"相比较。中国应该被视为一个不同类型的核心,或者具有不同特征的核心。中国向上的结构性地位并不仅仅意味着中国的等级转型成为传统核心的新成员,而是它占据了世界经济中最大的中产阶层。世界系统理论将中间阶层(半边缘国家)描述为世界经济的关键结构元素和稳定支柱。

由于中国内部发展水平的不平衡,通过对中国实力的分解,可以发现中国经济在资本主义世界经济的核心、半边缘和边缘三个层次中同时占据着重要的地位。中国的多重地位使中国在高科技领域和金融机构方面能够与传统核心国家竞争,在制造业和大宗商品产业方面与传统半边缘和边缘国家竞争或合作仍具有比较优势。换句话说,中国对不同阶层的国家产生了不同的影响。因此,作为一个新兴大国,中国在当今世界经济中扮演着多重角色,占据着多重地位,产生着多重影响。

例如,中国同时是核心国家、半边缘国家和边缘国家这三个层次中最大、最重要的贸易伙伴之一。正如俄罗斯通讯社的一篇文章所指出的,就在 2006 年,美国还是 127 个国家的最大贸易伙伴,而中国只有 70 个,但到 2011 年,情况发生了巨大变化,124 个国家已成为中国的贸易伙伴,只有 76 个国家是美国的贸易伙伴。中国现在几乎是大多数东方和东南亚国家的第一大贸易伙伴。

七、结论

本章旨在从国际政治经济学和世界体系的视角为理解中国的重新崛起提供一个框架。本章从两个动态、辩证的视角来审视中国新兴大国地位的主张。一方面,中国的成功有力地表明,它在全球财富分配中正朝着更加积极的结构性位置迈进,同时,它也对现有世界秩序中由核心大国定义的许多"持久方面"和"全球安排"构成了挑战。这种地位上的提升使中国能够将其经济财富转化为政治力量和军事影响力,促进其区域/全球领导地位的形成,并创建一个替代性的、有利世界和平的规范与秩序。然而这种发展也不可避免地增加了与现有世界体系核心大国发生冲突的可能性。

中国的经济成功是通过融入现有的资本主义世界秩序而实现的。世界体系的价值规律仍然是塑造中国内部国家市场机制和外部国际政治经济学关系的有机基础。换言之,中国是一个处于世界秩序由霸权走向相互依存霸权的交汇点上的新兴大国。随着中国自身在世界体系中获得更多财富和权力地位的提升,中国和平崛起将带来扩大回旋空间和增加半边缘和边缘国家"向上流动性"的效果。中国作为所谓的新"霸主",还不能被理解为是世界体系中的核心国家的新成员,而应被理解为一个具有全球实力和相关性的国家。中国正在成为所有不同阶层国家"不可或缺的国家"。

另一方面,中国与发展中国家的经济关系是什么?对此的共识是,中国在全球南方发展中国家资本和贸易市场中的崛起,给它们带来了机遇和挑战。中国与发展中国家之间的经济关系,虽然是在南南合作背景下,但在核心-边缘范畴下,似乎确实重现了一些南北经济相互依赖的症状。另一项研究的结论表明,中国与全球南方的经济关系可以定义为南北贸易和投资关系的增长与南南合作的增长的结合体。

未来的情景似乎是中国与南美以及中国与非洲之间的商业伙伴关系的巩固。事实上,我们观察到南北贸易和投资网络力量的加强与亚洲巨人和全球南方之间不断增长的南南合作相互重叠,这些发展为发展中国家提供了更多的政治和经济回旋余地。进入新世纪,经历了20世纪八九十年代经济危机的拉美和非洲开始寻找中国的贸易、援助和投资机会。2000年全球金融危机后,新自由主义政策的失败似乎打破了欠发达国家实行单一改革和发展政策的可能性。正是在这种背景下,中国成为大多数拉美和非洲国家经济复苏的主要外部因素,中国成为这些国家最重要的域外角色。

世界正在目睹由中国和平崛起带来的相互依存的霸权秩序。"相互依存霸权"的概念隐含着一个相互挑战、相互制约、相互需要、相互迁就的辩证过程。国家和国家集团、现有的和新兴的力量、现有的和新兴的国际机构,在国家利益、地区取向、共同的经济和政治议程、安全联盟和潜在冲突的联系下,在不断塑造和重塑世界秩序的过程中交织在一起。

参考文献

Barbosa, Alexandre de Freitas, and Ricardo Camargo Mendes (2006) *Economic Relationships between Brazil and China: A Difficult Partnership.* São Paulo: Friedrich Ebert Stiftung.

Bernal-Meza, Raúl (2012) *"China-MERCOSUR and Chile Relations."* In Li Xing and Steen F. Christensen (eds.) *The Rise of China: The Impact on Semi-Periphery and*

Periphery Countries. Aalborg: Aalborg University Press.

Breslin, Shaun (2010) "China Engages Asia: The Soft Notion of China's 'Soft Power'." *ETHOS*, 8: 5–11. Available at www2.warwick.ac.uk/fac/soc/pais/people/breslin/research/sbreslin-china_engages_asia-ethos_issue_8.pdf. (Accessed February 13, 2017).

China Daily (2012) "Africa Can Choose Its Own Friends." July 19. Available at http://europe.chinadaily.com.cn/opinion/2012-07/19/content_15598725.htm. (Accessed April 25, 2016).

Chris Patten (2008) "China is a Threat to Democracy." BBC News, November 23. Available at http://news.bbc.co.uk/2/hi/asia-pacific/7719420.stm.

Cox, Robert W. (1981) "Social Forces, States and World Orders: Beyond International Relations Theory." *Millennium: Journal of International Studies*, 10(2): 126–155.

Cox, Robert W. (1983) "Gramsci, Hegemony and International Relations: An Essay in Method." *Millennium: Journal of International Studies*, 12(2): 162–175.

Dantas, Alexis Toribio, and Elias Marco Khalil Jabbour (2016) "Brazil and China: An Assessment of Recent Trade Relations." *Economics of Agriculture*, 1/2016: 313–322.

Dussel Peters, Enrique (coord.) (2016) *La nueva relación comercial de América Latina y el Caribe con China. ¿Integración o desintegración regional?* México DF, Red Académica de América Latina y el Caribe sobre China, Universidad Nacional Autónoma de México, Unión de Universidades de América Latina y Caribe y Centro de Estudios China-México.

The Economist (2008) "China the New Colonialists." Available at www.economist.com/node/10853534.

Financial Times (2014) "Beijing's Challenge to the World of Bretton Woods." October 30. Available at www.ft.com/intl/cms/s/0/db2dcaf8-6042-11e4-88d1-00144feabdc0.html#axzz3lVvm7RvR.

Forbes (2014) "As the U.S. Sleeps, China Conquers Latin America." October 15. Available at www.forbes.com/sites/realspin/2014/10/15/as-the-u-s-sleeps-china-conquers-latin-america/.

Gramsci, Antonio (1971) *Selections from the Prison Notebooks*. Ed. Quintin Hoare and Geoffrey Nowell Smith. London: Lawrence & Wishart, New York: International Publisher.

Gray, Kevin, and Barry K. Gills (2016) "South-South Cooperation and the Rise of the Global South Journal." *Third World Quarterly*, 37(4): 557–574.

Grell-Brisk, Marilyn (2017) "China and Global Economic Stratification in an Interdependent World." *Palgrave Communications*, 3(17087): 1–12. doi: 10.1057/palcomms.2017.87.

Guelar, Diego (2013) *La invasión silenciosa. El desembarco chino en América del Sur*. Buenos Aires: Random House Mondadori S.A.; Ed. Debate.

Güven, Ali Burak (2017) "The World Bank and Emerging Powers: Beyond the Multipolarity-Multilateralism Conundrum." *New Political Economy*, 22(5): 496–520.

Ikenberry, John G. (2008) "The Rise of China and the Future of the West." *Foreign Affairs*, 87(1): 23–37.

Ikenberry, John G. (2011) "The Future of the Liberal World Order: Internationalism after America." *Foreign Affairs*, 90(3): 56–68.

Ikenberry, John G., and Darren J. Lim (2017) *China's Emerging Institutional Statecraft: The Asian Infrastructure Investment Bank and the Prospects for Counter-Hegemony.* Project on International Order and Strategy at BROOKINGS. Available at www.brookings. edu/wp-content/uploads/2017/04/chinas-emerging-institutional-statecraft.pdf.

Jenkins, Rhys (2015) "Is Chinese Competition Causing Deindustrialization in Brazil?" *Latin American Perspectives*, Issue 205, 42(6): 42–63.

Kautsky, Karl (1914) "Ultra-Imperialism." Available at www.marxists.org/archive/kautsky/1914/09/ultra-imp.htm. (Accessed April 25, 2016).

Lenin, Vladimir (1948[1917]) *Imperialism: The Highest Stage of Capitalism.* London: Lawrence and Wishart.

Li, Minqi (2005) "The Rise of China and the Demise of the Capitalist World-Economy: Exploring Historical Possibilities in the 21st Century." *Science & Society*, 69(3): 420–448.

Li, Minqi (2008) *The Rise of China and the Demise of the Capitalist World Economy.* London: Pluto Press.

Li, Xing (2014) "The Nexus of 'Interdependent Hegemony' between the Existing and the Emerging World Orders." *Fudan Journal of the Humanities and Social Sciences*, 7(3): 343–362.

Li, Xing (2016a) "From 'Hegemony and World Order' to 'Interdependent Hegemony and World Reorder'." In Steen F. Christensen and Li Xing (eds.) *Emerging Powers, Emerging Markets, Emerging Societies: Global Responses*. London: Palgrave Macmillan.

Li, Xing (2016b) "Understanding China's Economic Success: 'Embeddedness' with Chinese Characteristics." *Asian Culture and History*, 8(2): 18–31.

Li, Xing (2017) "The Endgame or Resilience of the Chinese Communist Party's Rule in China: A Gramscian Approach." *Journal of Chinese Political Science*, 23(1): 83–104.

Maciel, Rodrigo, and Dani K. Nedal (2011) "China and Brazil: Two Trajectories of a 'Strategic Partnership'." In A. Hearn and J.L. León-Manriquez (eds.) *China Engages Latin America: Tracing the Trajectory*. Boulder: Lynne Rienner.

Mearsheimer, John (2006) "China's Unpeaceful Rise." *Current History*, 105(690): 160–162.

Mearsheimer, John (2014) "Can China Rise Peacefully?" *The National Interest*, October 25. Available at http://nationalinterest.org/commentary/can-china-rise-peacefully-10204.

Nathan, Andrew J. (2003) "Authoritarian resilience." Journal of Democracy, 14(1): 6–17.

Ougaard, Morten (2013) "Hegemonikrise og kampen om den næste økonomiske verdensorden." *Økonomi og Politik*, 86(3): 3–20.

Peng, Zhongzhou, and Sow Keat Tok (2016) "The AIIB and China's Normative Power in International Financial Governance Structure." *Chinese Political Science Review*, 1(4): 736–753.

145

Reuters (2018) "Latin America Should not Rely on China: U.S. Secretary of State Tillerson." Febrary 1. Available at https://www.reuters.com/article/us-usa-diplomacy-latam-china/latin-america-should-not-rely-on-china-u-s-secretary-of-state-tillerson-idUSKBN1FL6D5.

Schweller, Randall L., and Xiaoyu Pu (2011) "After Unipolarity: China's Visions of International Order in an Era of U.S. Decline." *International Security*, 36(1): 41–72.

Sevares, Julio (2015) *China. Un socio imperial para Argentina y América Latina.* Buenos Aires: Editorial Edhasa.

Sharife, Khadija (2009) "China's New Colonialism." *Foreign Policy*. Available at http://foreignpolicy.com/2009/09/25/chinas-new-colonialism/.

Strange, Susan (1987) "The Persistent Myth of Lost Hegemony." *International Organization*, 41(4): 551–574.

Strange, Susan (1988) *States and Markets.* 2nd ed. London: Continuum.

Taylor, Ian (2016a) "BRICS and Capitalist Hegemony: Passive Revolution in Theory and Practice." In Steen F. Christensen and Li Xing (eds.) *Emerging Powers, Emerging Markets, Emerging Societies: Global Responses.* London: Palgrave Macmillan.

Taylor, Ian (2016b) "BRICS in Africa and Underdevelopment: How Different?" In Steen F. Christensen and Li Xing (eds.) *Emerging Powers, Emerging Markets, Emerging Societies: Global Responses.* London: Palgrave Macmillan.

Taylor, Ian (2016c) "The BRICS in Africa: Agents of Development?" In Justin van der Merwe, Ian Taylor, and Alexandra Arkhangelskaya and (eds.) *Emerging Powers in Africa: A New Wave in the Relationship?* London: Palgrave Macmillan.

Vadell, Javier, Leonardo Ramos, and Pedro Neves (2014) "The International Implications of the Chinese Model of Development in the Global South: Asian Consensus as a Network Power." *Revista Brasileira de Política Internacional*, 57: 91–107.

Wallerstein, Immanuel (1974) "The Rise and Future Demise of the World-Capitalist System: Concepts for Comparative Analysis." *Comparative Studies in Society and History*, 16: 387–415.

Wallerstein, Immanuel (1976) "Semi-Peripheral Countries and the Contemporary World Crisis." *Theory and Society*, 3(4): 461–83.

Wallerstein, Immanuel (1979) *The Capitalist World-Economy.* New York: Cambridge University Press.

Wallerstein, Immanuel (1997) "The Rise of East Asia, or the World-System in the Twenty-First Century." Available at www.binghamton.edu/fbc/archive/iwrise.htm.

Wallerstein, Immanuel (2004) *World-Systems Analysis: An Introduction.* Durham: Duke University Press.

Wang, Hongying (2014) "From 'Taoguang Yanghui' to 'Yousuo Zuowei': China's Engagement in Financial Minilateralism." *CIGI Papers No. 52*. Available at www.cigionline.org/sites/default/files/cigi_paper_no52.pdf.

World Bank Report (2015) "FDI and Manufacturing in Africa: Chinese FDI in Africa and Manufacturing FDI in Ethiopia and Rwanda." Available at www.worldbank.org/content/dam/Worldbank/Event/Africa/Investing%20in%20Africa%20Forum/2015/investing-in-africa-forum-fdi-and-manufacturing-in-africa.pdf.

第七章 国际和国内的"恶化效应"
对金砖国家的影响

一、导言

　　金砖国家的核心特征之一是,除南非外,其他成员国都属于新型发展模式。在这群新兴经济体中,巴西代表着南美洲地区,并将经济发展与地区领导的使命结合在一起。同时,通过加入金砖国家集团,巴西从南美洲地区走向了世界,成为第二世界在国际政治经济和世界新秩序中的新兴力量。巴西——一个非核地区大国,利用其地区领导层的软实力,作为与俄罗斯、中国和印度抗衡的一种手段,而这三个国家又很难在巴西的势力范围内把自己塑造成该地区的领导者。然而自金砖国家诞生以来,巴西存在的这些条件已不复存在,巴西现在是一个薄弱环节,其在金砖国家中的地位正在削弱其作为新兴大国的地位。

1993 年，中国与巴西建立了双边战略关系。自 2004 年以来，中巴两国成立了高层协议与合作委员会，作为双边政治对话的最高机制。

巴西是南美地区唯一一个与中国一样渴望重新构建全球秩序并与中国一起参与金砖国家等全球联盟的国家。然而战略关系主要在贸易的增长中表现明显，但在巴西也感兴趣的其他问题上却没有得到预想的结果。有关国际体系的双边政治议程将侧重于金砖国家的议程。中国一直把巴西作为其南南合作的战略伙伴，然而中国没有把巴西与处理世界政治主要问题议程的国家集团联系起来。中国在是否支持巴西成为联合国安理会常任理事国诉求方面的立场还未明确。

卢拉是巴西历史上第一个人民党政府。从 2003 年开始，其外交政策思想作为一种地区和国际战略，旨在审查在美国霸权统治下创建的国际机构。

通过在多边论坛上采取积极主动的政策，卢拉政府试图将自己描绘成南方国家的代表，特别是南美洲国家的代表。为此，卢拉政府建立了国际和地区联盟网络，并推动了新的区域治理工具——南美国家共同体、南美洲国家联盟、拉美和加勒比国家共同体（简称拉美共同体）的成立，在第二届政府之后，卢拉将其交给了自己的继任者迪尔玛·罗塞夫。这项政策得到了其他地区领导者的认同。

然而在卢拉第二个任期的最后两年里，巴西的国际国内形势发生了负面变化。巴西的国际政治经济状况由于其外部和内部的脆弱性而恶化。

在国际上，金砖国家内部重现核心-边缘关系。巴西对未能与中国达成更高层面的关系感到失望，同时中国没有将巴西与其全球政策联系在一起，从而保持着未能使巴西如愿的南北关系。这导致金砖国家内部关系相对松散,影响了巴西作为新兴大国构建世界新秩序的能力。

金砖国家内部发展的关系削弱了这一群体,原因有三。第一,因为巴西和中国之间的经济和商业联系在两国内部都复制了一种核心-边缘关系。这种关系是资本主义经济的结构性特征,通过在金砖国家内部复制,将世界划分为发达和不发达地区,维持了世界政治经济的现状。金砖国家最初的目标是改变这种不平等关系。为此,它占据了第二世界优势部分的地位。第二,因为罗塞夫政府的外交政策放弃了将自己的命运与南美洲捆绑在一起的意愿,忽视了地区领导人的使命,从而对卢拉推动的地区主义计划,特别是前南美洲国家共同体失去了兴趣。第三,巴西内部的政治、经济和社会危机导致其作为新兴经济大国的地位恶化,削弱了其天然的政治和经济地位。

二、国际秩序的转型与新兴大国

冷战结束以来,世界政治和经济体制都发生了翻天覆地的变化。这其中最重要的变化之一是从南北轴向新的东南轴的过渡,这表明全球范围内出现了一个非常有活力的地区,在这个地区,中国成为新兴的世界大国。让·皮埃特斯(Jan Pieterse)呼吁关注全球体系的东南转向,这是由于经济实力日益向亚洲和全球南方转移。让·皮埃特斯认为,全球经济的变化可以通过半边缘和边缘的新关系以及东南关系来理解,比如中国与非洲和拉丁美洲发展的关系。

卢拉决定遵循一项平衡西方列强力量的政策,巴西外交优先采取多极和反霸权立场。虽然巴西对中国和印度的态度始于 20 世纪 80 年代中期,但以"战略联盟"(或"战略伙伴关系")为名选择互惠伙伴的做法在 80 年代末才开始形成。丽莎(Lessa)和奥里弗拉(Altemani de Oliveira)指出,这一表述成为包括巴西在内的许多国家外交政策中的一个重要概念。阿尔伯克基(Albuquerque)2013 年认为,"战略伙伴关系"一词适用于伊塔马尔·佛朗哥政府(1992—1995 年)时期巴西与中国的双边关系,而在卢拉政府的领导下,两国关系出现了一个特殊的特征,因为两国之间的贸易和投资流动的非凡增长导致了卢拉对南南合作的重视,巴西一直认为它与中国的关系是南南合作,也就是发展中国家之间的那种关系。

战略联盟的目的可以解释为外交部门需要优先考虑某些双边关系。卢拉上任后,他的目标之一就是让巴西的外交政策回归到一个被抛弃的"普世主义"。这"普世主义"政策在两国政府的领导下都有了重要的发展。在这一政策范围内,与某些国家的双边关系得到加强,其中一些国家由于其地缘重要性而获得"战略"资格。对巴西来说,中国将是南美以外最重要的战略联盟。建立战略伙伴关系与建立大型国际联盟有关。首先是国际银行业协会,然后是金砖四国,最后是南非加入的金砖国家集团。

金砖国家的正式对话机制始于 2006 年,相关国家的政府首脑 2009 年 6 月首次在俄罗斯会晤。他们没有明确的积极议程,只有对当时负面的国际金融体系的批判性议程。这次会议的直接成果是一份支持新参考货币的文件。根据某些学者的说法,我们可以由此推断出对金砖国家的理解。根据这种理解,机会主义的激励导致巴西、俄罗斯、印度和中国采取一种没有任何有形支持基础的"联盟"政策,没有足够强大的"共同具体利益"或"共同价值观"的支撑,这导致了该机构一系列"空灵"的特征,有可能降低其持久的潜力。弗欧里(Fiori)指出,这是一个"从事外交经济合作的政治团体",巴西、俄罗斯、中国、印度和南非之间确有大量的贸易和资金流动,这可能成为这些国家之间或其中一些国家之间维持联盟的物质基础。然而仅这一点还不太足以证明这五个大国之间的长期战略联盟是合理的、可持续的。在这种情况下,尽管美国仍将是巴西主要的双边合作伙伴,但在不久的将来,金砖国家集团将成为巴西参与的最强大的国家集团。

与中国建立战略伙伴关系和联盟,成为卢拉政府外交政策的最重要目标。巴西提议"从该区域——首先是南方共同市场,然后是联合国南方市场——走向世界",以构建一个新的国际场景,在这个场景中,巴西作为区域大国具有更大的影响力。这涉及巴西要在多个平台采取行动。例如,在南美洲国防委员会、在拉美共同体和多边层面建立"联盟和战略集团"。

在总体战略中,金砖国家是劳工党政府的重要目标。卢拉和罗塞夫重申,巴西希望把自己的命运与南美洲的命运联系起来。领导他们伟大的国家走向世界政治需要建立联盟,这是其伟大的全球治理政府政策的一部分,其目标是在联合国安全理事会拥有一个常任理事国席位,并积极参与新的国际事务管理。

为什么巴西要加入金砖国家?吉马雷斯(Guimarães)在他的著作《五百年的边缘》(*Quinhentos anos de periferia*)一书中给出了一些理由,解释了为什么像中国和巴西这样的国家应该在国际体系中享有不同的地位。巴西代表了南美地区的新兴经济体,并担负起经济发展和区域领导的使命。同时,通过加入金砖国家集团,巴西将自己从南美地区投射到世界,成为第二世界在国际政治经济和世界新秩序中崛起的力量的一部分。在这个设计中,与中国结盟是一个优先事项,中国被视为新的、最重要的全球伙伴。

正如本书主编李形教授所指出的,巴西的"双重"国际身份在中巴双边关系和中巴两国对金砖国家合作的共同参与中得以实现。虽然金砖国家合作强调促进多边主义(多边主义本身往往限制霸权)和一些共同的全球议程,如寻求改革布雷顿森林秩序、加强区域和集体安全合作、履行反霸职能,但仅从经济角度来看,中巴双边关系还符合世界体系理论中核心-边缘结构的特点。

应该说,巴西特别参与了这一反霸进程。它通过建立南美洲国家联盟、南美洲防务理事会和拉美共同体,推动了一个新的国际机构格局的形成,但它没有对抗传统的"美国的美洲国家间主义"(American Interamericanism)。这一政策是由卢拉政府推动的,其继任者罗塞夫在政治话语中坚持这一政策,但在实际行动中却没有。由于言行不一致,罗塞夫在第二个任期内,巴西的积极政策被淡化。这导致巴西的国际政治地位下降,在世界政治和地区层面上都失去了突出地位,从而开始从主动角色向被动角色转变。

三、巴西与中国关系:金砖国家内部核心 – 边缘结构的复制

可以说,俄罗斯、中国、印度和巴西的组合,其最初想法是由一个"巧合"创造的一个政治协议。作为与美国和欧盟等主要老牌国际势力相对的力量,金砖国家初立之时意在重新设计全球治理时形成的新的政治外交机制。人们认为当时的国际体系代表性不足以反映国际政治经济结构的合法性。金砖国家刚成立时并无南非,南非加入

后,金砖国家主要围绕应对国际金融危机的需要和发展中国家更多参与国际机构改革的需求,合作重点是对相关问题达成共识。然而巴西对金砖国家的内部质疑却凸显了巴西与金砖国家关系的困难和挑战。

1.与中国的"战略联盟"需要更多的平衡

中国通过成为拉丁美洲(特别是南美国家)加入国际经济大循环的关键助力者,对巴西在南美地区所扮演的大国平衡角色产生较大影响。

根据经济学家巴罗斯·德·卡斯特罗(Barros De Castro)的说法,巴西担心的是"中巴关系正在走向全球层面"。这反映了巴西对如何应对中国经济活力带来的挑战和机遇进行了深层思考。其结果导致巴西与中国战略联盟面临挑战。第一个表现就是双边的贸易结构。正如贝卡德(Danielly Siva R. Becard)所指出的:"将战略联盟的概念运用到对中巴关系的实证分析之后,可以得出的结论是,两国虽都有浓厚的合作兴趣,但并不完全有能力推动建立横向的长期关系。"奥里弗拉也指出:"在 21 世纪之初的一段时间里,巴西的日用品出口大幅增长,但现在增长的是原材料出口,而工业成品的销售却在下降。"阿尔伯克基认为,中巴存在"特殊关系"的主要推论——无论是否具有战略意义,都存在非常密切的贸易流动。中巴之间有很多双边贸易,但没有其他组成部分可以被视为"战略关系"。这就是说,在巴西所渴望的全球背景下,中巴之间仅仅有原材料贸易是不够的,还需要其他方面的贸易往来。在巴西看来,"战略关系"意味着要进行工业间结构

153

贸易,但目前的情况是核心-边缘贸易,这并不是代表战略关系的典型案例。

尽管自2009年以来,中国已被公认为是巴西最重要的贸易伙伴,但这并不意味着中国是巴西最重要的投资或贷款伙伴。此外,外国直接和间接的投资仍然是中国贸易需求和优惠的主体。比卡德(Becard)认为:"巴西在各个领域寻求创新和促进科技发展的努力尚未被充分考虑并纳入中国的优先事项。"另外,还有很多学者,如埃利斯(Ellis)、詹金斯(Jenkins)、巴博萨(Barbosa)、塞瓦雷斯(Sevares)、贝纳尔·梅扎(Bernal-Meza)、瓦德尔(Vadell)、奥维多(Oviedo)、特帕斯(Tepass)和比亚卡拉玛(Biancalama)等人,都在研究中分析和描述了巴西与中国国际贸易结构的主要出口特征。与冷战和冷战后的经典主题相关的讨论对比,中巴合作关系的论证正日益成为巴西学界讨论的焦点问题。尤哈拉(Uehara)指出:"恰巧在2004年,卢拉总统声明承认中国为市场经济国家之后,中巴贸易关系的趋势发生了变化,这导致中国对巴西的出口增长大于巴西对中国的出口增长。巴西从中国进口的往往是附加值较高的产品,而其大部分出口仍然是大宗普通商品。因此,一些工业部门将中国商品进口的增加视为一种挑战,近年来,他们要求巴西政府制定保护性贸易政策。"

对巴西来说,与拉丁美洲其他国家一样,中国与南美国家利益的和谐所产生的商业互补构成了双方关系的中轴线。中国对原材料的需求与地区供应相协调。然而这种平衡是不够对称的,尽管学界认为绝对的平衡是不可能的,但因其模式响应了普雷比什(Prebish)和拉美共同体(ECLAC)在20世纪40年代后期所判断的"经典发展模式",即巴西与中国之间发展了核心-边缘经济贸易关系。因为他们认为,尽管中国已成为巴西的主要贸易伙伴,但在高附加值的商品和服务方面,仍然没有达到他们所希望的进行"开放、平衡和多样化的贸易"。

巴西和中国宣布的"战略联盟"也应该在国际层面和国际政治中得到认可。阿尔伯克基认为:"伙伴关系的这一层面意味着对超越贸易流动的共同任务和目标的划分,但在我看来,这是巴西与中国关系面临挑战的第二个方面,第一个方面是双边经贸关系的南北性质。"

似乎可以得出这样的结论:巴西和中国之间的"战略伙伴关系"正面临的不是挑战,因为在国际政治层面,这种挑战可能还有残余的"副作用"。正如阿尔伯克基所说:"由于这种联盟策略会让人相信巴西的自命不凡是按照某种方法论进行的,其代表性和效率与国家实力无关。卢拉在讲话中声明要讨论世界秩序中的权力关系问题,但在联合国改革的背景下,巴西和中国之间应该有可能建立更加平衡的政治伙伴关系。"

因此,正如贝纳尔·梅扎(Bernal-Meza)在 2016 年所言,对于巴西和其他拉美国家来说,中国的出现是机遇与挑战并存的。也正如巴博萨(Barbosa)等学者所指出的那样,拉丁美洲出口的初级化和再初级化过程在整个地区都得到了再现。总的结论是,拉美和中国之间贸易关系的演变使得初级产品出口增长。根据拉美共同体统计,拉丁美洲和加勒比地区对中国的出口远不如对世界的出口多样化。换句话说,拉丁美洲和加勒比地区与中国之间的贸易结构显然是产业间的,即制成品与原材料的互动。

2.金砖国家内部的困惑

本章认为,巴西加入金砖国家是要寻求与中国在国际政治和经济领域建立某种战略联盟,但似乎有三点"遗憾":第一点是中国并没有把巴西与世界政治(国际安全、国际秩序的全球谈判)联系起来;第二点是巴西认为没有争取到来自中国"足够的"支持,无法在联合国安理会占据永久席位;第三点是在经济关系方面,巴西试图寻求在新技术开发和联合生产高科技产品、资本产品和工业制成品方面与中国建立更紧密的联系。例如,巴西政府希望中国对巴西进行大量投资,促进其国家工业发展,进行先进技术转让,把巴西企业与中国大企业联系起来。然而它最终却与中国发展了一种所谓的核心–边缘关系,在这种关系中,中巴经济关系呈现为初级产品和商品的出口与工业品和资本的进口相交互。中国对巴西出口的增长客观上进一步加强了这种核心–边缘关系的基础。

虽然巴西的个别外交官有些质疑金砖国家合作的意义,但在卢拉·达席尔瓦两任政府和迪尔玛·罗塞夫执政的头几年,巴西的大部分外交官们一直支持金砖国家。这点可从外交人员有关巴西与金砖国家的提议、倡议,以及各种出版物的分析中看到。

巴西总统府总秘书处和国家战略事务特别秘书处最近编写的一份文件强烈质疑卢拉·达席尔瓦和迪尔玛·罗塞夫两任总统领导的政府的外交政策。该文件认为,金砖国家合作和卢拉的南南合作战略,取代了卡多佐两任政府推动的南北关系战略,这是不明智的。他们认为巴西在没有寻求或得到主要国家(如安理会常任理事国)支持的情况下,是不可能在联合国安全理事会中占有永久之地的。而巴西政府原来推动的面向世界的区域贸易政策和南美一体化战略却被卢拉工党政府认为是错误的外交,这个文件认为,对巴西国家战略来说,金砖国家对巴西的大国战略助益并没有原计划的那么多。

四、放弃区域领导权?

巴西推动了金砖国家合作的发展,并曾计划代表南美地区担任其领导人。然而这其中有两个问题:首先,巴西从未与南美国家达成协议,也从未与南方共同市场伙伴,甚至未与阿根廷在金砖国家的国际议程上达成共识。此外,巴西没有将该地区国家的意见带到金砖国家论坛上。其次,中国与其他南美国家的密切关系影响了巴西成为该地区不可或缺的贸易伙伴的目标。因为南美提供的原材料(铜、大豆、铁、原油)的出口总是与中国的需求相协调,而与巴西的需求并不一致。

与此同时,随着卢拉政府过渡到迪尔马·罗塞夫政府,优先事项和行动方式也发生了变化。正如萨拉瓦所指出的:"很早之前分歧就开始显现,并在发展过程中不断扩大。卢拉政府时期,作为不同外交政策愿景的激励和平衡因素的作用被放弃。卢拉总统所表现出的政治意愿,即阐明有利于在该地区建立领导层的愿景也已经丧失。"即使是获得联合国安全理事会常任理事国席位的目标,也不再是巴西外交政策的优先事项了。

巴西通过其对南美洲的战略，即自1985年以来与阿根廷的关系，以及在创建南美洲国家联盟之后又创建的南方共同市场，巴西已成为该地区不可或缺的角色。利马（Lima）认为，卢拉总统在其第一届任期内就将南美定义为巴西"重新加入国际体系的起点"。瑟沃（Cervo）2008年也指出，在卢拉政府时期，南美已成为巴西的对外优先事项。然而中国的出现，改变了这一思路，中国成了一个不可或缺的国家。首先，对世界政治经济来说，中国是不可或缺的；其次，对南美贸易关系来说，中国也是不可或缺的，尤其对几个南方共同市场国家（阿根廷、委内瑞拉、乌拉圭）来说，更是它们最主要的外国直接投资和贷款的来源，因此在巴西看来，本应成为其"天然伙伴"的国家却变成了中国的天然伙伴。

建立南方共同市场是巴西的战略目标。巴西要把南方共同市场变成了未来南美一体化的中心，这种一体化将围绕巴西展开，因为巴西是南美工业化程度最高的经济体。这一现状和南方共同市场将成为巴西在国际体系中区域领导地位的支柱。

然而中国加入南美洲政治经济关系后，这种情况发生了一些变化。海纳图卡（Hiratuka）研究指出："自2009年起，中国巩固了自己作为该地区主要贸易伙伴的地位，但这种情况与典型的跨部门流动有关，南美国家工业品在出口中的占比非常低，超出了少数产品的高度集中度。相比之下，进口以技术含量更高的产品为主，集中度也没有那么高。如果说中国对初级产品的需求强烈影响了南方共同市场的出口，那么从中国的进口显然取代了该地区合作伙伴的制成品贸易。"海纳图卡还补充道："中国在南美的发展，进一步加大了南方共同市场内部区域一体化的意愿。中国的发展解释了在建立规范和体制性社区机构方面的重要性。由于区块内（南美地区）经济流动失去单边保护主义的立足点，而更专注于日益多边的层面。"中国在南美的商业存在，在很大程度上成为该地区制成品和工业品的最主要供应国之一。正如海纳图卡所说的："中国的崛起在极高的水平上与该地区的制造业产品进行竞争。"

如本章开头所述，巴西曾被认为是各种资本主义的成功范例。然而在卢拉总统的第二个任期最后两年间出现经济危机，其后果预计将由迪尔玛·罗塞夫政府承担。在卢拉执政的最后两年里危机加深了，政治和体制因素被添加到经济因素中。这一进程使巴西成为"资本主义新模式"的形象受到了影响。

巴西领导力和形象之所以下降，不仅是因为巴西的地区政治行动主义动力逐渐疲软，而且作为地区机构（如南美洲国家联盟）的主导国，巴西不再积极作为，甚至暂停了对其财政援助，巴西的结构性参与者角色不再显现，加之两位总统——罗塞夫和特梅尔不愿对南美合作采取积极立场。此外，还因为巴西国家发展银行支持的大公司通过地区性的腐败输出，也损害了巴西企业家的政治和经济形象。在南美和加勒比地区国家开展业务的个别巴西大型服务和民用建筑公司被曝出腐败行为，这在一定程度上也削弱了巴西商人在该地区的形象。形象的恶化直接影响了政府影响力，因为这些项目的发展投资由巴西国家发展银行提供资金，由政府直接控制。

2017年萨拉瓦（Miriam Saraiva）指出，在罗塞夫总统时期，巴西外交政策中的外部政治行为逐渐失去了激励性，呈现出"务实"的特征。罗塞夫总统寻求短期利益，她将巴西对该地区的行为与巴西过去行动相关的政治层面的内容清空了，而这正是巴西在该地区机构的政治驱动力。另外在国际上,她选择了间歇性和不连续的政策动作。

罗塞夫政府一开始就注意到了南美地区缺乏地区领导。这种情况有利于出现其他一体化和区域主义模式,如"太平洋联盟"。墨西哥作为这个联盟的一员,没有在南美政治领域与巴西竞争,原因很简单,这一目标没有列入墨西哥外交政策的议程。

通过比较拉丁美洲在过去十年经历的三大危机局势,我们可以看出巴西对地区领导权的忽视:洪都拉斯危机、美国在哥伦比亚领土上的军事基地问题和委内瑞拉危机。前两次危机均发生在 2009 年,巴西在面对委内瑞拉危机时,通过单方面行动和联合国安理会协调,在捍卫主权、安全和民主方面采取了非常强硬的立场,但特梅尔政府一直保持低调的立场。

五、结论

对巴西来说,与中国等大国之间的关系及参与金砖国家,是卢拉政府做出的战略决策。通过这些决策,巴西正试图提升其在国际政治中更大的影响力和威望,其首要工具是建立"战略联盟"。正如萨拉瓦所指出的在 2003—2010 年间,卢拉政府制定了相对强势的外交政策,旨在使巴西成为世界强国。为此,通过建立旨在修订全球秩序的国际联盟,巴西采取了主动和积极的国际政策,此外还采取了巴西领导下的构建南美洲区域治理结构的行动。

金砖国家成为巴西和南美国家关系中独具"特色"的参与者,或多或少影响了巴西作为地区主要贸易伙伴的地位。在现任总统起草的文件中指出："巴西劳工党政府外交政策中的所有不足之处都是严重错误,这一事实令人质疑巴西未来是否会继续同金砖国家一同努力。"萨拉瓦通过研究得出结论,2016—2017 年间,巴西对外政策发生的变化,增加了巴西总统府文件中对劳工党政府外交政策的批评,最终认为巴西外交部的立场存在稳定性隐患,缺乏"铁板一块"的政策立场,而欲在短期之内实现巴西国家利益最大化的外交政策思想被证明是错误的。

金砖国家中实力最弱的成员国——巴西和南非,目前都相对缺乏参与大国博弈的能力和地位,无法实施针对世界政治的联合战略。这也导致了巴西对金砖国家的未来合作缺乏动力。

在政治上,联合国安理会五个常任理事国对支持巴西和印度作为常任理事国不够积极,不仅导致巴西的国际战略联盟并未生效,也在一定程度上妨碍了金砖国家成为国际体系中具有非常重要影响力的群体行动者。有巴西学者认为,金砖国家合作是倾向于维持目前世界力量分配结构的现状。

在经济上,巴西经济的衰退使其被认为是"各种资本主义"经济模式都适用的形象受到质疑,这影响了"巴西模式"作为盎格鲁-撒克逊模式、莱茵模式和日本模式的替代发展道路的可信度,从而无法作为第三世界其他国家的榜样。发达资本主义的经典模式恰恰是上述的三种模式。一些学者认为,事实上还有其他模式可以为资本主义服务或成为资本主义的成功范例,这些都是资本主义历史发展中的另类路径,在这些模式中,"巴西模式"曾被考虑在内。

其原因不在于模式本身,而在于领导层未能延续卢拉的道路,而这些弱点与政治危机、政府腐败和罗塞夫的个人主义治理方式直接相关。这些弱点包括：不听取合理的建议、对巴西在地区乃至全球的角色定位缺乏洞察力、放弃了卢拉政府黄金岁月中最优秀的人才、支持提拔一位条件不佳且可能削弱总统权力的继任者担任总统，等等。

当然，巴西仍然是该地区伟大的国家之一，更多的是因为其在近代史中的地位，而不是因为它的现在。现在，它必须在一个有力的国家竞争对手（如阿根廷总统马克里）和区域主义新模式（如太平洋联盟）下重新树立其地区领导抱负，这些竞争因素使巴西推动的项目失去了知名度和活力。然而巴西非常清楚的是，无论是双边还是国际层面，金砖国家都是它"既爱又恨"的战略伙伴。从巴西的角度来看，金砖国家集团未来的合作有可能因为大国博弈的和谐而比现在发展更好，其前提是巴西必须处理好与金砖国家的战略关系。

参考文献

Albuquerque, José Augusto Ghuilón (2013) "Business with China: The Three Elements of Brazil's Strategic Partnership with China." In Leila da Costa Ferreira and José Augusto Guilhon Albuquerque (eds.) *China & Brazil: Challenges and Opportunities*. São Paulo: Annablume.

Altemani de Oliveira, Henrique (2012) *Brasil e China, Cooperação Sul-Sul e parceria estratégica*. Belo Horizonte: Fino Traço Editora.

Altemani de Oliveira, Henrique (2016) "Brasil-China: uma parcería oredatória ou cooperativa?" *Revista Tempo do Mundo*, (29): 143–160.

Bandeira, Luiz Alberto Moniz (1996) "Política y relaciones internacionales en el Mercosur." *Ciclos*, 11(2): 103–122.

Barbosa, Alexandre de Freitas, Maria Neves Biancalana, and Angela Cristina Tepasé (2011) "A ascensão chinesa e os impactos sobre a América Latina e a Ä́frica: objetivos comuns, estratégias diferenciadas." In Congreso Luso Afro Brasileiro de Ciências Sociais (ed.) *11 Diversidades e (Des)igualdades*. Salvador: UFBA: 1–15.

Barbosa, Alexandre de Freitas, Angela Cristina Tepasé, and Maria Neves Biancalama (2014) "Las relaciones económicas entre Brasil y China a partir del desempeño de las empresas State Grid y Lenovo." In Enrique Dussel Peters (coord.) *La inversión extranjera directa de China en América Latina. 10 estudios de caso*. México, DF: Unión de Universidades de América Latina y el Caribe.

Baumann, Renato, Flávio Damico, Adriana Erthal Abdenur, Maiara Folly, Carlos Márcio Cozendey, and Renato Flores (2015) *BRICS. Estudos e Documentos*. Brasília: Fundação Alexandre de Gusmão.

Becard, Danielly Siva R. (2017) "China and Brazil: Model of South-South Relations?" In Eduardo Pastrana B. and Hubert Gehring (eds.) *The Projection of China in Latin America and the Caribbean*. Bogotá: Editorial Javeriana.

Becker, Uwe (ed.) (2013) *The BRICs and Emerging Economic in Comparative Perspective: Political Economy, Liberalization and International Change*. London: Routledge.

Bernal-Meza, Raúl (2000) *Sistema mundial y Mercosur*. Buenos Aires: Grupo Editor Latinoamericano and Universidad Nacional del Centro de la Prvincia de Buenos Aires.

Bernal-Meza, Raúl (2010) "International Thought in the Lula Era." *Revista Brasileira de Política Internacional Brasilia*, 53: 193–213.

Bernal-Meza, Raúl (2011) "El pensamiento internacionalista en la era Lula." *Estudios Internacionales*, (167): 143–172.

Bernal-Meza, Raúl (2012) "China y la configuración del nuevo orden internacional: las relaciones China-MERCOSUR y Chile." In Raúl Bernal-Meza and Silvia Quintanar (eds.) *Regionalismo y Orden Mundial: Suramérica, Europa, China*, Buenos Aires: Universidad Nacional del Centro de la Provincia de Buenos Aires y Nuevohacer.

Bernal-Meza, Raúl (2012a) "China-MERCOSUR and Chile Relations." In Li Xing and Steen F. Christensen (eds.) *The Rise of China: The Impact on Semi-Periphery and Periphery Countries*. Aalborg: Aalborg University Press.

Raúl Bernal-Meza (2015), "La inserción internacional de Brasil: el papel de Brics y de la región", *Universum*, 30(2): 17–35.

Bernal-Meza, Raúl (2016) "China y América Latina: de la oportunidad al desafío." *Tempo do Mundo*. Brasília: Ipea.

Bernal-Meza, Raúl, and Lincoln Bizzozero (eds.) (2014) *La política internacional de Brasil: de la región al mundo*. Montevideo: Universidad de la República y Ediciones Cruz del Sur.

Brainard, Lael, and Leonardo Martinez-Diaz (2009) *Brazil as an Economic Superpower? Understanding Brazil's Changing Role in the Global Economy*. Washington, DC: Brookings Institution Press.

Cervo, Amado Luiz (2008) *Inserção Internacional. Formação dos conceitos brasileiros*. São Paulo: Saraiva.

Cervo, Amado Luiz, and Antônio Carlos Lessa (eds.) (2010) *Emerging Brazil under Lula: An Assessment on International Relations (2003–2010)*. Brasilia: IBRI-RBPI.

Cervo, Amado Luiz, and Antônio Carlos Lessa (2014) "O declínio: inserção internacional do Brasil (2011–2014)." *Revista brasileira de política internacional*, 57(2): 133–151.

Christensen, Steen F., and Raúl Bernal-Meza (2014) "Theorizing the Rise of the Second World and the Changing International System." In Li Xing (ed.) *The BRICS and Beyond: The International Political Economy of the Emergence of a New World Order*. Surrey: Ashgate.

Dussel Peters, Enrique (coord.) (2016) *La Nueva Relación Comercial de América Latina y el Caribe con China. ¿Integración o desintegración regional?* México, DF: Unión de Universidades de América Latina y el Caribe.

ECLAC (2015) *América Latina y el Caribe y China. Hacia una nueva era de cooperación económica*. Santiago: Cepal, Naciones Unidas, LC/L.4010, mayo.

Ellis, R. Evan (2009) *China in Latin America: The Whats & Wherefores*. Boulder: Lynne Rienner Publishers.

Fiori, José Luis (2009) "O Brasil e seu 'entorno estratégico' na primeira década do século XXI." In Emir Sader (org.) *Lula e Dilma*, São Paulo: Boitembo Editorial and FLACSO Brasil.

García, Marco Aurelio (2013) "Dez anos de política externa." In Emir Sader (org.) *Lula e Dilma*. São Paulo: Boitembo Editorial and FLACSO Brasil.

Gratius, Susanne, and Saraiva Miriam Gomes (2013) "Continental Regionalism: Brazil's Prominent Role in the Americas." In M. Emerson and R. Flores (eds.) *Enhancing the Brazil-EU Strategic Partnership: From the Bilateral and Regional to the Global*. Bruselas: CEPS.

Hiratuka, Celio (2016) "Impactos de China sobre el proceso de integración regional de Mercosur." In Enrique Dussel Peters (coord.) *La Nueva Relación Comercial de América Latina y el Caribe con China. ¿Integración o desintegración regional?* México, DF: Unión de Universidades de América Latina y el Caribe.

Hiratuka, Celio, and Fernando Sarti (2016) "Relações económicas entre Brasil e China: análise dos fluxos de comercio e investimento direito estrangeiro." *Revista Tempo do Mundo*, 2(1): 83–98.

Jenkins, Rhys, and Alexandre de Freitas Barbosa (2012) "Fear for Manifacturing? China and the Future of Industry in Brazil and Latin America." In Julia Strauss and Ariel Armony (eds.) *From the Great Wall to the New World, China and Latin America in the 21st Century*. Cambridge: Cambridge University Press.

Lessa, Antônio Carlos, and Henrique Altemani de Oliveira (2013) "Introdução. Parcerias Estartégicas do Brasil: uma busca por conceitos." In Antônio Carlos Lessa and Henrique Altemani de Oliveira (org.) *Parcerias Estratégicas do Brasil: os significados e as experiências tradicionais*. Vol. 1. Belo Horizonte: Fino Traço Editora.

Lima, María Regina Soares de (2008) "Liderazgo regional en América del Sur: ¿tiene Brasil un papel a jugar?" In Ricardo Lagos (comp.) *América Latina: ¿Integración o Fragmentación?* Buenos Aires: EDHASA.

Li, Xing (ed.) (2010) *The Rise of China and the Capitalist World Order*. Farnham: Ashgate.

Li, Xing (2012) "Introduction: The Unanticipated Fall and Rise of China and the Capitalist World System." In Li Xing and Steen F. Christensen (eds.) *The Rise of China: The*

Impact on Semi-Periphery and Periphery Countries. Aalborg: Aalborg University Press.

Li, Xing (2012a) "China y el orden mundial capitalista el nexo de la transformación interna de China y su impacto externo." In Raúl Bernal-Meza and Silvia Quintanar (eds.) *Regionalismo y Orden Mundial: Suramérica, Europa, China*. Buenos Aires: Nuevohacer and Universidad Nacional del Centro de la Provincia de Buenos Aires.

Li, Xing (ed.) (2014) *The BRICS and Beyond: The International Political Economy of the Emergence of a New World Order*. Surrey: Ashgate.

Medeiros, Carlos A. de, and Maria R. Cintra (2015) "Impacto da asensão chinesa sobre os países latinoamericanos." *Revista de Economía Política*, 35(1): 28–42.

Oliveira, Amauri Porto de (2013) "Reinventar o Brasil para o pós China." In Leila da Costa Ferreira and José Augusto Guilhon Albuquerque (orgs.) *China & Brasil. Desafios e oportunidades*. São Paulo: Annablume.

Oviedo, Eduardo Daniel (2014) "Principales variables para el estudio de las relaciones entre Brasil y China." In Raúl Bernal-Meza and Lincoln Bizzozero (eds.) *La política internacional de Brasil: de la región al mundo*. Montevideo: Ediciones Cruz del Sur and Universidad de la República.

Pfeifer, Alberto (2013) "O Brasil, os BRICS e a agenda internacional." In José Vicente de Sá Pimentel (org.) *O Brasil, os BRICS e a agenda internacional*. Brasília: Fundação Alexandre de Gusmão.

Pieterse, Jan Nederveen (2011) "Global Rebalancing: Crisis and the East-South Turn." *Development and Change*, 42(1): 22–48.

Pimentel, José Vicente de Sá (org.) (2013) *O Brasil, os BRICS e a agenda internacional*. Brasília: Fundação Alexandre de Gusmão.

Pimentel, José Vicente de Sá (org.) (2013a) *Debatendo o BRICS*. Brasília: Fundação Alexandre de Gusmão.

Reis, Maria Fontenele (2013) "BRICS: surgimiento e evolução." In José Vicente de Sá Pimentel (org.) *O Brasil, os BRICS e a agenda internacional*, Brasília: Fundação Alexandre de Gusmão.

Salama, Pierre (2017) "Brasil y China: caminos de fortaleza y desconcierttos." *Problemas del Desarrollo*, México, DF, 188(98): 9–28.

Saraiva, Miriam Gomes (2013) "Continuidade e mudança na política externa brasileira. As especificidades do comportamento externo brasileiro de 2003 a 2010." *Relações Internacionais*, (37): 63–78.

Saraiva, Miriam Gomes (2017) "Política externa brasileira 2016/2017 – Da reversão ao declinio." *Anuario de Política Internacional y Política Exterior*. Montevideo: Universidad de la República.

Saraiva, Miriam Gomes (2016) "Estancamento e crise da liderança do Brasil no entorno regional." Anuario de Integración Coordinadora Regional de Investigaciones Económicas y Sociales (CRIES). Buenos Aires, Edición especial.

Sevares, Julio (2007) "¿Cooperación Sur-Sur o dependencia a la vieja usanza? América Latina en el comercio internacional." *Nueva Sociedad*, (207): 11–22.

Sevares, Julio (2012) "El ascenso de China y las oportunidades y desafíos para América

Latina." In Raúl Bernal-Meza and Silvia Quintanar (eds.) *Regionalismo y Orden Mundial: Suramérica, Europa, China.* Buenos Aires: Nuevohacer and Universidad Nacional del Centro de la Provincia de Buenos Aires.

Sevares, Julio (2014) "Inversiones chinas en América Latina: una relación económica emergente." *Realidad Económica,* (284): 54–80.

Sevares, Julio (2015) *China. Un socio imperial para Argentina y América Latina.* Buenos Aires: Editorial Edhasa.

Thorstensen, Vera, and Oliveira Iván T. Machado de (2012) "Introdução." In Vera Thorstensen and Iván T. Machado Oliveira. *Os BRICS na OMC.* Brasília: IPEA.

Uehara, Alexandre Ratsuo Uehara (2013) "Política externa da China es al relações com o Brasil." In Leila da Costa Ferreira and José Augusto Ghuilonn Albuquerque (orgs.) *China & Brasil. Desafíos e oportunidades.* São Paulo: Annablume.

Vadell, Javier A. (2013) "El norte del sur: las implicaciones geopolíticas del 'consenso del Pacífico' en América del Sur y el dilema brasileño." *Latin American Policy,* (4–1): 36–56.

Vadell, Javier A. (2016) "The North of the South: The Geopolitical Implications of Pacific Consensus in South America and the Brazilian Dilemma." *Latin American Policy,* (4): 36–56.

Vadell, Javier, Roberto Araújo, and Gustavo de Cerqueira César (2016) "China y la nueva ofensiva financiera en América Latina: los acuerdos con Argentina." In Gladys Lechini and Clarisa Giaccaglia (eds.) *Poderes Emergentes y Cooperación Sur-Sur.* Rosario: Universidad Nacional de Rosario.

Vadell, Javier, Leonardo Ramos, and Pedro Neves (2014) "The International Implications of the Chinese Model of Development in the Global South: Asian Consensus as a Network Power." *Revista Brasileira de Política Internacional,* (57): 91–107.

第八章　巴西在金砖国家中的过去、现在和未来

一、导言

当巴西在 2008 年收到加入金砖国家的正式邀请时，该国的普遍看法是，这一联盟与南方共同市场和南美洲国家联盟作用一样，将成为巴西外交战略的一部分，在国际局势中使巴西拥有更多话语权。事实上，正如巴西前总统卢拉所说，成为地区领导者是巴西"拥抱世界"的主要优势。随着巴西经济的强劲增长，巴西的雄心是成为一个全球性的参与者。十多年过去了，巴西对金砖国家外交战略的主要变化是什么？从巴西的角度来理解金砖国家的未来，哪些主要驱动因素可能是有用的分析工具？有没有可能凭此勾勒出相对清晰的未来宏观趋势？

在本章中,我们运用了外交政策领域的折中理论。它表明,国际关系是竞争环境的产物,在这种竞争环境中,政府、政治和经济利益集团、决策者和社会和政治经济结构之间发生动态互动。但是我们强调其中两个因素,即"总统外交"和"部长外交"。第一个因素本质上是政治因素,第二个因素更多的是技术因素。我们结合了两个研究议程来回答上述问题:阿尔弗雷德·赫希曼(Alfred Hirschmann)在 1970 年提出的关于"话语权、忠诚度和退出"的研究方法,以及约亨·普兰特尔(Jochen Prantl)和伊夫林·高(Evelyn Goh)在 2016 年提出的"战略外交"(Strategic Diplomacy)的理论。

正如阿尔弗雷德·赫希曼所言,我们认为,政治和经济之间存在联系,导致组织成员在他们认为有必要时(即当组织不再产生预期收益时)做出反应。这可以是通过正式或非正式的途径获得支持或反对(声音),或者离开(退出)组织。然而退出组织取决于两个主要因素:对群体的忠诚和外部环境。如果承诺和话语权是有效的,成员可以考虑退出选项之前的所有其他可能选项;如果外部环境更糟糕或更不确定,退出不是一个好的选择。尽管南方共同市场作为外交和经济政策工具的效率正在下降,可以理解为一个衰落的组织,但退出该组织从来都不是巴西外交议程上的一个重要选择。在这方面,南方共同市场和金砖国家是相辅相成的。

这十年来,巴西已经从一个地区领导者和寻求国际认可的新兴国家,发展成为一个寻求巨大投资者的日渐衰落的孤独国家。从这个意义上说,前总统卢拉(2003—2010 年)和罗塞夫(2010—2016 年)时期的情景,与前总统特梅尔(2016—2018 年)时期的情景截然不同。因此,未来的前景更加不确定。从"战略外交"理论角度来看,自 2007 年以来,终点(主要目标)和起点(开始行动的议程)似乎发生了重大变化。

为了更清楚地了解巴西的外交政策,表 8.1 显示了巴西总统对金砖国家集团的三个不同时期的基本愿景。

表 8.1　2007—2018 年巴西对金砖国家的看法、期望和反应

	2007—2010 年	2010—2016 年	2016—2018 年
看法	①金砖国家作为一个没有初步共识的外交谈判集团 ②在战略外交政策选择上,巴西认为金砖国家与南方共同市场、国际银行是竞争关系	①在罗塞夫总统统治时期,金砖国家是一个不那么重要的外交倡议。同样,"印巴南对话论坛"(IBSA)也不是优先事项 ②南方共同市场和区域组织被认为与巴西关系不大	①中国领导力 ②金砖国家作为经济金融发展的新选择,配有新开发银行和"一带一路"建设
期望	在全球一级的机构和制度中寻找议程的空间、话语权和改革	没什么期望	为巴西和金砖国家内部市场带来更多投资,尤其是与中国和印度的交易
反应	强有力的支持和总统的直接参与	总统参与度低,对金砖国家的技术合作和支持尚处于起步阶段	总统参与度提高,技术合作不断增强;加强对国家发展局的支持,并于 2018 年在圣保罗设立了一个地区分支机构

根据表 8.1,金砖国家在这些阶段的某些时刻产生了高度政治化的、典型的"总统外交"问题。2003—2010 年,特别是 2007—2010 年,卢拉总统和外交部部长塞尔索·阿莫林强烈支持巴西参与金砖国家集团。相比之下,2010—2016 年,罗塞夫总统在总统外交层面对金砖国家不太重视,但一些部长积极推动参与联合国改革、二十国集团和融资

相关的议程。2016—2018年,这两种趋势都在继续,但原因不同。特梅尔总统并不总是直接参与金砖国家的议程,但越来越多的部长参与其中。因此,巴西的自下而上的外交进程一直持续到2018年,各部委参与了与贸易和卫生(尤其是药品和结核病)相关的议程。此外,2019年巴西还担任金砖国家轮值主席国。

二、金砖国家近况(2003—2010年)

2003年,巴西崛起为世界经济和地区强国,而多边主义则陷入危机,主要原因是伊拉克战争、联合国效率低下以及世贸组织行动迟缓。从区域角度来看,南方共同市场未能推动巴西计划的变革,委内瑞拉很快成为对巴西寻求南美地区稳定愿景的挑战。此外,联合国系统需要深入改革,使西方自由秩序能够应对全球挑战,如与经济衰退、移民和气候变化有关的危机。根据塞尔索·阿莫林的说法,这是一个"没有多边主义的多极化时代",即新兴大国渴望加强自己的话语权,但原有的国际秩序不合作。与此同时,巴西试图宣扬这样一种观点,即多边主义正遭受合法的挑战,因为老牌传统大国不再能代表全球权力的分配。从这个意义上说,巴西的首要目标是得到国际机构更多的承认,巴西要求改革,以此作为在联合国主导下加强多边主义的条件。

在此背景下,我们可以用阿莫林在2014年提出的"自主积极外交"模式来解释巴西的外交战略。这意味着在批评某些大国绕过联合国(特别是美国及其盟国入侵伊拉克)的安全议题上,与非西方大国的自动结盟。然而它也适用于一般的武力使用,甚至在卢拉总统上任之前也是如此。巴西在利比亚、伊朗、乌克兰和叙利亚等其他危机中遵循了同样的模式(或外交原则),以及在所谓的南半球寻找新的合作伙伴和市场行动中。外交战略的主要目标是为在全球议程中发挥更加突出的作用铺平道路。切入点,即最初的战略举措,是在巴西已经拥有一定合法性的议程中采取行动,例如在社会发展、卫生和外交/和平解决争端方面。这就是为什么巴西在"联海稳定团"驻海地特派团、"保护中的责任原则"(Responsibility while Protecting,RwP)、2012 年可持续发展峰会和联合国系统改革方面投入了如此多的精力,尤其是积极参加与联合国安理会改革有关的四国集团(巴西、日本、德国和印度)。在罗塞夫的领导下,巴西政府投入了相当的时间和精力,终于在 2013 年选举罗伯托·阿泽维多大使出任世贸组织总干事。

巴西是世界上唯一没有公开的敌人, 也没有地区争端的新兴大国,因此,巴西可以充当南北世界之间的桥梁。巴西被视为一个和平的地区领导者,推动核裁军并通过外交途径解决争端。卢拉总统可以参加达沃斯世界经济论坛和在阿雷格里港举办的世界社会论坛,在这两个论坛上同样受到欢迎。尽管如此,该国仍在寻求获得更大的国际认可和威望。

理所当然的是,创建金砖国家(起初没有南非)的提议与这一背景直接相关,因为创建金砖国家集团、南美洲国家联盟和"印巴南对话论坛"的成员都是要求改革的国家,以确保自由秩序将更好地适应新世纪的权力扩散。更具体地说,金砖国家成员首先认为这是推动布雷顿森林体系改革的一个良好举措。然而金砖国家在许多方面都是如此不对称,以至于看起来很像是四国元首的非正式会议,其目的是协调他们的外交立场。可以说,金砖国家是从无到有发展起来的,因为其成员国没有共同的正式外交议程，也没有对未来的宏伟计划；它们更像是一个由志同道合的新兴国家组成的联盟，专注于与国际货币基金组织改革相关的特定问题。俄罗斯主动邀请了巴西和印度，但由于它们与美国霸权的关系，它们的地缘政治目标过去和现在仍然与其他国家完全不同。然而对他们与新经济秩序相关的投票模式的分析表明，只有俄罗斯有时与金砖国家的其他成员不同。

这意味着巴西从未将金砖国家视为反西方、反美国或反联合国的联盟。因此，例如在有关安全、民主或人权的几个议程上，没有一项协调是容易的，也不是自动的。巴西仍然相信南方共同市场可以复兴，即使在南非加入联盟（以下称为金砖国家）之后也是如此。因此，寻求扩大巴西的国际话语权是巴西参与金砖国家的主要原因，而不是忠诚。巴西选择加入金砖国家是一个机会主义的选择，因为与联合国、南方共同市场和"印巴南对话论坛"等其他组织相比，忠诚度被认为更重要。

三、2010 年巴西的构造变化

2010 年，巴西发生了两次重大变化，这两次变化对金砖国家产生了直接影响，也因此成为巴西外交战略的引爆点：一是罗塞夫当选巴西总统，二是巴西经济开始出现明显的下滑迹象。罗塞夫总统没有确保卢拉所做工作的清晰性和连续性，因此巴西对金砖国家的目标似乎完全改变了。首先，罗塞夫没有把时间花在总体外交政策上，特别是金砖国家或"印巴南对话论坛"，因此她的当选可能被认为是"总统外交"

的终结。其次,罗塞夫任命安东尼奥·帕特里奥塔(Antonio Patriota)为外交部部长,但他没有塞尔索·阿莫林那样的回旋空间,这清楚地表明外交不是罗塞夫政府的优先事项。从 2010 年起,巴西的外交目标(终点)发生了变化,从而形成了更加注重经济效益的议程,特别是在 2015 年毛罗·维埃拉(Mauro Vieira)被任命为外交部部长之后,这成为巴西外交政策的主要转折点。巴西对金砖国家的预期模棱两可,因为金砖国家不再是其外交优先事项,而中国却是首要贸易伙伴。不过,其他涉及贸易、投资、科研和卫生问题的部门继续与金砖国家成员国合作。从分析金砖国家峰会的所有宣言来看,这种向更注重发展的议程的横向扩展似乎是明确的。

与此同时,巴西在 2015 年 11 月与经济合作与发展组织签署合作协议后,重启了与经合组织的直接谈判。尽管开始的时候变化很缓慢,但巴西的外交已经迅速将工作重心转移到罗塞夫总统领导下的经济议程上。因此,巴西的外交决策者认为金砖国家集团不再那么重要,并推动了与南方共同市场和欧盟的谈判。除了二十国集团,巴西大幅度减少了与南方联盟和金砖集团合作的努力,将亚洲和非洲留在了巴西外交议程的底部。巴西的战略合作伙伴只关注通过双边关系取得的贸易和经济成就,这些伙伴包括被视为传统投资者的几个欧洲国家和美国,以及避不开的中国。

然而其他三个驱动因素创造了更有利于巴西加强对金砖国家兴趣的条件:一是建立了金砖国家新开发银行和应急储备安排,二是 2016 年罗塞夫总统被弹劾,三是习近平主席领导下的中国领导层及其对金砖国家的热情。

2014 年关于创建新开发银行和应急储备安排无疑是导致巴西重新评估其给予金砖国家优先地位的主要驱动力。巴西期待着从新开发银行获得资金,用于急需的基础设施项目。这些金砖国家的贷款不仅可以更早到位,而且还代表着世界银行和其他开发银行之外的另一种选择。

对基础设施投资所需资源的评估超出了现有多边机构的能力,考虑到大部分现有资源正用于发达国家的项目,而主要金融机构短期内不会增资的可能性导致了新开发银行的产生。根据鲍曼(Baumann)2017 年的研究数据,仅对发展中国家基础设施项目的投资,每年就有约 1 万亿美元的超额需求。拥有更快的项目审批流程和更容易被贷款人审核的条件,这在很大程度上是巴西等金砖国家创建新开发银行的动机。

促使巴西接近金砖国家的另外两个驱动力是 2016 年罗塞夫总统的被弹劾和中国领导人对金砖国家的热情。由于中国的国内生产总值占整个金砖国家集团生产总值的 75% 左右,中国的因素是不可阻挡的影响力。当特梅尔接替罗塞夫时,巴西战略事务部部长发表了第一份报告,指出巴西需要制定一个考虑中国因素在内的新的外交战略。尽管这个战略简明扼要,不符合巴西外交部的观点,但该报告指出,金砖国家集团在外交和经济方面取得的成果有限。粗略地说,它的结论是,巴西需要一个明确的战略,以实现金砖国家更好的成果,即它必须更准确地界定国家利益是什么,无论是短期还是长期。坦率地说,总统罗塞夫统治的结束对其他金砖国家来说是一个不利的消息,因为巴西没有提高其对金砖国家集团的忠诚度,这导致其在金砖国家集团中的话语权降低。

174

四、巴西在金砖国家的现状与未来展望

自 2017 年以来,时任巴西总统特梅尔对金砖国家表现出比前任总统更大的兴趣。然而由于国内政治动荡,他无法充分处理外交政策问题。外交部部长阿洛伊西奥·努内斯以及外交部和总统内阁的代表参加了中国在 2017 年推动的由大多数"金砖+"国家参加的会议,即使巴西的利益与该会议没有直接关系。

此外,成员国部委承担的许多地方倡议和几个技术合作项目有助于解释为什么金砖国家的未来可能仍然光明。与贸易、卫生、扶贫、气候和教育相关的议程符合联合国 2030 年议程 (可持续发展目标),为金砖国家成员提供了加大合作力度的新机遇。巴西政府尤其发现了金砖国家内部合作的新机会,此前中国在 2017 年组织了近百次会议,会议议程从贸易保护到学术交流。因此,其他行动者正在提高对金砖国家的忠诚度。迄今为止,金砖国家的中央部委包括以下部门参与了对话与交流:负责贸易部门(含巴西的发展、工业和对外贸易部和经济防务行政委员会)、预算规划部门(含巴西的规划、发展和管理部)、农业综合部门(含巴西的企业农业部、畜牧和供应部)、科学和技术部门(含巴西的科学、技术、创新和通信部)和卫生部门(含巴西的卫生部)。

目前,巴西将金砖国家视为寻求更具包容性和更有效的多极国际秩序的工具,包括相当大程度上加强多边主义。从经济角度看,巴西政府正试图通过增加贸易、投资和发展机会来扩大全球互联互通,这主要是因为中国在金砖国家的影响力更大,也是因为中国提出了"一带一路"倡议。

巴西没有以相同的方式对待俄罗斯在 2015 年峰会上提出的新关注点。关于战略经济伙伴关系的观点受到了很大关注,而对于新出现的威胁(恐怖主义、贩毒和网络安全)的另一个观点则没有得到很大关注。由此证明了巴西与俄罗斯的不同,自金砖国家成立以来,巴西一直更关注经济谈判,而不是地缘政治问题。

同样,作为 2016 年金砖国家主席国,印度提议加强地区安全议程,但这不是巴西优先考虑的问题。在厦门峰会筹备会议期间,巴西外交部部长肯定了"政治协调是一个敏感的领域,在追求趋同的过程中必须遵循务实、循序渐进和互惠的原则"。印度果阿峰会的另外两项倡议也得到巴西的关注:一是与推广金砖国家品牌、"民间交往活动"有关,二是与创建新开发银行研究所、信用评估机构、体育理事会、铁路研究中心和海关合作委员会等机构有关。

五、接下来是晴天吗?

2017 年金砖国家厦门峰会的巴西优先事项是完善以市场为导向的新开发银行和应急储备安排的倡议,这些倡议的特点是务实。与此同时,目的是在全球金融治理、可持续发展和能源安全方面加强金砖国家合作,因为新开发银行的项目将主要为可再生能源替代品的发展提供资金。

由于巴西将重点放在经济和金融措施上,巴西政府欢迎集团内贸易和投资的便利化和增长,中国提议的电子港口网络、电子商务工作组的成立以及国家发展局成员的扩大,也受到欢迎。此外,工业和农业部门从集团内的投资中受益匪浅。最后,巴西于 2018 年在圣保罗设立金砖国家新开发银行(NDB)区域办事处,因此认为前景较为乐观。对于巴西政府和私营部门来说,在圣保罗设立金砖国家新开发银行区域办事处非常重要,这不仅是因为巴西是距离该银行上海总部最远的国家,而且也是因为这刺激了新开发银行在其他地区可供资助的项目的制定。

事实上,巴西从新开发银行获得资金的时间较晚。在新开发银行开始运营的近三年时间里,巴西共获批了四个项目,总计6.21亿美元:帕拉(城市发展)5000万美元、马拉尼昂(物流和公路)7100万美元、巴西国家经济和社会发展银行的可再生能源项目3亿美元、巴西国家石油公司(可持续基础设施项目)2亿美元。

2018年3月2日,新开发银行在上海召开第十三次董事会会议。会议期间,农业部批准了帕拉可持续城市发展项目和马拉尼昂公路走廊,这是巴西的一个南北一体化项目,贷款总额为1.21亿美元,整体费用取决于巴西国内的完成情况。

2018年4月18日,巴西国家经济和社会发展银行与金砖国家新开发银行首次联合支付巴西的融资业务。6730万美元的发行额是国家开发银行有史以来最大的一次。这是巴西国家开发银行与中国国家开发银行一年前签署的3亿美元合同的一部分,该合同旨在支持巴西国家开发银行对巴西风能、太阳能、水力发电(小型水电站)和生物能(沼气和农业废料)的投资。拨付的资金将用于皮亚伊州和伯南布哥州的6个风电场的建设。它们是卡萨多斯温托斯集团(Casa dos Ventos)风力发电场综合体的一部分,包括西蒙(Simões)、诺夫斯(Currais Novos)等14个风电场。综合体的装机容量将达到358兆瓦,由156台动力涡轮机发电。该项目的预期影响是每年生产600兆瓦可再生能源和消除

100万吨二氧化碳排放。在这方面,新伙伴关系正在寻求通过支持矩阵多样化和加强系统未来的安全性来培育替代能源,以确保巴西经济所有部门的能源供应。

2018年5月,金砖国家新开发银行理事会(由财长和央行行长组成)批准了巴西国家石油公司2亿美元的项目。这是第一个在没有主权担保的情况下直接为巴西企业提供融资的新开发银行项目。与巴西国家石油公司合作的项目符合新开发银行支持可持续基础设施项目的优先事项。这将导致减少二氧化硫排放量,并通过新建的基础设施将雨水利用起来,环保节能。

到目前为止,给予巴西的信贷占国家发展银行投资组合的12%。中国和印度得到了更多,因为它们是增长最快的经济体。

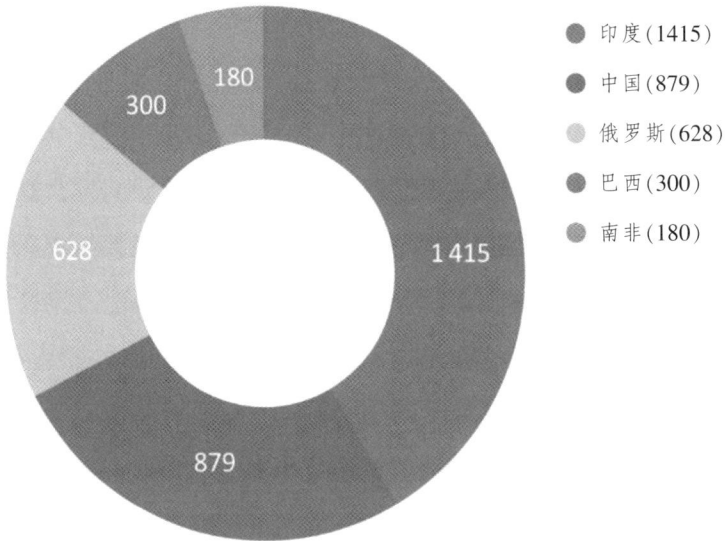

- 印度(1415)
- 中国(879)
- 俄罗斯(628)
- 巴西(300)
- 南非(180)

资料来源:金砖国家新开发银行网站。

图8.1 按国家分列的国家开发银行项目(单位:百万美元)

金砖国家新开发银行的董事们说，该银行正在努力填补巴西和南非的资金缺口，并在五个合作伙伴之间建立一个均衡的投资平台。新开发银行还于 2018 年 1 月 10 日宣布与巴西桑坦德银行建立商业伙伴关系，为区域项目融资。这是巴西一家银行与国家发展银行之间的第一份协议，该协议包括基础设施和可持续发展项目的信贷额度特许权，用于债券传输、交换和二级业务以及价值转移等服务。

从更广泛的可持续发展角度来看，马德拉(Madeira)2017 年强调，技术促进机制可能有助于联合国《2030 年可持续发展议程》的推进和金砖国家内部的合作。然而金砖国家的宣言与联合国发展议程并不完全一致，但它们之间的一致性开始日益增强。厦门峰会还推出了其他旨在加深金砖国家内部各成员国忠诚度和加强其和谐声音的"温和"方案，如电影节、文化节及体育、传统医学领域的合作。这些计划可能很快会给巴西提供机会，为其对金砖国家的外交战略设定新的切入点。在这些努力中，巴西不仅努力与其他成员国建立共同愿景，还努力让更多的私人行动者参与市场和社会，努力使金砖国家的政治和经济进程不像以前那样受到自上而下的控制。最后，这种方式凸显了巴西试图在金砖国家共同议程中实现重心转移的努力，这使得这一努力不再集中在安全问题上，而更多地集中在务实问题上，其中一些问题可能会立即引起经济层面的反应。

据现任巴西外长阿洛伊西奥·努内斯说，全球经济的重心已经转移到亚洲。为此，巴西外交政策正寻求加强本国与该地区的联系。在来自中国、韩国、印度尼西亚、日本、新加坡、泰国和越南的政界人士和商界人士举行的会议上，巴西财政部部长试图吸引更多投资，扩大贸易，并鼓励建立伙伴关系，从而有助于巴西更好地融入全球价值链。在这方面，他在 2018 年 5 月的亚洲之行表达了一种有助于巴西经济持续扩张、促进国际贸易和刺激巴西企业国际化的外交政策。

在此背景下，巴西在金砖国家的未来有三个宏观发展趋势。第一个宏观趋势，是巴西越来越多地参与金砖国家内部的技术议程，而强有力的总统外交则成为过去。一个明显的迹象是，巴西有关 2018 年总统选举的政治辩论没有提到金砖国家或国际议程是优先事项。第二个宏观趋势，是中国在金砖国家内部崛起。中国占联盟生产总值的 75% 以上，中国成为双边贸易伙伴，这可能导致严重分歧，中国发展迅猛、体量大，以至于巴西越来越担心巴西对中国贸易和投资的依赖。第三个宏观趋势，是巴西也更加依赖金砖国家集团，并期待在短期内改善与印度和俄罗斯的贸易关系。在这种情况下，退出不是一种好的选择。因此，未来的问题是：在巴西日益依赖金砖国家集团的过程中，巴西对该组织的忠诚度会增加吗？

六、结论

巴西之所以选择加入金砖国家集团，是因为该联盟与巴西旨在使巴西成为全球参与者的"积极和自主外交"战略关系密切。这一战略是卢拉政府时期的外长阿莫林提出的，罗塞夫和特梅尔政府的推动力度较小。然而对 2005 年联合国改革和布雷顿森林机构改革的失望后来促成了巴西投资于国际银行业协会和南方共同市场的战略。2010 年后，巴西经济下滑，加上南方共同市场的弱点和巴西银行业协会的垮台，催生了基于市场导向结果的新的外交目标。因此，人们认为金砖国家不是一个有趣的项目，导致巴西重新回到其传统的贸易和投资伙伴。巴西主要关注该国的经济复苏,还与经合组织主要成员国进行了接触。尽管已经取得了缓和的结果,但可以说,金砖国家自成立以来,在巴西外交议程中获得了越来越优先的地位,特别是获得贸易和融资机会。

2017 年,厦门峰会巩固了金砖国家成员国在制定新议程、工作组和议题领域机构方面更加制度化的合作。然而这些横向和技术性的扩张还不是巴西的优先切入点,可能是因为南方共同市场曾经历了失败。它们仅仅反映了中国和印度的政治意愿。

最后,如果退出不是一种选择,巴西在金砖国家中的影响力自 2010 年以来有所下降,那么未来的情况会是怎样的呢?后者似乎与巴西私营部门的直接参与有关,与技术和可持续发展有关,涉及基础设施、能源和卫生等具体议程。然而未来的情况将取决于巴西各部委是否有能力与金砖国家其他部委一起建设强有力的项目并吸引投资。在这方面,巴西政府加快批准和与金砖国家新开发银行圣保罗区域办事处合作的力度,可能会导致投资增加、投资过程便利化和更好地调整国家开发银行的条件以适应巴西的情况。《2030 年可持续发展议程》也可能是朝着这一方向走的一条有用的道路。鉴于 2018 年巴西总统选举以及巴西自金砖国家成立以来经历的实质性变化,我们需要更多的研究来调整对未来的预判。

参考文献

Alden, Chris, and Amnon Aran (2012) *Foreign Policy Analysis: New Approaches*. London: Routledge.

Amorim, Celso (2014) *Teerã, Ramalá e Doha. Memórias da Política Externa Ativa e Altiva*. Rio de Janeiro: Benvirá.

Amorim, Celso (2016) *A Grande Estratégia do Brasil*. Brasília: FUNAG.

Angelo, Mauricio (2018) "Com estratégias sofisticadas, Chineses aumentam seu domínio sobre o Brasil." *INESC*. Available at http://amazonia.inesc.org.br/materias/um-pais-sob-influencia-com-estrategias-mais-sofisticadas-chineses-aumentam-seu-dominio-sobre-o-brasil/.

Arbache, Jorge (2012) "The Siren's Song: A Study of the Economic Relationship between Brazil and China." Available at www.ssrn.com/abstract=2047126.

Barbosa, Rubens (2014) "Mercosul: retórica e realidade." *Política Externa*, 22(4):17–27.

Baumann, Renato (2017) "Os novos bancos de desenvolvimento: Independência conflitiva ou parcerias estratégicas?" *Revista de Economia Política*, 37(2) (147): 287–303.

Becard, Danielly Silva Ramos, Ana FláviaBarros-Platiau, and Carina Oliveira (2015) "O Brasil, a China e a VI Cúpula do BRICS." *Contexto Internacional*, 37(1): 81–112.

Brasil, BNDES (2018) "BNDES e New Development Bank, o 'Banco dos BRICS', realizam o 1º desembolso a operação no Brasil." *BNDES/Energia/Institucional*, April 18. Available at www.bndes.gov.br/wps/portal/site/home/imprensa/noticias/conteudo/bndes-e-new-development-bank-o-banco-dos-brics-realizam-o-1-desembolso-a-operacao-no-brasil.

Brasil, Presidente da República Federativa do Brasil (2017) "Discurso do Presidente da República, Michel Temer, durante reunião dos Chefes de Estado e de Governo do BRICS – Hamburgo-Alemanha." July 7. Available at www.itamaraty.gov.br/pt-BR/discursos-artigos-e-entrevistas-categoria/presidente-da-republica-federativa-do-brasil-discursos/16786-discurso-do-presidente-da-republica-michel-temer-durante-a-reuniao-dos-chefes-de-estado-e-de-governo-do-brics-hamburgo-alemanha-07-de-julho-de-2017.

Burges, Sean (2009) *Brazilian Foreign Policy after the Cold War*. Gainesville: University Press of Florida.

Cervo, Amado Luiz, and Antônio Carlos Lessa(2014) "O declínio: inserção internacional do Brasil (2011–2014)." *Revista Brasileira de Política Internacional[online]*, 57(2):133–151. Available at www.scielo.br/scielo.php?script=sci_arttext&pid=S0034-73292014000200133&lng=en&nrm=iso. ISSN 0034-7329. http://dx.doi.org/10.1590/0034-7329201400308. (Accessed June 1, 2018).

Dabène, Olivier (2011) "1991. Les 20 ans du MERCOSUR Au-delà du clivage droite/gauche, un bilan décevant." *Études du CERI*, (179–180): 48–52.

Domingos, Nicole (2014) "Le Brésil comme Partenaire Stratégique de l'UE – une préférence partagée pour le multilatéralisme?" PhD Thesis. Sciences Po de Paris. Supervisors: Zaki Laïdi and Ana Flávia Barros-Platiau.

Estadão Conteúdo (2018) "BNDES e 'Banco dos BRICS' fazem 1º desembolso no Brasil." *Época Negócios*, April 18. Available at https://epocanegocios.globo.com/Economia/noticia/2018/04/epoca-negocios-bndes-e-banco-dos-brics-fazem-1o-desembolso-no-brasil-para-parques-eolicos.html.

Faria, Carlos Aurélio (2012) "O Itamaraty e a Política Externa Brasileira: do insulamento à busca de coordenação dos Atores Governamentais e de Cooperação com outros Agentes Societários." *Contexto Internacional*, 34(1): 311–355.

Ferdinand, Peter (2014) "Rising Powers at the UN: An Analysis of the Voting Behaviour of

182

BRICS in the General Assembly." *Third World Quarterly*, 35(3): 376–391.

Ferreira, Aloysio Nunes (2018) "O Brasil em Direção à Ásia." *O Globo*, May 7. Available at www.itamaraty.gov.br/pt-BR/discursos-artigos-e-entrevistas-categoria/ministro-das-relacoes-exteriores-artigos/18796-o-brasil-em-direcao-a-asia-o-globo-07-05-2018.

Fonseca, Gelson, Jr. (2011) "Notes on the Evolution of Brazilian Multilateral Diplomacy." *Global Governance*, 17(3): 375–397.

Franco, Camila, and Renan Oliveira (2017) "Inputs and Outputs of Innovation: Analysis of the BRICS Theme 6:Innovation Technology and Competitiveness." *Revista de Administração e Inovação*, São Paulo, USP, 14: 79–89.

Gonçalves, José Botafogo (2013) "Vamos renegociar o Mercosul?" *Política Externa*, 22(2): 49–57.

Hagopian, Joachim (2015) "Global Shift in the Balance of Power Is Moving from West to East." *Global Research*. Available at www.globalresearch.ca/global-shift-in-the-balance-of-power-is-moving-from-west-to-east/5437388. (Accessed June 1, 2018).

Hallding, Karl, MarieOlsson, AaronAtteridge, AnttoVihma, MarcusCarson, and Mikael Román (2011) "Together Alone: BASIC Countries and the Climate Change Conundrum." Nordic Council of Ministers, Copenhagen. TemaNord 2011. Available at www.sei-international.org/publications?pid=1963.

Hirschman, Alfred (1970) *Exit, Voice, and Loyalty: Responses to Decline in Firms, Organizations, and States.* Cambridge: Harvard University Press.

Hochstetler, Kathryn, and Manjana Milkoreit (2015) "Responsibilities in Transition: Emerging Powers in the Climate Change Negotiations." *Global Governance*, 21(2): 205–226.

Kalout, Hussein, and Marcos Degaut (2017) "Brasil, um país em busca de uma grande estratégia." Secretaria de Assuntos Estratégicos, *Relatório de Conjuntura*, 1.

Kurtz-Phelan, Daniel (2013) "What Is IBSA Anyway?" *Americas Quarterly*, Spring. Available at www.americasquarterly.org/content/what-ibsa-anyway.

Lavrov, Sergei (2012) "BRICS: ANew-Generation Forum with a Global Reach. BRICS and the New Delhi Summit, 2012." Available at www.brics.utoronto.ca/newsdesk/BRICS-2012.pdf.

Lazarou, Elena (2017) "The Future of Multilateralism: Crisis or Opportunity?" *European Parliamentary Research Service/Member Research Service*, May. Available at www.europarl.europa.eu/RegData/etudes/BRIE/2017/603922/EPRS_BRI(2017)603922_EN.pdf.

Lima, Maria Regina (2008) "Brazil Rising." *Internationale Politik*, 9(3): 62–67.

Madeira, Mariana (2017) "BRICS Cooperation: Assessment and Next Steps." Seminar FUNAG and Renmin University of China, Ministry of Foreign Affairs, August 1. 7 pages. Mimeo.

Milani, Carlos, LetíciaPinheiro, and Maria Regina Lima(2017) "Brazil's Foreign Policy and the 'Graduation Dilemma'." *International Affairs*, 93(3): 585–605.

Montenegro, Renan, and Rafael Mesquita (2017) "Leaders or Loners? How Do the BRICS Countries and Their Regions Vote in the UN General Assembly?" *Brazilian Political Science Review*. Available atwww.journals4free.com/link.jsp?l=8350455.

183

Moreira, Assis (2017) "Banco dos Brics deve ter escritório no Brasil em 2 anos." *Valor Econômico*, September 4. Available at www.valor.com.br/brasil/5106090/banco-dos-brics-deve-ter-escritorio-no-brasil-em-2-anos.

Moreira, Assis (2018a) "Crédito do Banco dos Brics ao Brasil deve alcançar US$ 1 bilhão." *Valor Econômico*, May 29.Available at www.valor.com.br/financas/5555851/credito-do-banco-dos-brics-ao-brasil-deve-alcancar-us-1-bilhao.

Moreira, Talita (2018b) "Santander Brasil anuncia parceria com NDB, o 'banco dos Brics'." *Valor Econômico*, January 10.Available at www.valor.com.br/financas/5252129/santander-brasil-anuncia-parceria-com-ndb-o-banco-dos-brics.

Narlikar, Amrita (ed.) (2013) "Negotiating the Rise of New Powers." *International Affairs*, Special Issue, 89(3): 561–577.

NDB (2018a) "NDB President Meets Brazil's Minister of Foreign Relations in Shanghai." *Press Releases*, May 22. Available at www.ndb.int/press_release/ndb-president-meets-brazils-minister-foreign-relations-shanghai/.

NDB (2018b) "NDB Board of Governors and Board of Directors Meetings Held in Shanghai, China." *Press Releases*, May 28. Available atwww.ndb.int/press_release/ndb-board-governors-board-directors-meetings-held-shanghai-china/.

NDB (2018c) "13th Meeting of NDB Board of Directors Held in Shanghai." *Press Releases*, March 5. Available at www.ndb.int/press_release/13th-meeting-ndb-board-directors-held-shanghai/.

NDB (2018d) "List of All Projects." Available at www.ndb.int/projects/list-of-all-projects/.

Oliveira, Fabiana de, and Charles Pennaforte (2018) "Da crise de governabilidade à crise de legitimidade: os impactos da crise política sobre a política externa brasileira." *Revista de Estudios Brasilenos*, 5(9): 148–160.

Oliveira, Susan (2017) "Is the Death of the TPP Good News for Brazil? Mega-Regional Agreements and the Quest for Development 'Policy Space'." *Journal of World Trade*, 51(5): 1–24.

Prantl, Jochen, and Evelyn Goh (2016) "Strategic Diplomacy in Northeast Asia." *Global Asia*, 11(4): 137–139.

Ricupero, Rubens (2016) *A Diplomacia na Construção do Brasil: 1750–2016*. São Paulo: Versal Editores.

Saraiva, Miriam (2007) "As estratégias de cooperação Sul-Sul nos marcos da política externa brasileira de 1993 a 2007." *Revista Brasileira de Política Internacional*, 50(2): 42–59.

Saraiva, Miriam (2016) "Estancamento e crise da liderança do Brasil no entorno regional." *Anuario de Integración*, Edición Especial, 295–310. Available at www.cries.org/wp-content/uploads/2016/03/017-saraiva.pdf.

Schmitz, Guilherme, and Rafael Rocha (2017) *Brasil e o Sistema das Nações Unidas. Desafios e Oportunidades na Governança Global*. Brasília: IPEA.

Sheffer, Marten (2009) *Critical Transitions in Nature and Society*. Princeton: Princeton University Press.

184

Stuenkel, Oliver (2017) *BRICS e o futuro da ordem global*. Paz e Terra: Rio de Janeiro/São Paulo.

Wang, Yong (2016) "Offensive for Defensive: The Belt and Road Initiative and China's New Grand Strategy." *Pacific Review*, 29(3): 455–463.

Young, Oran (2017) *Governing Complex Systems: Social Capital for the Anthropocene*. Cambridge: MIT Press.

第九章 俄罗斯在金砖国家合作中的表现

一、导言

各国对金砖国家经济和全球政治成就的评估在时间和空间上以及专家之间都不尽相同。例如,印度学者哈斯潘(Harsh V. Pant)2013 年批评金砖国家在稳定阿富汗局势和打击恐怖主义问题上"缺乏严肃性",因此认为金砖国家是一个功能失调的大国组织。又如,澳大利亚前驻莫斯科外交官出身的学者包宝罗(Bobo Lo)2016年对金砖国家的表现持务实态度,并强调中国和俄罗斯是金砖国家合作背后唯一的驱动力。中国的地缘经济影响力使其成为金砖国家合作背后的重要推动者,而俄罗斯则是另一个推动者,这主要是因为克里姆林宫在地缘政治上热衷于与美国进行平衡,试图将此转变为金砖国家的共同事业。哈斯潘的观点代表了国际社会学派的规范制度主义方法，因为他在负责任的大国管理的基础上隐含了理由。相反，包宝罗的观点代表了财政结构主义和地缘政治与地缘经济的辩证法。

直接的分析对象是克里姆林宫的金砖国家政策。可以说，我将从包宝罗的角度来描述这一政策，但也将其置于一个总体框架中，该框架将俄罗斯对其他四个金砖国家的政策转变为对它们大国管理能力的考验。我认为，即使从金砖国家自己对世界秩序的看法来分析，俄罗斯的地缘政治驱动力也是一种负担，因为克里姆林宫痴迷于平衡。相反，问题并不是随着时间的推移而减少的。事实上，俄罗斯正在用代理人战争、"硬平衡"和修正主义取代"软平衡"。在使用进攻手段和目的方面，中国可能会开始效仿俄罗斯。此外，俄中双边关系本身也包含着权力交接的戏码。

我将接受俄罗斯关于策划了金砖国家大国合作的说法，这合作一开始就引用了一个过程，即追溯金砖国家的源头，可追溯到已故俄罗斯外长叶夫根尼·普里马科夫（Evgeny Primakov）的"RIC"概念，即俄罗斯、印度、中国"三驾马车"。本章继续探讨 21 世纪俄罗斯的金砖国家外交，重点介绍俄罗斯总统普京 2012 年和 2013 年对俄罗斯和金砖国家的议程的影响。在此过程中，我将详述俄罗斯在美国针对俄罗斯邻国的代理战争，以及俄罗斯单方面干预叙利亚内战以及随之而来的"金砖国家沉默"，引用印度前外长和权威人士贾斯旺特·辛格的话。本章将追溯俄罗斯对金砖国家的态度，从看涨到看跌的演变过程，并继续探讨更广泛的世界秩序背景，突出俄罗斯的大战略。在本章的最后，我将评估金砖国家大国合作的实际表现。如前所述，我衡量金砖国家全球表现的标准是它们谨慎行事，作为它们对俄罗斯进行长期大国管理能力的投资。因此，我首先介绍国际社会传统中的这一推理，然后转向新现实主义的平衡逻辑，以及对同样现实主义的权力过渡理论进行一些有洞察力的现实主义批评。

二、作为和平与安全管理者的大国：平衡与权力过渡的逻辑

国际社会这一概念暗示着一种以主权、均势、战争等基本制度为基础的或多或少成熟的无政府主义。黑德利·布尔（Hedley Bull）对"大国"这一术语的理解是以这种质变为前提的，而不是霍布斯的术语"国际体系"。布尔认为，大国享有特殊的权利和义务，因为它们的"决定"影响国际体系和平与安全的问题。布尔说，这些非同寻常的权利和义务的实际表现是这些大国成为联合国安理会常任理事国。1991年12月25日苏联解体后，俄罗斯立即获得了这一特权，这意味着俄罗斯被授予了一劳永逸地否决世界安全事务决定的权力。此外，布尔预计，在这种排他性意义上的大国将"根据他们承担的管理责任修改他们的政策"。这种基于约束的管理角色是布尔对超级大国的理解。与此类似，亚当·沃森（Adam Watso）提出了"系统理由"的概念，它被定义为"相信让系统运转是值得的"，而不是机会主义的、目光短浅的理由。

除中国和俄罗斯以外的其他金砖国家学者偶尔也会追求"系统的理由"，因为它们是出口导向型发展中经济体，实行国家资本主义，因此依赖于世界经济的稳定。相比之下，芬兰学者托马斯·里斯

(Tomas Ries)认为俄罗斯是一个"疏远"的现代国家。然而所有金砖国家都对布雷顿森林体系内部的权力分配不公感到不满,因此也以"软平衡"的形式对美国进行了一些平衡。这就是我现在要引出的话题。当分析俄罗斯为了"硬平衡"和修正主义而放弃以前的良性平衡做法时,我认同罗伯特·佩普(Robert Pape)在 2005 年提出的关于平衡的新现实主义理论的重新表述。在他看来,美国的单极和美国军事上的高科技革命标志着"硬平衡"(即军事平衡)与占主导地位的大国之间的平衡年代的终结。剩下的就是"软平衡",这是反抗美国全球议程的唯一选择。佩普指出了四种独特的"软平衡"方式:

- 领土拒绝(territorial denial)
- 纠缠外交(entangling diplomacy)
- 强化经济(economic strengthening)
- 决心平衡的信号(signals of resolve to balance)

第一点是拒绝美国进入本国领土,这是巴西在美国对哥伦比亚的毒品战争期间推行的一项政策。第二点"纠缠外交"往往发生在联合国安理会内部,也就是当俄罗斯和中国否决西方的提议时。第三点"强化经济"是地缘经济学的同义词,地缘经济学是爱德华·N.鲁特威克(Edward N. Luttwak)1990 年首创的经济治国之道。然而与俄罗斯有关的问题的症结在于最后一点,即"决心平衡的信号"。因为根据佩普的说法,"软平衡"最终可能会变得强硬。上升阶梯上的一个明显台阶是"代理人战争"和从新现实主义零和战略文化中涌现出来的混合类型的战争,即以牺牲"系统理由"为代价追求"鹰派理由"。

为什么说佩普开始回归"硬平衡"和公开的大国竞争对理解俄

罗斯的情况至关重要,这与权力过渡的背景有关。或者更确切地说,是对主流权力过渡理论的有力批评。我记得史蒂夫(Steve Chan)说过,他反对普遍认为的中国作为一个崛起的大国将对衰落的大国发动战争的观点,因为只有美国处于相反的情况时才有意义,即衰落的大国发动战争是基于一个简单的"现在发动战争比以后更合算"的考量。杰克·利维(Jack Levy)也坚持这样的观点。俄罗斯当下未经改革的资源经济和不断减少的人口是衰落的典型特征,当然其军事方面除外。

三、金砖国家的软平衡起源:普里马科夫的"三驾马车"概念

众所周知,普京是一名前克格勃上校,但普里马科夫在成为俄罗斯联邦对外情报局负责人之前曾担任克格勃将军,这一点鲜为人知。因此,普里马科夫代表了一种维护政权安全和制衡美国的"契奇主义"战略文化。作为一名开明的欧亚主义者,他在担任外交部部长期间,在 20 世纪 90 年代中期创造了该地区三大国家(即俄罗斯、印度和中国)合作的概念——"三驾马车"。然而"三驾马车"不可能合作的主要原因是复杂的。例如,由于 1962 年战争引发的中印不和。由于普里马科夫从未发表过他的愿景,人们对此知之甚少,除了俄罗斯国内欧亚意识形态的复兴,这为普里马科夫进入纠缠外交的冒险奠定了基础。因此,在 1996 年向克里姆林宫精英们提出他的计划时,普里马科夫提出了俄罗斯、印度和中国之间的三方战略支点,这相当于一种多极理论。

据普里马科夫的一位拥护者说,他认为"三驾马车"将允许保护

那些不与西方结盟的思想自由的国家。据此,普里马科夫预测了今天俄罗斯在"真正独立国家"(仅包括金砖国家)和"从属美国国家"(如丹麦和法国)之间的区别。此外,普里马科夫阐述了俄罗斯关于否认北约扩张领土的大战略。在科索沃危机期间,他投入自己的力量制衡北约和美国,在飞往华盛顿的途中将飞机在半空中掉头。但他从未进行公开的"硬平衡",即与美国进行直接军事对抗。相反,他希望实现内部平衡——从内部建立俄罗斯的经济和军事实力。在这一切中,普里马科夫是普京的导师,并发明了他的口号,如"全方位外交政策"和"多极化"。普京领导的俄罗斯尊重普里马科夫的遗产,在当前的国家安全战略中引用了"三驾马车"与金砖国家、独联体、上合组织和二十国集团的合作。值得注意的是, 最近的俄罗斯外交政策文件只关注"三驾马车"合作,而不是金砖国家,它指出:"俄罗斯认为有必要继续进一步发展有效和互利的外交政策机制,以'三驾马车'形式开展务实合作。"

这可能反映了现实:"三驾马车"的合作仍在继续,但只是以年度外长会议的形式进行,这意味着外交部只负责次要事务。考虑到邻国阿富汗的棘手问题,这种仪式性的结果无疑证明了哈斯潘理论的正确性。如今,俄罗斯似乎在武装塔利班。

四、俄罗斯金砖国家外交的开始

早在 2001 年,高盛分析师吉姆·奥尼尔创造了金砖四国(BRIC)这个首字母缩写,这个概念很快就被普京捕捉到了。根据俄罗斯的档案,普京于 2006 年 9 月 20 日首次邀请金砖国家代表在联合国大会的侧翼举行了首次部长级会议。同样,辛哈 2015 年描绘了全球峰会间隙的"三驾马车"外交,后来扩大到包括巴西。研究印度的学术专家约尔根·迪格·彼得森(Jørgen Dige Pedersen)强调,印度希望巴西加入,这反映出印度更喜欢将印度、巴西和南非这三个全球南方国家联合在一起。辛哈认为,即使没有吉姆·奥尼尔的宣传,金砖国家的"演唱会"也会诞生,由此证实了俄罗斯是论坛背后的真正推动者——一种纯粹的地缘政治推动力,因为吉姆·奥尼尔认为俄罗斯并不是经济强国。这也是英国著名经济学家朱利安·库珀(Julian Cooper)在 2006 年对巴西、俄罗斯、印度、中国、土耳其和美国的世界制造业出口表现进行分析时提出的观点。

至于普京自己对美国及其欧洲盟友的"软平衡",比较一下他在慕尼黑韦尔昆德(Wehrkunde)会议上的著名讲话:以购买力平价衡量,印度和中国等国的国内生产总值的总和已经超过美国,类似的计算结果显示,金砖四国(巴西、俄罗斯、印度和中国)的国内生产总值超过了欧盟的总和。据专家称,这种差距今后只会加大。毫无疑问,新的全球经济增长中心的经济潜力将不可避免地转化为地缘政治影响力,并将加强世界的多极化进程。

因此,俄罗斯于 2009 年在叶卡捷琳堡举办了第一次正式的金砖国家峰会,庆祝"后美国时代的世界",可以说这并非巧合。2008 年爆发于美国的世界经济危机确实启发了金砖国家进行一些大国危机管理的尝试,这标志着 2009 年 4 月在伦敦举行的二十国集团峰会的决定增强了国际货币基金组织的金融救急作用。然而在此之前,刚立起的金砖国家大楼就出现了"裂缝",因为俄罗斯新拉拢来的大国盟友中没有一个对南奥塞梯和阿布哈兹给予"外交承认"。南奥塞梯和阿布哈兹是俄罗斯支持的两个分离的共和国,这两个共和国是在 2008 年 8 月短暂的格鲁吉亚–俄罗斯战争中建立的。尽管格鲁吉亚方面并非没有罪恶感,但俄罗斯诉诸武力的做法还是震惊了军事安全专家。因为其背景是,2008 年 4 月北约国防部长会议搁置了格鲁吉亚和乌克兰加入北约的申请。就目前而言,只有美国在推动他们加入北约,因此俄罗斯的战争行为被认为是延续"决心平衡的信号"的代理人战争的主要案例。更有趣的是,中国公然"藐视"克里姆林宫在上海合作组织中代表南奥塞梯和阿布哈兹进行的游说。普京似乎得出结论,俄罗斯失去了软实力。而在金砖国家中,软实力通常与巴西联系在一起。

在一篇题为"俄罗斯与不断变化的世界"的演讲中,普京认为"阿拉伯之春"展示了新的通信和信息技术的力量,将其转化为国内和国际政治的工具。他将金砖国家的正常政治生活与通过"伪非政府组织"(或他所称的"大国影响力代理人")的活动工具使用软实力并列在一起。对普京来说,软实力不是自下而上的、围绕着一个特定国家的"自发魔力",而是一种国家工具。关于这一点可在他对这一概念的定义中看得很清楚。普京认为:"软实力是在不使用武器的情况下实现外交政策目标的各种工具和方法的综合体。"戏剧性的高潮出现在普京对北约武装干预利比亚的背景下谴责击毙卡扎菲。用普京在演讲中的话来说:"处决代表了令人震惊的中世纪前的典范。"问题在于普京对当地阿拉伯机构的忽视,以及时任联合国秘书长潘基文否认北约超越了其在利比亚的授权。然而普京和整个俄罗斯精英对利比亚因果关系的"误解"被其他金砖国家的外交官们所认同。普京似乎把 2011 年 12 月 20 日卡扎菲被谋杀一事放在心上,据说这相当于他自己的一次濒死体验。原因是,阿拉伯之春恰逢 2011—2012 年冬季在莫斯科和圣彼得堡举行大规模抗议示威活动,抗议普京掌权。在这一次,普京以类似的方式"误解"了美国前国务卿希拉里·克林顿对示威活动的道义支持,认为这是旨在实现政权更迭的全面干预,这是克里姆林宫思维中的绝对红线。

无论如何,值得注意的是,俄罗斯外交和安全政策的修正主义转向是对这一波所谓"颜色革命"的反应。普京对俄罗斯的行动议程变成了非军事战争对西方议程的反攻——积极利用网络和互联网媒体技术。据此,普京预测了未来的混合战争理论"格拉西莫夫主义",以及 2014 年及以后干预乌克兰的计划。简言之,这是俄罗斯的一种激进的平衡做法。据说早在 2007 年俄罗斯就可能是攻击爱沙尼亚的网络背后的"罪魁祸首",为了迫使格鲁吉亚和吉尔吉斯斯坦放弃领土挑衅而发动的网络攻击也在计划中。

在金砖国家内部达成的让北约对利比亚发生的一切负责的共识的鼓舞下,普京开始推动将金砖国家转变为地缘政治、安全政策论坛。在 2013 年 3 月金砖国家年度峰会之前,普京签署了关于俄罗斯联邦参与金砖国家协作的正式文件,体现了他对金砖国家机制独特的抱负和热情。但是目前这份文件似乎已不再公开了。在南非德班举行的金砖国家峰会期间,他又宣布了一个愿景,用普京总统的话说,金砖国家应该成为"一个全面的战略合作机制"。这可以说是俄罗斯特定条件下对大国管理的愿景。然而对此倡议,其他金砖国家表现得不温不火,因为它们对金砖合作的优先事项仍然是地缘经济,因此德班峰会的成果是为随后在巴西福塔莱萨举行的金砖国家峰会正式启动的新开发银行做了实际准备。

在这一点上,大家可能已经注意到,俄罗斯内外政策之间存在着奇怪的联系。这一点在 2013 年的金砖国家政策学说中也可见一斑。这一理念将俄罗斯与金砖国家的经济合作转变理解为俄罗斯外交政策的战略、长期方向,有助于增强俄罗斯在世界事务中的地位。为了与普京自上而下的"软实力"方法保持一致,俄罗斯的金砖国家研究学者指出,俄罗斯"以俄语为基础的语言、文化和信息存在"的扩大是其目标。因此,在全球范围内推动俄语事业的鲁斯基和平协会主席成为克里姆林宫金砖国家事务的喉舌,这并非巧合。只是作为次要的优先事项,金砖国家这一概念才突出了地缘经济方面的关切,如刺激俄罗斯出口、投资合作和追求共同的贸易利益。同样在 2013 年,俄罗斯发布了一项外交政策宣示,强调"软实力"实际上意味着"软平衡",是俄罗斯关注的重要问题,同时也是对金砖国家合作的新的地缘政治强调。

它在 2016 年被一个彻底的鹰派外交政策概念所取代,该概念为俄罗斯保留了以不对称方式回应美国施压措施的权利。俄罗斯专家科卢雅如瓦(Khlopyanova)将 2013 年外交政策概念中的金砖国家论述与 2016 年文件中的类似措辞进行比较,得出结论认为克里姆林宫下调了金砖国家合作的评级。事实上,《俄罗斯国家安全战略报告,2015 年》和《俄罗斯经济安全战略报告,2017 年》只是象征性地提到金砖国家。在 2013 年的欢欣鼓舞和现在的降温之间,俄罗斯在乌克兰和叙利亚诉诸武力是"硬平衡"的一个高潮,使克里姆林宫恢复了对美国的关注。

五、基于"大国管理"视角,对俄罗斯、金砖国家与世界秩序的思考

诚然,笔者的分析偏向于研究俄罗斯金砖政策的所谓"攻击性"。人们关注俄罗斯从普里马科夫的"软平衡"滑向"硬平衡"和修正主义。实际上,这种平衡既威胁着世界秩序,也威胁着金砖国家之间的凝聚力。正如笔者关于权力交接理论的研究所指出的那样,俄罗斯的军事干涉主义可能与俄罗斯的衰落以及毗邻"崛起的亚洲"的地理位置密切相关。然而这种解读并不令人欣慰,因为克里姆林宫的政策打破了其他金砖国家在赫德利·布尔理论中所理解的"大国管理"的本能。有鉴于此,前文引用各种论断并没有过时。

应该说,俄罗斯作为金砖国家合作的先驱国和地缘政治的推动者,就宏观战略而言,克里姆林宫的首要任务是政权安全和同美国的战略平衡,同时将重点放在欧洲。在一种相互矛盾的方式中,俄罗斯依然将金砖合作置于相对优先地位。俄罗斯的战略理论和相关文件都表明,莫斯科是一个强调多任务、重视论坛的参与者,其对金砖国家的重视程度类似于其对联合国安理会的重视程度。

围绕2016年印度《果阿峰会宣言》可以看出,金砖国家在互联网、信息和网络领域的合作达到了一定高度,这一趋势与中国通过其"福州倡议(2017)"所宣传的议程形成呼应。尽管如此,中国在应对气候变化的斗争中也展示了大国责任和世界秩序管理的能力,应将这一问题作为金砖国家的共同事业推进。换言之,尽管俄罗斯一直在利用其封闭的权力交接窗口将金砖国家的合作拉向地缘政治的古老方向,但

中国可能会保证未来纠正这一路线，以造福更全面的气候变化与地缘经济。

参考文献

Abdenur, Adriana Erthal (2016) "Rising Powers and International Security: The BRICS and the Syrian Conflict." *Rising Powers Quarterly*, 1(1): 109–133.

Aneja, Atul (2017) "BRICS Must Write the Rules of a New Wave of Globalisation: Fuzhou Initiative." *The Hindu*, June 16. Available at www.thehindu.com/news/international/brics-must-write-the-rules-of-a-new-wave-of-globalisation-fuzhou-initiative/article19086713.ece.

Armijo, Leslie E., and Cynthia Roberts (2014) "The Emerging Powers and Global Governance: Why the BRICS Matter." In Robert Looney (ed.) *Handbook of Emerging Economies*, New York: Routledge.

Atarodi, Alexander (2008) *Det kaukasiska lackmustestet: konsekvenser och lärdomar av det rysk-georgiska kriget i augusti 2008*. Försvarsanalys. Totalförsvarets forskningsinstitut. Book available as E-book (editor: Robert L. Larsson). Stockholm: FOI.

BBC (2018) "Russia's Putin Unveils 'Invincible' Nuclear Weapons." March 1. Available at www.bbc.com/news/world-europe-43239331.

Bryanski, Gleb (2011) "Putin: Libya Coalition Has No Right to Kill Gaddafi." *Reuters*, April 26. Available at www.reuters.com/article/us-russia-putin-libya/putin-libya-coalition-has-no-right-to-kill-gaddafi-idUSTRE73P4L920110426.

Bull, Hedley (1977) *The Anarchical Society: A Study of Order in World Politics*. London: Macmillan.

Buzan, Barry, and George Lawson (2014) "Capitalism and the Emergent World Order." *International Affairs*, 90(1): 71–91.

Chan, Steve (2008) *China, the U.S. and the Power Transition Theory: A Critique*. London: Routledge.

Charbonneau, Louis (2011) "U.N. Chief Defends NATO from Critics of Libya War." *Reuters*, December 14. Available at www.reuters.com/article/us-libya-nato-un-idUSTRE7BD20C20111214.

Clunan, Anne L. (2018) "Russia and the Liberal World Order." *Ethics and International Affairs*, 32(1): 45–59.

Cooper, Julian (2006) "Can Russia Compete in the Global Economy?" *Eurasian Geography and Economics*, 47(4): 407–425.

de Coning, Cedric, Thomas Mandrup, and Liselotte Odgaard (eds.) (2014) *The BRICS and Coexistence: An Alternative Vision of World Order*. Abingdon: Routledge.

Domingo, Francis C. (2016) "China's Engagement in Cyber Space." *Journal of Asian Security and International Affairs*, 3(2): 245–259.

rity and International Affairs, 3(2): 245–259.

Dossier (2017) "Uchastie Rossii v BRIKS. Dosye." Russian Ministry of Foreign Affairs. Available at https://brics.mid.ru/rossia-v-briks.

Economic Security Strategy (2017) *Ukaz Prezidenta Rossiiskoi Federatsii O Strategii ekonomicheskoi bezopasnosti Rossiiskoi Federatsii na period do 2030 goda.* Moskva, Kreml' 13 maya 2017 goda.

Fuzhou Initiative (2017) "15-Point Document." Available at http://ris.org.in/fidc/sites/default/files/Fushou_Initiative.pdf.

Gel'man, Vladimir (2016) "The Politics of Fear: How Russia's Rulers Counter Their Rivals." *Russian Politics*, 1(1): 27–45.

Herd, Graeme (In Press) "Characterizing President Putin's Operational Code." In Roger E. Kanet (ed.) *Routledge Handbook of Russian Security.* Abingdon: Routledge.

Hurel, Louise Marie, and Mauricio Santoro (2018) "Brazil, China and Internet Governance: Mapping Divergence and Convergence." *Journal of China and International Relations*, 6(1): 98–115.

ITAR-TASS (2013) "Interview to the ITAR-TASS news agency." March 22. Available at, http://en.kremlin.ru/events/president/news/17723.

Khlopyanova, Ol'ga (2016) "Sravnenie Kontseptsii vneshniei politiki Rossiiskoi Federatsii 2013 I 2016. Ekspertnye Otsenki." *Vneshpolitekspert*, December 22.

Knudsen, Tonny Brems (2014) "Danish Contributions in Syria and Mali: Active Internationalism in a Changing World Order." In Nanna Hvidt and Hans Mouritzen (eds.) *Danish Foreign Policy Yearbook 2014.* Copenhagen: Danish Institute for International Studies.

Kommersant (2016) "BRICS Becomes Excessively Multipolar, Losing Weight." October 14, reprinted by *Johnson's Russia List.*

Kontseptsia (2016) *Kontseptsia vneshnei politiki Rossiiskoi Federatsii* (utverzhdena Prezidentom Rossiiskoi Federatsii V.V. Putinim 30 noyabria 2016 g). Available at http://publi cation.pravo.gov.ru/document/view/0001201612010045?index=1&rangeSize=1.

Lee, Stacia (2016) "International Reactions to U.S. Cybersecurity Policy: The BRICS Undersea Cable." *The Henry M. Jackson School of International Studies*, January 8. Available at https://jsis.washington.edu/news/reactions-u-s-cybersecurity-policy-bric-undersea-cable/.

Leite, Alexandre Cesar Cunha, and Li Xing (2018) "Introduction: China and Brazil at BRICS: Same Bed, Different Dreams?" *Journal of China and International Relations*, 6(1): i–vii.

Levy, Jack S. (1987) "Declining Power and the Preventive Motivation for War." *World Politics*, 40(1): 82–107.

Liik, Kadri (2017) "What Does Russia Want? Commentary." *European Council on Foreign Relations*, May 26. Available at www.ecfr.eu/article/commentary_what_does_russia_want_7297.

Lo, Bobo (2016) "The Illusions of Convergence: Russia, China, and the BRICS." *Russia. Nei.Visions No. 92*, March, 27 pp., Russia/NIS Center at IFRI, Paris.

Lukin, Artyom (2015) "Mackinder Revisited: Will China Establish Eurasian Empire 3.0?" *The Diplomat*, February 7. Available at https://thediplomat.com/2015/02/mackinder-revisited-will-china-establish-eurasian-empire-3-0/.

Lukyanov, Fyodor (ed.) (2015) "War and Peace in the 21st Century: International Stability and Balance of a New Type." *Valdai Discussion Club Report*. Available at http://valdaiclub.com/files/9635/.

Luttwak, Edward N. (1990) "From Geopolitics to Geo-Economics." *The National Interest*, 20: 17–23.

Mead, Walter Russell (2014) "The Return of Geopolitics: The Revenge of the Revisionist Powers." *Foreign Affairs*, May–June: 69–79.

Meduza (2017) "Russia's Security Council Tells the Government to Develop a Separate Internet for the BRICS." November 28. Available at https://meduza.io, reprinted by *Jonhson's Russia List*.

The Moscow Times (2013) "Putin BRICS Preamble Speaks of Greater Geopolitical Role." March 24. Available at https://themoscowtimes.com/articles/putin-brics-preamble-speaks-of-greater-geopolitical-role-22613.

National Security Strategy (2015) *Russian National Security Strategy*, December 31: Full-Text Translation. Available at www.ieee.es/Galerias/fichero/OtrasPublicaciones/Internacional/2016/Russian-National-Security-Strategy-31Dec2015.pdf.

Nikonov, Vyacheslav (2013) "BRICS: Analyzing the Security Dilemma." *BRICS Information Centre, University of Toronto*. Available at http://brics.utoronto.ca/newsdesk/durban/nikonov.html.

Oleson, Peter C. (ed.) (2016) *AFIO's Guide to the Study of Intelligence*. Falls Church, VA: Association of Former Intelligence Officials.

Ozores, Pedro (2015) "Russia Pushes for BRICS Undersea Cable." *BNAmericas*, October 27. Available at http://www.bnamericas.com/en/news/privatization/russia-pushes-for-brics-underseas-cable.

Pant, Harsh V. (2013) "The BRICS Fallacy." *The Washington Quarterly*, 36(3): 91–105.

Pape, Robert A. (2005) "Soft Balancing against the United States." *International Security*, 30(1): 7–45.

Patrushev, Nikolay (2018) "Russia Needs More Offensive Foreign Policy to Counter US: Security Council Chief." April 28. Available at www.rt.com as reprinted by *Johnson's Russia List*.

Pedersen, Jørgen Dige (2018) *Personal Interview*. Unpublished internal document.

Putin, Vladimir Vladimirovich (2007) "Putin's Prepared Remarks at 43rd Munich Conference on Security Policy." *Washington Post*, February 12. Available at www.washingtonpost.com/wp-dyn/content/article/2007/02/12/AR2007021200555.html??noredirect=on.

Putin, Vladimir Vladimirovich (2012) "Rossia i menyaushchiysya mir." *Moskovskie Novosti*, 27 fevralya.

Putin, Vladimir Vladimirovich (2017) "Vladimir Putin's News Conference Following BRICS Summit." September 5. Available at http://en.kremlin.ru/events/president/news/55535.

Rasmussen, Sune Engel (2017) "Russia Accused of Supplying Taliban as Power Shifts Create Strange Bedfellows." *The Guardian*, October 22. Available at www.theguardian.com/world/2017/oct/22/russia-supplying-taliban-afghanistan.

Reuters (2017) "Russia Ready to Rebuild Security Ties with U.S. under Trump: Putin Ally." January 16. Available at www.reuters.com/article/us-usa-trump-russia-security-idUSKBN1501F3.

Rowlatt, Justin (2018) "Russia 'Arming the Taliban', Says US." *BBC News*. March 23. Available at www.bbc.com/news/world-asia-43500299.

Russia beyond the Headlines (2014) "BRICS Oppose Idea of Unipolar World: Russian MP." March 29. Available at www.rbth.com/world/2014/03/29/brics_oppose_idea_of_unipolar_world_russian_mp_34119.

Salzman, Rachel (2015) "From Bridge to Bulwark: The Evolution of BRICS in Russian Grand Strategy." *Comillas Journal of International Relations*, (3). Available at https://doaj.org/article/c2b4d0095a73434281bfe5043a283b56.

Salzman, Rachel (2017) "Russian and Indian Approaches to BRICS and Global Governance." Wilson Center, March 17. Available at www.kennan-russiafile.org/2017/03/17/russian-and-indian-approaches-to-brics-and-global-governance/.

Saran, Shyam (2016) "Summit over Substance." *The Hindu*, September 17. Available at www.thehindu.com/opinion/lead/Summit-over-substance/article14983858.ece#!.

Schelin, Pavel (2016) "Russian National Security Strategy: Regime Security and Elite's Struggle for 'Great Power' Status." *Slovo*, 28(2): 85–105.

Shaku, Kanat (2017) "China Rising: Beijing Stirs Up Russia's Backyard." *bne IntelliNews*, July 11. Available at www.intellinews.com/china-rising-beijing-stirs-up-russia-s-backyard-125123/.

Simha, Rakesh Krishnan (2015) "Primakov: The Man Who Created Multipolarity." *Russia beyond the Headlines/Rossiiskaya Gazeta*, June 25. Available at www.rbth.com/blogs/2015/06/27/primakov_the_man_who_created_multipolarity_43919.

Singh, Jaswant (2014) "Silence of the BRICS." August 29, Prothom Alo/ Project Syndicate reprinted by NKI BRIKS Rossia. Available at http://nkibrics.ru/posts/show/54008920627269179907000.

Skak, Mette (1996) *From Empire to Anarchy: Postcommunist Foreign Policy and International Relations*. London: Hurst & Co.

Skak, Mette (ed.) (2010) *Fremtidens stormagter. BRIK'erne i det globale spil. Brasilien, Rusland, Indien og Kina*. Aarhus: Aarhus Universitetsforlag.

Skak, Mette (2011) "The BRIC Powers as Soft Balancers: Brazil, Russia, India and China." Paper for the 11th annual Aleksanteri Conference "the Dragon and the Bear: Strategic Choices of Russia and China". Available at the homepage of *BRICS Information Centre, University of Toronto*.

Skak, Mette (2013) "The BRICS and Denmark: Economics and High Politics." In Nanna Hvidt and Hans Mouritzen (eds.) *Danish Foreign Policy Yearbook 2013*. Copenhagen: DIIS.

Skak, Mette (2016) "Russian Strategic Culture: The Role of Today's Chekisty." *Contempo-*

rary Politics, 22(3): 324–341.

Stent, Angela (2016) "Putin's Power Play in Syria." *Foreign Affairs*, 95(1): 106–113.

Stratfor (2017) "For China, BRICS Is a Means to an End." *Reflections*. Available at https://worldview.stratfor.com/article/china-brics-means-end.

Sutela, Pekka (2014) "Russia Shouldn't Expect a Prosperous Future." *Russia in Global Affairs*, September 16. Available at http://eng.globalaffairs.ru/book/Russia-Shouldnt-Expect-a-Prosperous-Future-16970.

Utverzhdena kontseptsiya uchastiya Rossii v BRIKS (2013) *International Centre for Trade and Sustainable Development*, March 21. Available at www.ictsd.org/bridges-news/мосты/news/утверждена-концепция-участия-россии-в-брикс.

Vanin, Mikhail (2014) "Rusland er overhovedet ikke isoleret." *Berlingske Tidende*, interview with the Russian Ambassador to Denmark, November 18. Available at www.b.dk/nationalt/rusland-er-overhovedet-ikke-isoleret.

Watson, Adam (1992) *The Evolution of International Society: A Comparative Historical Analysis*. London and New York: Routledge.

Wigell, Mikael, and Antto Vihma (2016) "Geopolitics versus Geoeconomics: The Case of Russia's Geostrategy and Its Effects on the EU." *International Affairs*, 92(3): 605–627.

Windrem, Robert (2016) "Timeline: Ten Years Russian Cyber Attacks on Other Nations." *NBC News*, December 18. Available at www.nbcnews.com/storyline/hacking-in-america/timeline-ten-years-russian-cyber-attacks-other-nations-n697111.

Yost, David S. (2015) "The Budapest Memorandum and the Russia's Intervention in Ukraine." *International Affairs*, 91(3): 505–538.

第十章　印度能否圆金砖国家之梦

　　金砖国家集团曾多次被宣布消亡，由于其异质性，该集团从一开始就受到了质疑。本章将概述印度加入金砖国家集团的动机和利益，从而有助于澄清金砖五国能否以及为什么能够长期存在下去。本章将回答以下问题：印度为什么是金砖国家集团的成员、它在金砖国家集团中扮演了什么角色、它从其成员身份中获得了什么，以及它对该集团的兴趣是否会持续下去。

　　理所当然的是，印度加入金砖国家集团有着复杂的动机：政治和战略、经济以及意识形态动机混合在一起，形成了一个相对连贯的战略，与印度过去在后殖民时代的政策有着明显的连续性。因此，印度是一个很好的例子，说明了经济、政治和其他动机如何共同形成一个外交政策战略。

　　本章共分为五个部分。第一部分回顾了近年来对印度崛起的一些主要解读。第二部分介绍了印度外交政策的历史背景。第三部分描述了影响印度外交政策产生决定性转折的国际环境的因素：冷战结束和经济全球化的加剧。第四部分论述了金砖国家概念的产生及其转化为现实现象的过程。第五部分从政治经济学的角度描述了印度与金砖国家的关系。第六部分对本章进行了总结。

21世纪初，印度参与了两套三边关系的建立：一套是与"三驾马车"，另一套是与"印巴南对话论坛"。本章的主要论点是，对印度而言，金砖国家合作机制代表着这些三边安排已经存在的两种截然不同的愿景的融合：促进全球安全事务多极化的"三驾马车"联盟议程和发展经济问题南南合作的"印巴南对话论坛"议程。这两个议程都是由印度的历史、其全球野心和政治战略位置，以及印度作为一个贫穷的发展中国家在寻求经济进步和大国地位方面需要朋友和盟友的需求而形成的。然而值得注意的是，在这其中纯粹基于经济利益的动机只起到了很小的作用。

从理论上讲，印度的这两项议程一方面代表了现实主义概念下全球体系中主要国家之间的力量平衡，另一方面也代表了在核心-边缘理论的启发下，对贫困国家利益的关注。这两种理论传统都是理解印度加入金砖国家所必需的。

一、近些年来对印度崛起的解读

今天，许多观察家将印度视为世界事务中一个正在崛起的大国，不管其政治色彩如何，印度自己的政治领导层一直热衷于接受这一形象。印度的崛起主要归因于两个不同的事件或趋势。根据一种解释，印度的崛起主要取决于决定公开发展核武器,1998 年 5 月的一系列核试验表明了这一点,这标志着印度希望成为国际上公认的核武装大国的雄心,当然也表明了,印度确实拥有军事能力,能够在世界政治中扮演新的更重要的角色。这是早期有影响力的印度外交学者提出的观点。他们认为印度已经"没有退路了"或在"寻求大国地位"方面取得了决定性进展。

印度被视为一个新兴大国的另一种解释和关键论据是其经济发展,这种发展在 21 世纪变得更加明显。当时印度经济突然开始以接近9%的速度增长,这与当时大多数经济评论员的预期相反,从 2003 年开始,这种经济"梦幻之旅"持续了五六年,直到 2008 年国际金融危机席卷全球。即使在危机爆发后,印度的经济增长虽开始下降,但印度经济的增长率却仍在继续飙升,与中国等其他新兴大国的增长率相似,甚至高于这些国家的增长率,且远远高于危机缠身的西方世界的增长率。最近的学术著作倾向于将印度视为一个新兴市场,而不是一个强大的核军事大国。一项主要关注传统安全政策问题的研究甚至将印度经济称为"全球电话卡"(指印度是全球电话外包服务的中心)。

印度作为一个新兴大国的新地位的来源,主要理解为其经济进步和不断增长的军事能力的结合,后者起着次要但仍然重要的作用;它在核和导弹技术、海军力量等方面的进步在这其中也很重要。因此,印度的进步是一个真正的政治经济结合现象,应该用政治经济学的术语来理解。

二、印度的传统外交政策

印度的开国元勋们对印度未来的最初设想是建立一个自由的国

家。摆脱英国殖民统治是印度国大党的首要目标。首先要成为一个自由的国家,然后才能在经济上取得进步。只有在第一个目标实现之后,印度外交政策的决定性人物、印度第一任总理尼赫鲁才开始认真考虑国家的未来。尼赫鲁在努力解读印度辉煌的过去时,很少考虑新印度在独立后将在更广阔的世界中扮演什么样的角色。然而在与亚洲其他伟大的文明国家,比如中国的许多比较中,我们可以看到一种坚定观点的萌芽,即印度理应扮演与中国相似的角色。早在 20 世纪 20 年代, 争取印度独立的政治运动——印度国民大会就开始制定外交政策的雏形, 其主要内容与后来被称为不结盟政策的政策相一致,这是捍卫其国家利益的最佳方式。在这个阶段,印度希望成为自由国家世界的一部分,它想在当时世界事务中扮演一个重要的角色。在正式独立前不久,尼赫鲁在一次对外广播中概述了印度未来外交政策的关键要素:

> 我们建议,尽可能地远离集团的强权政治,彼此结盟……我们认为,和平与自由是不可分割的,在任何地方剥夺自由必将危及其他地方的自由,并导致冲突和战争。我们对殖民地、附属国和人民的解放特别感兴趣……我们不谋求对别国的统治,也不主张凌驾于别国人民之上的特权地位。(《未来正在形成》,1946 年 9 月 7 日,尼赫鲁新德里广播)

尼赫鲁在 1947 年独立之初发表了著名的独立演讲, 他还谈到了"印度对未来的梦想",以及印度在"世界上找到自己应有的位置"。虽然印度的外交政策中没有明确规定这一目标,但印度成为大国的长期愿望毋庸置疑。

印度独立后,东西方的分裂使得这个新生国家很难实现自己的目标。在其外交政策中,印度试图通过与许多其他新独立的发展中国家一起奉行不结盟的官方政策来应对局势。实现经济发展的目标是实行自力更生政策,这实际上意味着印度要与冷战分裂双方同时进行贸易,在国家规划和外国竞争者较量中尽可能支持印度本土企业家的一贯政策。不结盟和寻求经济自力更生自然不会取悦美国,因为这些做法经常与美国政府的利益和美国公司的利益相冲突。因此,美国经常站在印度的地区竞争对手巴基斯坦一边。但随着时间的推移,印度和美国确实建立了相当牢固的经济联系,而印度在经济和政治独立的目标上没有做出太多妥协。毕竟,现代重商主义的政治经济战略对美国来说并不陌生,因为美国在经济上采用了类似的战略。

三、冷战后的印度外交政策

时间快进到苏联解体和冷战结束。随着这些事件引发全球秩序的巨大变化,印度发现自己陷入了困境。恰逢经济危机,这是一个对国家经济战略和外交政策进行根本性反思的时期。印度试图尽可能多地维护旧秩序,同时在新形势下朝着大国地位迈进。这将是一个不断试错的过程。

在经济领域,经济全球化的加剧是促使印度政府从 1991 年开始变革的动力之一,它的经济战略从早期的国家指导和保护性战略转向了开放和更加市场化的战略,同时又不牺牲自力更生和促进印度拥有和管理自己私营公司的目标。印度最终也不得不接受新的世界贸易组织制定的全球贸易新的国际规则。这种对全球经济更加开放的新政策为印度公司提供了新的机会,印度公司在与国际公司建立合作关系的同时,在印度境内的业务中越来越多地开始投资,最重要的是通过各种形式的技术合作。在外交政策取向方面,印度尝试了不同的选择。印度在总体上坚持战略自主的基本原则和"与所有人为友,与任何人结盟"的政策。印度确实与美国建立了更密切的关系,同时在亚洲地区试图通过新的"向东看"政策与东南亚国家联盟建立更紧密的关系。

1997 年,印度外交政策界的一大批人研究了印度在新的世界秩序和下个世纪的外交政策方面可供选择的办法。回顾过去,值得我们注意的是,他们在评估新形势下印度外交政策面临的挑战和机遇时发现,没有一位与会者预见到印度会使用"公开宣布自己拥有核武器"的选项。然而这正是新当选的印度人民党政府在 1998 年 5 月上台后不久所做的决定。这是一个"开弓没有回头箭"的决定,只能被解释为印度"为了得到国际社会对其大国地位的承认"而做出的有力举措。

核试验立即引起了国际社会的强烈反应,特别是西方国家和日本的反应。从官方谴责到经济制裁,不一而足。然而俄罗斯的反应是不同的。1998 年印度核试验后不久,时任俄罗斯总理叶夫根尼·普里马科夫访问印度时,没有谴责印度,而是提出了在俄罗斯、印度和中国之间形成"战略三角"的想法。尽管印度对促进国际事务多极化的想法持积极态度,但其回应却犹豫不决。然而几年后的 2002 年,风险投资委员会开始定期举行会议,通常是外交部部长级会议。这已成为三大国互动的一个常规特征,并被普遍解释为试图制衡美国在国际事务中的主导地位。此外,主要是在战略领域,长期以来,印度一直在寻求成为 1996 年成立的上海合作组织的成员国,该组织是俄罗斯、中国和中亚共和国之间的一种准军事联盟。2015 年,印度和巴基斯坦在十年观察员任期后被接纳为正式成员。

作为一个重要的发展中国家,印度也一直在努力扩大和加强其国际关系。2003 年,印度与巴西和南非共同创建了所谓的"印巴南对话论坛",以便在各种国际论坛,特别是世贸组织和该论坛的贸易谈判中,更密切地协调发展中国家的政策。自那时以来,"印巴南对话论坛"一直是三国最高政治级别定期会晤的论坛,总的目标是促进更密切的南南关系。

因此,在世纪之交,印度在战略合作和推动多极化以及与其他大国和重要国家的经济合作和发展方面,同时忙于调整外交政策的两个方向。

四、加入金砖国家

正是在印度寻求新的联盟和伙伴的背景下,金砖国家集团的"天才想法"应运而生。2001 年美国高盛集团的一份研究报告首次设想了这一点,后来又更详细地阐述了这一观点。其基本思想是,四个新兴大国(巴西、俄罗斯、印度和中国)在经济上的地位将与西方六大经济体同等重要,甚至可能更重要(或至少更大)。这个想法在印度引起了极大的兴趣。最初,金砖四国的首字母缩写词主要是在金融界广为人知的,但决策者和广大公众很快就意识到了这个新的首字母缩写词及其对印度的影响。俄罗斯在 2006 年和 2009 年开始的年度国家元首峰会上介绍了金砖四国从金融界的投资理念向定期举行政治会议的具体国家集团的转变的想法。对印度来说,金砖四国代表着其早先分别试图加入"三驾马车"和"印巴南对话论坛"国家的多边努力的一种。当然,从 2011 年开始,这一点尤为明显,当时南非应邀加入金砖国家集团,成为金砖国家集团成员。支持多极化、支持发展中国家反对西方在国际机构(主要是世界银行和国际货币基金组织)中的垄断地位,这些都是印度传统外交政策的内容。它们先在金砖国家集团中找到了新的明确的表达方式。一位前外交部部长在最近的一本书中直言:"印度在其他大国的支持下,帮助形成多极秩序,这符合印度的最大利益。它应该毫不犹豫地推动和参与反补贴联盟,以约束任何雄心勃勃的霸主,即使它扩大了自己的经济和军事能力。"

因此,从印度的角度来看,金砖国家集团应主要被视为一个旨在向主导布雷顿森林体系的主要西方国家施加压力的集团。金砖国家首脑 2009 年在俄罗斯叶卡捷琳堡举行的首次会议上发表的联合声明,主要关注国际经济形势(金融危机)和国际金融体系(即布雷顿森林体系)进行治理改革的必要性。这些机构需要改革其治理结构,以便更好地反映世界经济的变化(金砖国家的崛起)。声明还支持发展中国家的要求,并呼吁"建立一个更加民主和多极的世界秩序"。这些论点与高盛集团关于这些新兴经济大国的报告所做的分析密切相关。然而随后的峰会大大拓宽了议程,将南非纳入该集团表明,它与人们认为该集团只是新兴经济体联盟的看法背道而驰。从印度的角度来看,最受欢迎的是纳入一个传统上与印度关系密切的非洲国家。自那以来,有几个迹象表明,南非加入金砖国家集团,使得"印巴南对话论坛"几乎成为多余的。因此,自 2011 年以来,"印巴南对话论坛"没有举行任何首脑会议;印度本应邀请成员国参加下一次会议并主办这次会议,但尚未这样做;然而该小组的活动仍在继续,尽管级别较低。

这里的关键论点是,加入金砖国家集团其他成员国的战略与印度传统和新兴的外交政策完全一致。此外,金砖国家的其他成员也与美国有着密切的关系。然而对印度来说,既与美国交好,又有选择地反对美国,以尽可能多地保留自己的战略自主权,这是完全有意义的。

自金砖国家集团成立以来,印度对该集团的活动投入了越来越多的精力。印度外交部年度报告中使用"金砖国家"这一缩写词的频率表明了印度对金砖国家合作的高度重视(见图10.1)。随着频率的增加,直到2012年左右,印度首次主办金砖国家年度峰会,频率平稳了一段时间,然后在2016—2017年达到顶峰。这是印度(2016年)第二次主办

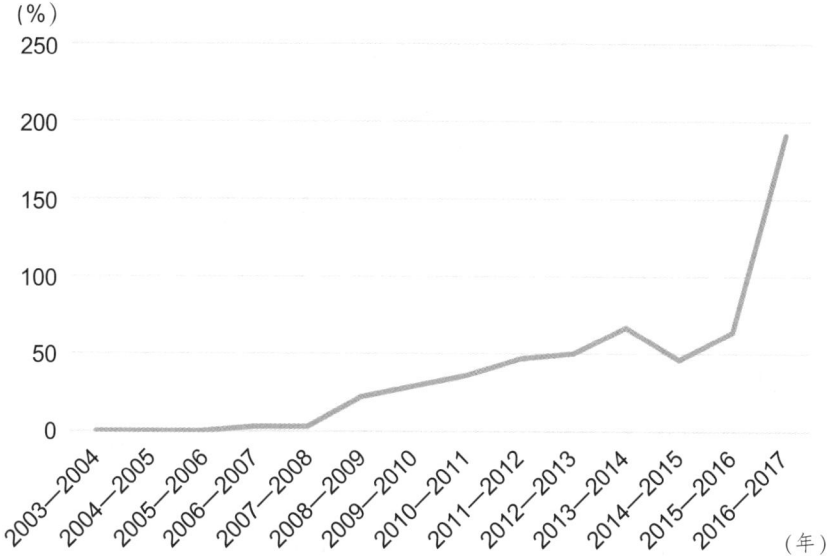

图 10.1 印度多边环境协定年度报告中使用金砖四国术语的频率

金砖国家峰会,这次是在印度西海岸的果阿邦。印度还努力扩大金砖国家成员国之间的合作范围,以期收获五国通过广泛的社会和经济活动合作可能获得的一些潜在利益。适合合作的问题和机构包括国家开发银行、能源和农业问题、学术研究、教育、环境问题、电信和大量其他问题。

印度对这些合作形式的兴趣在 2012 年由印度政府主办、在新德里举行的第四次首脑会议上得到了体现。由于金砖国家是在没有独立秘书处的情况下组织起来的,峰会声明的发起和协调工作就落在东道国政府的肩上,东道国的利益很可能体现在声明的内容和措辞上。在金砖国家首脑会议历史上,2012 年《新德里宣言》首次附有单独的行动计划。这两份文件使五国之间的合作达到了一个新的、更高的活动水平。

国际机构的早期问题,即全球金融和贸易与发展问题,已扩大到首脑会议议程,其中包括农业、教育、安全、统计和卫生等问题。如今,峰会宣言还例行公事地对当前全球政治中广泛的问题发表评论。我们只需提及国际海盗、逃税、药物管制、恐怖主义甚至利用外层空间等问题。此外,与非洲和中东正在发生的国际冲突、移徙问题以及目前国际议程上的所有问题有关的更有争议的问题也经常被提及,甚至连有关乌克兰危机的外交措辞也包括在内。

该集团的外交部部长还定期在联合国会议(联大)、世界银行/国际货币基金组织会议、七国集团/二十国集团会议和其他国际活动的框架内举行会议。印度也是最近在金砖五国框架下建立新的国际机构的积极推动者,例如金融安全网、危机时使用的新开发银行和应急储备安排。后两者分别在以前由布雷顿森林体系、国际货币基金组织和世界银行主导的领域运作。在印度的建议下,金砖国家目前正考虑建立自己的信用评级机构,因为他们对现在的信用评级不满,而金砖国家成员国的信用评级受到西方主流机构(惠誉、穆迪、标准普尔)的偏见的左右。

在金砖集团工作的十多年里,出现了许多讨论、争端和利益冲突,其中一些涉及印度。尤其值得一提的是,怀疑者总是提到印度和中国之间的麻烦关系,认为这是该组织不稳定的根源。自1962年战争以来,中印两国一直是传统的对手。中国的规模,特别是国内生产总值超过金砖其他国家的总和。

印度在2012年金砖国家德里峰会上提出建立一家单独的银行,为新兴国家和发展中国家的项目提供贷款的想法。金砖国家新开发银行于2015年根据一份复杂的协议开始运营。协议条款在2014年巴西福塔莱萨峰会上最终确定。中国拥有更多的经济资源,这意味着在建立应急储备安排时,中国将贡献更多的资源,从而在安排的运作中拥有更多的发言权。然而就金砖国家新开发银行而言,情况有所不同。金砖国家的所有成员国都将提供同等数额的财政资源——500亿美元的股本,因此它们在金砖国家中的代表权和投票权将是平等的。此外,虽然新成员可以稍后接纳,但创始成员将始终拥有至少55%的总投票权。富国最多可以获得20%的投票权。对于该行最有可能的客户(他们很可能包括印度、巴西和南非等成员国)来说,在该行的经营中拥有重要的发言权,并平衡着中国巨大的经济实力,这一点很重要。有迹象表明,中国对另一家投资银行感兴趣,其规模远大于金砖国家运营的新开发银行。中国随后成立的亚投行可能被视为规模有限的金砖国家新开发银行的升级版。然而作为新开发银行背后的驱动力——印度,也对亚投行做出了相当大的贡献。但出于政治原因,印度没有参与另一项与中国基础设施相关的大型建设——"一带一路"建设。在这方面,印度和巴基斯坦(中国的盟友)之间的传统战略竞争显然是一个障碍,因为一些项目位于印度也声称拥有主权的巴基斯坦地区。金砖国家新开发银行的总部设在上海,而该银行的首任行长来自印度,这证实了印度对该机构的运作有着浓厚的兴趣。

虽然金砖国家建立新开发银行和应急储备安排可以被看作它们在改革现有布雷顿森林体系的治理结构方面缺乏成功经验的结果,但它们对国际经济机构改革的要求并没有被完全忽视。中国和印度在国际货币基金组织和世界银行的(小)投票权份额都有所增加。然而他们未能成功地改变非正式规范,即国际货币基金组织总裁应为欧洲人,世界银行行长应为美国公民。不过,世界银行在其他方面为这两个金砖国家提供了便利。世行备受瞩目的首席经济学家一直是一位西方经济学家,但最近这一点发生了微妙的变化,以使中国和印度这两个金砖国家的经济学家能够填补这一职位。

世界银行第一位非西方国家首席经济学家是中国经济学家林毅夫,他曾在 2008—2012 年任职,他的继任者是印度经济学家考西克·巴苏(Kaushik Basu),他曾在 2012—2016 年任职。此外,2013 年以来世界贸易组织总干事是巴西人罗伯托·阿泽维多,这可能反映了金砖国家在这个更加民主、相对较新的机构的治理方面已经拥有重要发言权的事实。虽然上述个人都没有义务代表其原籍国,但它们意味着主要国际机构发生了微小但具有象征意义的重要变化。伴随着这些人事变动,世界银行和国际货币基金组织的贷款做法和其他政策可能会出现一些温和的变化,这也迎合了金砖国家成员国提出的一些批评。特别是与以前相比,贷款政策变得对发展中国家的客户更友好,原先苛刻的"标准化程度"更低。

总而言之,印度加入金砖国家联盟具有明确的政治和战略利益目标。印度从中受益,并通过尽可能塑造国际经济机构,组建新的替代机构,从总体上确保自己在各种国际政治和经济问题的全球磋商中发挥作用,努力促进自己的利益。

五、从政治经济学的角度看印度加入金砖国家机制

印度的另一个独立且相关的动机是,所有金砖国家在促进相互经贸关系方面的潜在利益,以及在一些不同社会领域的合作和相互启发。正如印度所看到的那样,这种合作的理由恰恰是试图利用相关国家的不同发展水平和不同经验。从 2009 年开始,相互合作就成为金砖峰会宣言的一部分,这在 2012 年发布的德里行动计划中表现得更加具体。虽然这种合作可能通常是礼仪性的和象征性的,但这种形式的合作已经极大地扩大了。2017 年厦门峰会的宣言列出了 40 个不同的经济合作要素、20 种类型的"人文"交流,以及一系列新的计划倡议,涉及五国部长、专家和高级官员的会议。

就贸易和投资领域的实际商业互动而言,金砖国家集团的成功要少得多。金砖国家内部的贸易有所增加,印度与其他金砖国家的贸易也有所增加,但印度在这一贸易中也出现了大量且不断增长的逆差,这主要是因为它们与中国的贸易逆差。自 2011—2012 年以来,由

于巴西、俄罗斯和南非的经济放缓,印度与金砖国家之间的贸易一直停滞不前。虽然这五个国家的经济结构在很大程度上是有互补性的,它们的贸易模式也反映了这一点,但预期的相互贸易增长(这也是人们所希望的)尚未达到令人满意的程度。从图 10.2 和图 10.3 的数据可以清楚地看出,中国作为贸易国的实力在金砖国家之间的贸易中是显而易见的。印度通过增加与巴西和南非的贸易受益匪浅,但 2014 年后两国经济严重下滑,使印度出口大幅减少。鉴于两国有着密切的商业关系,印度与俄罗斯的贸易规模过去和现在都很小,这是值得注意的。不过,印度从俄罗斯大量进口军事装备的数据并未包括在内。

(单位:万美元)

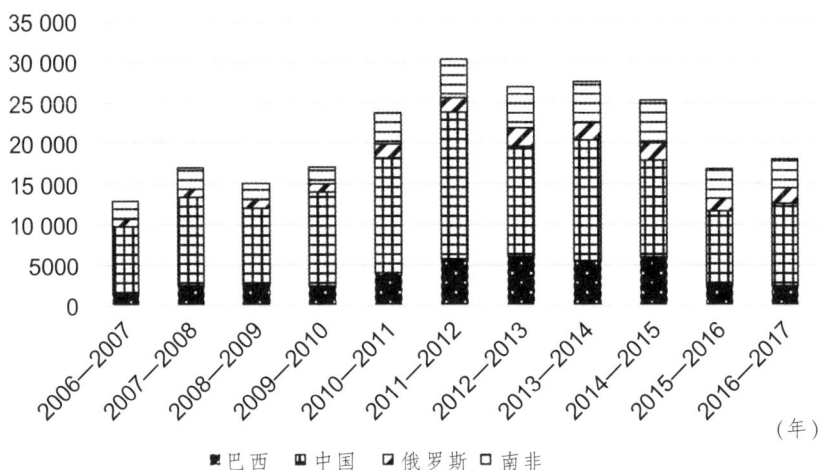

资料来源:印度商务部进出口数据库,http://commerce.nic.in/eidb/default.asp。

图 10.2　印度对金砖国家的出口量

216

（单位：万美元）

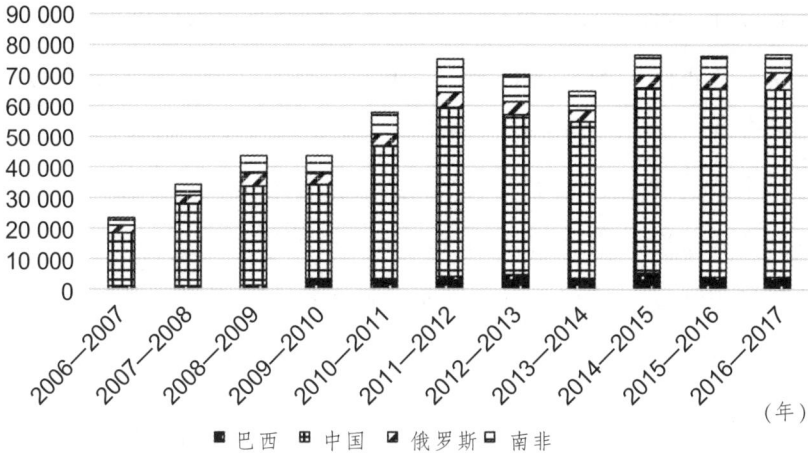

资料来源：印度商务部进出口数据库，http://commerce.nic.in/eidb/default.asp。

图 10.3　印度从金砖国家的进口量

　　就印度的国际贸易而言，它们与金砖四国的贸易一直难以跟上。和印度与世界其他国家的贸易相比，除了从中国进口商品外，印度与俄罗斯、巴西和南非的贸易（包括出口和进口）并没有显著增加。他们对金砖四国的出口实际上已经从印度出口总额的 10% 下降为不到7%。进口总额的比重从 12% 左右上升到近 20%，但这仅仅是因为从中国进口量的巨大增长。来自其他金砖国家的总进口份额仅从 3% 左右增加到略高于 4%。

　　除了贸易之外，两国之间的其他经济联系也越来越重要。来自私营和国有企业的外国直接投资的重要性有所增加，但增长的规模很难评估。从其他金砖国家获得流入印度的外国直接投资的可靠数据是不可能的，获得印度企业在其他金砖国家投资的准确数据也同样困难。根据有关投资流动的官方数据，金砖国家既不是股权投资的供应国，也不是印度海外投资的东道国,它们没有扮演任何重要角色。自2000年以来,金砖四国向印度提供的外国直接投资加起来不到1%,印度对其他四个金砖国家的年度投资很少超过总流出的2%。在印度内外的所有投资中,约有一半是通过"国际避税天堂"(毛里求斯、新加坡、英属维尔京群岛等)进行的,然而人们对它们的来源地或最终目的地知之甚少。从印度驻南非大使馆和高级专员那里获得的零星信息表明,越来越多的印度公司在市场上变得活跃起来。

众所周知,信息技术产业、制药和运输行业的许多印度公司活跃在巴西、中国和南非,而石油和天然气行业的大型国有企业主导着印度对俄罗斯的投资。毫无疑问,活跃在巴西、南非和俄罗斯的印度公司比活跃在印度的巴西、南非和俄罗斯公司要多,同时在中国的印度公司可能也比在印度的中国公司多。不过,在印度运营的中国公司规模要大得多。

总的来说,印度与其他金砖国家相互投资关系的发展,可能在一定程度上得益于金砖国家集团的创立和发展。实事求是地说,由于印度经济和商业活动日益全球化,大多数贸易和投资关系都可能得到发展。越来越多的投资联系自然意味着,印度与其他金砖国家建立和培养良好关系的纯粹经济利益正在缓慢扩大。这一直是印度试图扩大金砖国家内部合作范围的一个推动因素,但这些合作仍然主要是潜在的经济利益,而不是实际和直接的物质利益。长期以来,金砖国家项目的批评者一直将矛头指向有关国家经济结构和发展水平的差距,认为这是不利于金砖国家合作的一个因素。也有人指出,对于所有成员国来说,它们与美国和西方世界其他国家在经济方面的关系仍然比它们的相互联系重要得多。

六、结论

印度一直是金砖国家集团的核心成员。这个国家一方面在欧亚大陆大国俄罗斯和中国之间,另一方面在发展中国家联盟的传统成员巴西和南非之间,形成了一座桥梁。对印度本身来说,金砖国家集团的建立和巩固及其许多活动是寻求促进多极化、为其在世界上的经济和政治发展争取最佳环境的长期政策的自然延续。迄今为止,金砖国家集团的出现在两个方面都是印度的梦想。这是一个梦想,因为它出乎意料地为印度创造了更好的条件,使其继续其已经存在的政策,这些政策曾因苏联解体而受挫,并因经济全球化的到来而受到动摇。然而提升到大国地位的梦想——这对印度来说仍然是一个需要长期努力的愿望。金砖国家帮助印度成为公认的世界政治潜在大国和潜在的经济发达国家,但印度在政治和经济上距离实现这些目标还有很长的距离。这也意味着,印度还远远没有达到其开国元勋设想的在世界上的"应有地位"。

金砖国家集团能否长期存在当然是个未知数,许多障碍和事件仍可能破坏金砖国家集团的一致性。对印度来说,这个组织仍然有用,印度无疑将努力维护金砖国家的团结和进步,同时对中国的崛起和主导地位感到担忧。

按照国际关系理论的现实主义传统,金砖国家可能被理解为一种对抗西方主导地位的力量平衡装置,从而强调多极化。然而这种现实主义的观点应该与一种理论观点结合起来,这种理论观点侧重于核心-边缘的关系,金砖国家是一个代表边缘、反对核心霸权的组织。金砖国家是这种独特组合的体现,在金砖国家内部,印度是这种组合的完美范例。因此,印度仍将是该集团不可或缺的核心。

参考文献

Bardhan, Pranab (2010) *Awakening Giants, Feet of Clay: Assessing the Economic Rise of China and India*. New Delhi: Oxford University Press.

Basrur, Rajesh (2017) "Modi's Foreign Policy Fundamentals: A Trajectory Unchanged." *International Affairs*, 93(1): 7–26.

Chang, Ha-Joon (2002) *Kicking Away the Ladder: Development Strategy in Historical Perspective*. London: Anthem Press.

Cohen, Stephen (2002) *India: Emerging Power*. New Delhi: Oxford University Press.

Export-Import Bank of India (EXIM Bank) (2014) "Outward Direct Investment from India: Trends, Objectives and Policy Perspectives." *Occasional Paper No. 165,* Mumbai.

Export-Import Bank of India (EXIM Bank) (2016) "Intra-BRICS Trade: An Indian Perspective." *Working Paper No. 56,* Mumbai.

Goldman Sachs (2001) "Building Better Global Economic BRICs," by Jim O'Neill. *Global Economics Paper No. 66,* London.

Goldman Sachs (2003) "Dreaming with BRICs: The Path to 2050," by Dominic Wilson and Roopa Purushothaman. *Global Economics Paper No. 99,* London.

Güven, Ali Burak (2017) "Defending Supremacy: How the IMF and the World Bank Navigate the Challenges of Rising Powers." *International Affairs*, 93(5): 1149–1166.

Malone, David M. (2011) *Does the Elephant Dance? Contemporary Indian Foreign Policy*. New Delhi: Oxford University Press.

Mansingh, Lalit et al. (eds.) (1997) *Indian Foreign Policy: Agenda for the 21st Century*. Vol. 1. New Delhi: Foreign Service Institute (in collaboration with Konark Publishers).

Ministry of External Affairs (MEA) (various years) *Annual Report*. New Delhi.

Mohan, C. Raja (2003) *Crossing the Rubicon: The Shaping of India's New Foreign Policy*. New Delhi: Penguin.

Nagaraj, Rayaprolu (2013) "India's Dream Run, 2003–08: Understanding the Boom and Its Aftermath." *Economic and Political Weekly*, 48(20): 39–51.

Nayar, Baldev Raj, and Thazha Varkey Paul (2003) *India in the World Order: Searching for Major-Power Status*. Cambridge: Cambridge University Press.

Nehru, Jawarharlal (1961) *India's Foreign Policy: Selected Speeches, September 1946–April 1961*. New Delhi: Government of India, The Publications Division.

Nehru, Jawaharlal (1982) *The Discovery of India*. New Delhi: Oxford University Press. (First edition 1946).

Pant, Harsh V. (2004) "The Moscow-Beijing-Delhi 'Strategic Triangle': An Idea Whose

Time May Never Come." *Security Dialogue*, 35(3): 311–328.

Pant, Harsh V. (2006) "Feasibility of the Russia-China-India 'Strategic Triangle': Assessment of Theoretical and Empirical Issues." *International Studies*, 43(1): 51–72.

Pant, Harsh V. (2013) "The BRICS Fallacy." *The Washington Quarterly*, 36(3): 91–105.

Pedersen, Jørgen Dige (2008) *Globalization, Development and the State: The Performance of India and Brazil since 1990*. London: Palgrave.

Pradhan, Jaya Prakash (2017) "Indian Outward FDI: A Review of Recent Developments." *Transnational Corporations*, 24(2): 43–70.

Saran, Shyam (2017) *How India Sees the Wold: From Kautiliya to the 21st Century*. New Delhi: Juggernaut.

Sharma, Ruchir (2012) "Broken BRICs: Why the Rest Stopped Rising." *Foreign Affairs*, 91(2): 2–7.

Sinha, Dilip (2015) "India, BRICS and the World Economy." *Indian Foreign Affairs Journal*, 10(2): 160–173.

Stephen, Matthew D. (2012) "Rising Regional Powers and International Institutions: The Foreign Policy Orientations of India, Brazil and South Africa." *Global Society*, 26(3): 289–309.

Stuenkel, Oliver (2013) "The Financial Crisis, Contested Legitimacy, and the Genesis of Intra-BRICS Cooperation." *Global Governance*, 19(4): 611–630.

221

第十一章　非洲崛起与金砖国家

一、导言

人们注意到,非洲崛起现象是全球南部地区逐渐崛起的重要组成部分和核心表现。然而南非在这一崛起中的地位却常常被忽视或淡化。本章将讨论"非洲崛起"作为更广泛的"南方崛起"叙事中一个重要线索的细微差别和时空假设。本章还将展示这些表现形式之间的微妙变化和交集,因为不同的资本集团在非洲空间内有丰富的起伏变化。当这些新兴资本集团对非洲大陆产生兴趣,然后将其空间定位集中在非洲大陆上时,这些微妙的变化将被揭示出来。

因非法和合法的资本外流,以及通过剥夺资产以加速资本积累的负面影响,非洲崛起需要更多的关注。现在大多数评论家和分析师一致认为,"非洲崛起"需要全面关注,而不是去关注中国不断增长的商品需求。

可以说,尽管有非洲试图通过南非参与金砖国家来获益的说法,但非洲肯定没有从金砖国家增长周期中获得足够的关注。我们也应当看到,在传统西方国家对全球南方的"更广泛关注"中对非洲崛起的负面影响。传统西方国家在刺激其他边缘国家,并在资本主义制度范围内向全球南方国家提供援助方面所发挥的作用也十分有限。这与全球资本更加关注南方国家的战略转移是一致的。正是资本本身的时空冲动,进一步激发了"非洲崛起"和金砖国家发展的动力,它们旨在从这些资本转移冲动中获取最大价值。

那么应如何解释这些增长周期 ——创造全新的增长地域,以及融合成这些时空现象的资本集团呢?

二、全球资本的"空间固定":金砖国家是否为地缘政治的"上帝把戏"

有人说资本主义的核心是一种"欺骗感"。为了揭露这些诡计,"政府—商业—媒体综合体"揭露了嵌入全球资本主义体系内的秘密行为的运作方式。其关键是利用人类对地理位置的希望和恐惧来欺骗。非洲是资本主义的最后疆界之一,为了实现对非洲的最佳开发,"政府—商业—媒体综合体"兜售了"非洲崛起"的叙事。更广泛地说,是通过渲染所谓的"全球南方"崛起而实现的。以西方利益集团为主体构建的整体地缘政治脚本是"左倾"或"右转",以支撑资本积累过程,并在原本困难的时期产生扩大的资本积累回合,同时考虑到金融帝国主义的普遍地缘"偏好"。

因此,本章所述的是,在 20 世纪 90 年代后期,随着上一轮因全球衰退而停止的大规模资本积累,全球资本集团将非洲作为未来开发和持续增长的空间。同时,还阐述了"政府—商业—媒体综合体"向非洲和全球南方的转变策略。在全球经济衰退期间,随着传统极点增长放缓和限制收紧,全球资本向南方国家的移动越来越重要。不幸的是,这一轮资本积累周期被"出售"给了非洲和南方,作为它们未来发展的机会。事实上,这仍然是一种将增长转包到其他"两极"的方法,而西方国家则借机重新站稳了脚跟。金砖国家现在也正经历与之类似的情况。

实际上,本章将把金砖国家的概念描述为地缘政治的一种空间技巧,或者更准确地说,是地缘政治学家和金融资本使用的时空转换,它同时是"宽宏大量"和帝国主义的。这种论述类似于"美国世纪"的长篇大论,进而转变为在较小的规模上一个"非洲世纪"的叙事(见下文),这意味着全球南方的时代已经到来。虽然这些无定形的、强化的空间标记看起来很宽宏大量,但它们通常被资本始祖用作话语表示,以进一步扩大资本空间积累的轮次。他们的目的是掩盖资本帝国的野心。

这些循环将通过讨论"政府—商业—媒体综合体"作为一种积累系统如何寻求加速和促进全球资本积累的增加,以及系统中的机制如何同步运作,以创造一个围绕资本积累建立的自我延续机器。其开头将讨论什么可以广泛地称为"复杂理论"以作为国际政治经济的研究方法,它由各种资本主义集团、部门和行为者通过一个权力网络矩阵来激活。

三、"政府—商业—媒体综合体"显而易见

"政府—商业—媒体综合体"实际上是一个由政府、企业和媒体等部门的精英组成的网络,他们在一个固定的空间内相互支持、合作,以达到资本积累的目的。这些积累模式使统治阶级的利益永存,通过"基础设施"和"情感"劳动来实现这一点。基础设施劳动用于固定特定空间内的事务性安排,而情感劳动用于支持目标空间内的积累实践。

基础设施劳动依赖于合同安排,使交易正式化——主要是通过建设有形基础设施、金融安排和贸易协定,不考虑与知识产权相关的诉讼威胁。情感劳动是通过文化帝国主义或文化霸权实践的过程来进行。一般来说,媒体组件不仅指传统媒体(包括国有或商业化的印刷、广播和其他数字媒体),也包括智库、商业研究、学术界、政府合作平台(如峰会)、外事部门,甚至企业社会责任等。

"政府—商业—媒体综合体"概念有两种启发式应用:结构分析和描述性分析。结构分析更适用于部门或系统性分析积累过程,特别是在全球和区域层面操作上;而描述性分析更专注于一个集团或集团之间的交互情况。因此,人们可以说,各国都有自己独特的或占主导地位的"政府—商业—媒体综合体",例如印度、俄罗斯和南非。这种相互竞争但又相互关联的积累系统观点,也与沃勒斯坦的世界体系理论相呼应。世界体系理论试图解释民族国家在全球资本主义体系内处于不同的位置,更重要的是,该体系还在历史上嵌入了一系列周期性规律。紧随其后的是新的全球大国的兴衰和新的世界秩序的形成,而且尤其是各自独特的控制和治理模式。

本章将"政府—商业—媒体综合体"运用到结构分析中,重点关注政府、企业、媒体的领导者和部门之间的系统性互动,以及全球资本积累带来的"大图景"的介入,还有它们的介入如何代表或体现跨国资产阶级利益。这可从 20 世纪 70 年代新自由主义的转变中获得的阶级权力恢复中得到灵感,并与西方经济的命运紧密相连。资本主义对获取新的领土和资产无休止的追求,实际上是这些空间扩张积累的核心,它们像一股不可阻挡的离心力在空间和时间上旋转。

四、全球南部地区的崛起及其对非洲的关注

柏林墙倒塌后,新自由主义在全球占主导地位,同时"政府—商业—媒体综合体"专注于市场渗透和西方支持的新自由主义在全世界广泛传播。在 20 世纪末和 21 世纪初,特别是在中等强国和老牌帝国之间,这种传播被证明是特别成功的,因为迄今被排除在外的地理区域被公开纳入了西方主导的积累体系。由于西方接连发生危机,特别是全球金融危机,这些新兴资本中心开始变得日益重要,并成为在困难时期保持增长的一股力量。面对已定型的全球两极增长放缓和全面衰退的前景,则需要找到新的积累空间。新兴市场,特别是非洲,将自己视为吸收这种过剩资本的"固定空间"。特别是非洲为新兴市场国家提供了廉价资源的机会,从而产生了一种通常被称为"非洲新争夺"的现象。这进一步标志着区域地缘政治的回归,赋予地方区域大国促进各自区域内主要积累体系利益的作用。通过对"非洲崛起"和"全球南方崛起"的广泛宣传,以及西方支持的银行和咨询机构的"努力",新兴市场国家,一度将注意力集中在各自的"非洲空间修复"中。

虽然按照全球标准,南非是一个小角色,但它对非洲大陆的影响在 20 世纪 90 年代初和 21 世纪的前十年是显著的。1990—2000 年期间,南非是非洲最大的投资国,其每年在非洲大陆的外国直接投资中平均投资额为 11.4 亿美元。我们不应低估 20 世纪末南非在开放和利用非洲大陆中渗透全球资本的作用。南非通过兜售自己的理想地域,同时寻求促进"政府—商业—媒体综合体"的利益来实现这一点。简言之,在后种族隔离时代,南非企业和政府向非洲扩张的"南非叙事"被过度关注,通过"政府—商业—媒体综合体"框架更轻易地捕捉到国家、企业和媒体元素都参与了南非对非洲"空间修复"的"书写"。

虽然这不是本章研究的重点,但通过对南非在该区域的"政府—商业—媒体综合体"进行简要的描述性分析,可以看出该综合体在空间和时间上的一般逻辑。南非在该地区的主导地位也为其在全球辐射自己的实力奠定了基础。南非的超大型国企(如埃斯科姆公司和跨国电信公司)在种族隔离后向非洲地区的迅速发展,促使其他公司进入该区域。南非的矿业公司、零售商、电信公司和食品店很快在赞比亚和坦桑尼亚等地占据主导地位,甚至出现在了尼日利亚北部。这些企业得到了该地区政府政策的支持(至少是默许),偶尔出现的国家和资本之间的脱节也会给南非政府带来麻烦。南非银行(特别是斯坦比克银行)在这些空间内为公私伙伴关系和私人企业提供资金。南非的政策导向智囊团和商业环境研究智库进一步支持了这一点,并与整个区域的大学、研究所和科研中心建立了紧密的联系。在人类科学研究理事会主导了多年的"非洲的南非"项目和商业地图公司制图项目的合作推动下,商业媒体进一步推动了政策研究。

在新自由主义全球化时代,南非电信巨头——纳斯珀斯(Naspers)

和移动通讯网(MTN)对数字媒体和互联网的强烈关注进一步推动了这一进程的发展。它们为全球资本主义扩张提供了连通性,同时也履行了合作伙伴角色。"多选择公司"——纳斯珀斯的子公司,通过其付费电视服务业务使数字卫星电视(DSTV)和南非广播公司(SABC)进入这些领土。南非广播公司已经创建了一个专门介绍非洲大陆的频道,目标是塑造一个积极的国际形象。

作为一个大陆和区域大国,南非推动了三项关键举措以促进非洲大陆的资本积累:"非洲复兴""非洲发展新伙伴关系"和更广泛的"多边帝国主义"。所有这些渠道都为南非提供了强有力的支持,从而使非洲在全球政治经济中开放的途径进一步增加。姆贝基总统本人在这些行动中发挥着领导作用,为非洲的发展制定宏伟的远景,并在振奋人心的演讲中详细阐述了这些计划。他还担任过地区和国际组织的主席。姆贝基经常被称为"外交政策总统",他同时也是21世纪早期最杰出的非洲领导人之一。

"非洲复兴"运动于1998年启动。这实际上是非洲经济和社会复兴的愿景。"非洲复兴"为南非的资本积累提供了动力和思想力量。"非洲复兴"是"政府—商业—媒体综合体"情结的完美"陪衬",因为它减轻了人们对南非霸权以及更广泛地暗示西方霸权的担忧。姆贝基总统主持了一次关于"非洲复兴"的会议,并就这一理念出版了一本书。姆贝基在会议的开幕式上说:"这是一种伟大的灵感,看到我们的大陆的知识分子在一起严肃地进行讨论,这加强了非洲的复兴运动的动力。"

2001年,姆贝基在桑顿参加非洲中央银行行长协会会议时指出:"非洲地平线上出现了新的曙光……它预示着非洲的重生,非洲能够而且必须重生。"复兴的非洲不仅可与非洲历史上古老宏伟的马里帝国对比，还可与历史上无与伦比的人类发展时代——14世纪意大利的文艺复兴相比。2001年在马里举行的国宴上，姆贝基评论说："在世界大部分地区仍然处于黑暗和落后的时代……廷巴克图的杰出成就深深鼓舞了我们。"为了恢复廷巴克图的古代卷轴，南非开启了一个"复兴"项目。南非议会举办的展览是为了展示早期的非洲制图，同时还设立了一个主席团，重点关注非洲复兴和非洲发展新伙伴关系。姆贝基因此被视为"非洲复兴"的化身——他受过教育，能够成为一个全球政治家。然而尽管他对建立一个"更加美好的大陆"非常自信，但其本质是试图掩盖"帝国野心"。正如哈维所言："南非的这一做法，同欧洲老牌帝国转向种族主义来弥合民族主义和帝国主义之间的紧张关系时的做法一样，同当时的美国试图以抽象的普遍主义来掩盖帝国野心一样。"南非试图通过一个抽象的"非洲复兴"概念来实现这一点，而这一概念既是互利的又是帝国主义的。"政府—商业—媒体综合体"试图通过一个超越国家边界的、抽象的"新非洲"概念来弥合区域抵抗与帝国主义之间的紧张关系。它与南非的"非洲复兴"没有什么不同，"其结果是在一种皇权的表达中完全否定了领土和空间的重要性"。

南非非洲人国民大会和企业精英成员通过1996年创建的新自由主义宏观经济项目和2001年创建的"非洲发展新伙伴关系"，为资本积累奠定了制度环境。"非洲发展新伙伴关系"是2002年重新成立的"非洲联盟"所正式采用的发展政策，由姆贝基担任主席。"政府—商业—媒体综合体"希望实现的大部分目标是通过"非洲发展新伙伴关系"实现的。支持"非洲发展新伙伴关系"的口号是："非洲需要决定自己的命运！"它标志着与占主导地位的非洲国际关系框架的明显背离。在 20 世纪最后十年，国际货币基金组织的结构调整方案是"非洲建议"的主要议题，这起到了维持和促使帝国主义大国关系"正常化"的作用。"非洲发展新伙伴关系"的文件中写道："我们将决定我们自己的命运，并呼吁世界其他国家配合我们所努力的方向。"

姆贝基在题为"'非洲发展新伙伴关系'是非洲对全球化的反应"的每周在线信中写道："'非洲发展新伙伴关系'力求为非洲各国政府创造条件，帮助它们接受西方结构调整方案以获得外国资金，从而避免其国家和社会崩溃等情况的发生。"在演讲中，"非洲世纪"的概念往往与"非洲发展新伙伴关系"联系在一起，其效果是引起人们对"非洲崛起"的必然性的关注。2001 年，姆贝基在国民议会和全国省议会关于"非洲发展新伙伴关系"的联席会议上发言时评论道："到世纪末，历史学家把目光投向'非洲世纪'（21 世纪）时，他们会看到什么？"

哈维还提出了与"美帝国主义"类似的论述。1941 年，亨利·卢斯在美国《生活》杂志的一篇封面社论中发表了一篇具有影响力的文章，题为"美国世纪"。哈维则写道："卢斯，一个孤立主义者，认为历史赋予了美国全球领导地位，而美国必须积极拥抱这个角色。其被赋予的权力是全球性的，而不是领土特有的，所以卢斯宁愿谈论'美国世纪'，而不是美国本身。"姆贝基还对"非洲世纪"的"自然"历史进程评论道："南非在 20 世纪最后十年实现了民主，这正是非洲大陆在下个世纪进行复兴所需要的动力，我们应采取类似的战略。""非洲发展新伙伴关系"还包括加强善政的措施，如非洲同行审查机制主要是作为吸引国际捐助资金的先决条件。此外，姆贝基还成立了"非洲发展新伙伴关系"投资委员会。

推行一个有利于南非在大陆贸易和工业中占主导地位的新自由主义宏观经济政策主张,在南部非洲共同体共同市场的发展中得到了进一步补充。这是通过"区域指示性战略发展计划"来表达的。"区域指示性战略发展计划"是一项为期15年的计划,分三个阶段实施:2008年先建立自由贸易区,2010年建立关税同盟,到2015年逐步实现南部非洲发展共同体共同市场的目标。但这一计划涉及的三个目标均尚未获得成功,但很可能在近期得以实现。南部非洲发展共同体共同市场尝试推动更大规模的经济"一体化"运动,是"政府—商业—媒体综合体"扩大和巩固其区域"空间定位""非洲发展新伙伴关系"尝试的一部分。根据南部非洲发展共同休执行秘书普雷加·拉姆萨米博士的说法:"'非洲发展新伙伴关系'计划被视为一个可信的、相关的大陆框架,而'区域指示性战略发展计划'则被视为南部非洲发展共同体实现其中所包含的理想的区域表达和工具。"南部非洲发展共同体共同市场巩固资本积累的节奏,也因中等强国与老牌大国之间的竞争而加速。

与新自由主义宏观经济计划密切相关的是更为广泛的 "多边帝国主义"。其中一个关键的特点是南非主导将"非洲统一组织"重组为"非洲联盟"。南非成功地建立了一个"复合体"——将南部非洲发展共同体、"非洲联盟"、不结盟运动和联合国联系在一起。2002年,在南非德班体育场举行的"非洲联盟"重组开幕峰会上,姆贝基作为主席说:"通过组建'非洲联盟',我们大陆的人民已经明确表示,非洲必须团结起来!""多边帝国主义"与"政府—商业—媒体综合体"通过巩固其对非洲"固定空间"的影响力来积累资本的野心密切相关。在这里,

"非洲联盟"建立的各种机构,如"泛非议会"等,对"政府—商业—媒体综合体"发挥其影响力具有战略重要性。南非旨在通过"泛非议会"进一步表明了其在非洲的领导作用。作为这一多边主义项目中的一部分,南非政府还在整个非洲维持和平发展方面起了带头作用。南非还利用它在反对种族隔离斗争中获得的地位,作为全球事务的调解人积极参加首脑会议外交,于2000年主办"反对种族主义、仇外心理和其他不容忍问题世界会议",并于2002年主办世界可持续发展问题峰会。南非还寻求举办大型国际体育赛事,作为进一步巩固"政府—商业—媒体综合体"利益的一项重要战略。

南非的非洲领导计划与更广泛的全球南方领导计划完美契合。"多边帝国主义"的内在思想是将南非确立为非洲最重要的强国。姆贝基于2003年建立的"印巴南对话论坛",以及南非于2010年加入金砖国家,都标志着这些愿望的实现。伴随着南非跨国公司向非洲以外的新兴市场扩张,其业务扩张也随之扩大。

然而在全球金融危机期间,南非成功的故事开始出现问题。这是因为经济增长放缓,以及南非"非洲主义"努力的主要设计师姆贝基总统被迫下台,转而由支持更加关注国内、奉行民粹主义的雅各布·祖马上台执政。因此,"非洲崛起"的叙事经历了一个时空转变,从早期以南非为主体,转向了更广泛的非洲其他地区。为了稍微强调一下这个问题,钟摆已经从"南非崛起"转向了"非洲崛起"。尽管非洲国家的基数特别低,但事实证明,有些非洲国家的国内生产总值增长率超过了6%;与发展水平相似的亚洲国家相比,在某些情况下经济增长率甚至超过了它们。这种叙述在《经济学人》2011年的一篇标志性文章中得到了象征性的体现,文章以这一现象为题。麦肯锡在2010年发表了一份名为《行动中的狮子》的研究报告,通过将非洲国家与著名的"亚洲四小龙"进行比较,进一步证实了非洲正处于优势地位的观点。这只是众多探索非洲市场增长潜力的系列报告和出版物之一。

然而没有多少分析家成功地将这种叙事与更大范围内崛起的全球南方叙事及其最突出的代表——金砖国家紧密联系在一起。有人认为,这些全球资本的时空交错是紧密联系的,应该被视为同一枚硬币上的两面。基于全球南方至少20年的增量增长,"新兴市场"的概念在2001年"金砖国家"概念的创立中达到顶峰,随后被高盛的研究部门在一系列全球投资研究报告中推广。尽管这只是将一种日益增长的趋势正式化,吉姆·奥尼尔和他的团队写下了许多人一直在想的事情——但就连南方的人也没来得及写出来。在金融帝国主义时代,典型的全球南方解放集团的概念是基于"新兴市场"的概念而来的,这或许不足为奇。赛达维(Sidaway)对这一概念解释为:"自从新兴市场这个术语流行起来,繁荣和萧条的周期导致了它所标记的国家范围被修改了。地理学家已经记录了这种变化,包括引人入胜的地理'想象'涉及'新兴市场'作为一个类别的建设和维护,以及基金经理、经纪人和分析师所扮演的角色。"

"新兴市场"的概念最初是由世界银行的一个实体在20世纪80年代后期提出的,目的是给那些更容易被称为"第三世界"的地区的股权投资贴上标签。受到有关其"崛起"信号鼓舞的地区,全球南部国家、企业和媒体精英热衷于巩固其市场的乐观情绪。随后,2005年成立了金砖国家,其目的正是要做到这一点:将这些非西方国家的金融潜力与其总体经济数据和人口规模的硬实力融合在一起。

金砖国家的故事众所周知,并带着一种历史正义感展开——被认为是对老牌帝国伟大历史的颠覆。向更广泛的全球南方和非洲转移的理由得到了西方咨询机构和智库的大力支持,因为它抓住了企业和商业媒体的想象力。当时一位英国《金融时报》资本市场栏目的编辑做了如下描述:在过去的十年里,"金砖国家"已经成为一个几乎无处不在的金融名词,塑造了一代投资者、金融家和政策制定者对新兴市场的看法,国际金融机构基本都持有金砖国家的基金,商学院也推出金砖国家相关研究课程。

鉴于投资者渴望在股市中寻找替代途径的情绪,新兴市场的概念在获得了一定程度的信任后促使类似术语的涌现。如 MIST(墨西哥、印度尼西亚、韩国和土耳其)、MINT(墨西哥、印度尼西亚、尼日利亚、土耳其)、BASIC(巴西、南非、印度和中国)、CIVETS(哥伦比亚、印度尼西亚、越南、埃及、土耳其、南非)和新钻十一国(Next-11 或 N-11,即巴基斯坦、埃及、印度尼西亚、伊朗、韩国、菲律宾、墨西哥、孟加拉国、尼日利亚、土耳其、越南)。这是金砖国家报告中提到的其他主要新兴市场的各种合作形式。投资者、分析师和学者们显然被这些想法所打动,他们试图用自己的创造力巧妙地指出了这些全球增长的新地域,并说明这些新兴大国在全球地缘政治中的重要性日益增强。

与此同时,金砖国家也在全球南部欠发达地区培育了基础设施建设劳动力。最重要的是这些劳动力在非洲地区留下印记,因为这些国家指望从非洲获得用于燃料和制造业的原材料。这有力地支持了南南合作的开展,并补充了这些领域内基础设施和有效劳动之间的互动关系。中非合作论坛成功后,"一带一路"建设兴起,中国的"政府—商业—媒体综合体"将外交和财政资源集中在了东非。随着东非地区地缘战略重要性的增强,中国对"非洲联盟"和联合国维和行动的贡献也在增加。一般来说,"非洲崛起"这一比喻似乎与该地区的崛起密切相关,这在很大程度上要归功于中国,比如卢旺达这种经济基础较弱的国家其经济增长率经常超过7%;埃塞俄比亚人口众多、普遍贫困,因此对接受中国直接投资和基础设施建设的愿意接受度较高。

其他金砖国家也在一定程度上开始模仿中国,例如通过峰会,印度成功地将南南合作的言论与其在非洲的商业利益融合在一起,从而使其资本积累稳步增长,而不被其他国家(包括邻国)所注意。凭借语言和文化优势,巴西政府和企业精英在葡语非洲国家有效地利用官方捐赠援助,并通过大型公司获得矿藏开采权。俄罗斯对一些非洲国家的精英很有吸引力,特别是那些寻求武器装备的群体。

自2005年以来,金砖国家每年都要轮流举行会议。基于非洲在南方崛起的叙事中地位已经稳固,2010年,金砖国家邀请南非加入,主要是因为他们认为南非代表非洲出席金砖会议,可以获得更大的影响力。鉴于吉姆·奥尼尔对新兴市场参照系的认知,他对南非的加入感到吃惊,显然他的判断是忽视了南非所具有的一些更为明显的地理经济学色彩。

一年一度的金砖国家轮值峰会,进一步加强了金砖国家整体在寻求贸易合作、环境保护等问题上的发言权。现在金砖国家扩大了其成员范围,将最贫困的大陆也包括在内,这似乎可以代表全球南方那些被剥夺者发言且更令人信服。围绕金砖国家商业理事会和金砖国家官方学术论坛等形式,将金砖国家的核心知识分子锁定在金砖国家相关叙事中,为扩大金砖国家影响力开辟更多空间。

对于金砖国家而言,最重要的一项成就是在2014年成立了一家新的开发银行即新开发银行,帮助金砖国家和非洲的基础设施项目融资。这家银行同亚洲基础设施投资银行和丝路基金一起,被认为是对主流"华盛顿共识"的挑战。这种观点遵循的逻辑是,以中国为首的新兴大国联盟(如金砖国家),正试图用中国发展模式或"北京共识"取代西方主导的积累体系,从而调整西方主导的积累体系。

全球范围内建立了一系列研究中心、长期研究项目和以金砖国家研究为重点的研究所,尤其侧重于它们参与非洲事务的研究。金砖相关的"会议行业"进一步激发了对这些地区的兴趣,为全球南方的"非洲崛起"叙事提供了大量传播空间。曾经只关注非洲的会议正在发展成为与非洲新兴大国有关的整个主题。金砖国家在这些问题上建立了自己的研究中心,并在每个国家都有一个具有同等和相应政策重点的国家合作伙伴。这些中心的重点是促进捐助资金在各自政府、大学和智库之间的流动。金砖国家领导人会晤开始得到一系列学术会议和政策会议的支持,旨在进一步阐述他们的联系和倡议,以及他们所接触的各种政治和经济组织的影响。

国际足球协会和国际奥林匹克理事会充分利用了这些新的增长机会。北京在 2008 年举办了夏季奥运会、巴西在 2016 年举办夏季奥运会、俄罗斯在 2014 年举办了冬季奥运会;2010 年的南非、2014 年的巴西和 2018 年的俄罗斯分别举办了世界杯足球赛,这进一步证明了在全球资本积累的中间阶层的财富。南非主办世界杯(此时正值全球经济衰退导致全球经济增长放缓),这进一步凸显了非洲大陆作为另一种投资目的地日益取得成功,同时有效地展示了其在逆风中增长的潜力,对非洲国家是否能主办这样一场活动的怀疑予以正面回击。据《非洲商业》报道,世界杯推动的基础设施改造升级和整个南非及南部非洲的体育场建设，引发了自 20 世纪 70 年代以来非洲大陆最大规模的建筑热潮，大大提高了建筑材料的需求量。

尽管全球经济增长放缓，但许多人认为，南方国家将在这段时期维持经济增长态。他们认为当前南方已经崛起，金砖国家将引领创建一种新的全球秩序。同样是这些评论家、政治家和商界人士，他们暗示，非洲最终将迎来转机，并在全球获得平等地位。非洲现在是世界上经济增长最快的大陆。钟摆已经从西向东，从北向南摆动，一个新的东南方轴心正在升起。

五、"次帝国主义"陷入危机？

21 世纪初，金砖国家在地理空间扩张回合积累上达到顶峰。尽管在过去的 20 年里，这些地区的投资和贸易在稳步增长，但在 21 世纪第二个十年中期，这些以金砖国家为中枢的关系开始瓦解。许多人开始怀疑，美国的"量化宽松政策"（美联储向金融体系释放宽松货币）是否人为地支撑了新兴市场的发展，有关新兴市场与西方竞争的言论是荒唐的，而且可能是极端的。到 2013 年，金砖国家中已经有三个出现在了"脆弱五国"名单上，这是另一个新兴市场概念，用来指那些由于依赖波动的外国投资来推动增长但经济特别脆弱的国家，这从另一个角度佐证了其发展的不稳定性。

金砖国家普遍存在结构性改革不足的情况，为适应全球政治经济的变化，近年来这种局面进一步加剧。2015 年人民币贬值，中国经济的"再平衡"，在世界范围内产生了巨大涟漪。2015 年中国从非洲的进口下降了近 40%，尽管此前中国从非洲的进口额一直在下降。除印度和中国之外的金砖国家都陷入了衰退。

金砖国家对西方主导的普遍积累体系发起持久挑战的可能性，似乎同样由于与一系列陷入停滞的经济体相关联而消失了。尽管中国的增长仍然十分突出，但根据之前的数据来看，这一数字还是下降了。同样陷入困境的，还有人们寄予厚望的以人民币取代美元、成为另一种全球货币的努力。在金砖国家新开发银行毫无讽刺地选择以美元交易后，这一倡议继续沉沦。应急储备安排也是如此，该安排是一个向金砖国家提供应急流动性政策的框架，帮助它们管理短期国际收支问题，但矛盾的是，该安排最终却赋予了国际货币基金组织权力。这是因为如果一个国家想要超过其借款配额的 30%，它将被迫进行结构调整以获得贷款，并使自己受制于获取条件。然而现实地看，即使是这样一个开发银行也需要它的贷款人在财务上谨慎一些，而这些贷款人的不良记录是出了名的。从更广泛的意义上说，在现有模式下，金砖国家新开发银行在其雄心和所需基础设施规模下的生存能力在一定条件下受到冲击。因此，无论是金砖国家新开发银行还是应急储备安排都应适时调整金融政策和管理结构，以应对来自内部和外部的挑战。

中国提出的"一带一路"建设旨在重新配置其积累的部分资本，并调整建筑材料盈余的方向，以促进出口和人民币国际化。这是中国21 世纪初推出的"走出去"政策的延续，旨在增加对外资本投资，扩大中国企业的影响，进一步带动相关地区经济发展。然而一些人可能会辩称，中国可能不得不在非洲"撤出"，而且中国已变得更加厌恶风险，尤其是对向高风险企业是否投入大量资金将更加谨慎。中国在非洲最大的一笔交易——2004 年与安哥拉达成的 20 亿美元的石油贸易与基础设施建设交易并没有完全成功,导致此类措施的流动性面临不确定性。

南非也在几条战线上挣扎,与20世纪90年代末和21世纪前几年努力向发达国家靠拢的意旨相比,南非已经开始从非洲"撤退"。祖马总统的任期标志着一场远离姆贝基时代在非洲宏伟抱负的运动,转而专注于壮大他的政党、家族成员和亲密的商业伙伴关系,尤其是同当下臭名昭著的古普塔家族之间的交往。然而这一关系网的国际影响已经延伸到了南非整个区域内,甚至渗透到刚果民主共和国和中非共和国。在祖马的任期内,南非已经习惯了来自有政治关系的商业精英的"运作模式",比如古普塔家族,他们将资本转移到阿拉伯联合酋长国和印度,以确保安全,并避免被当局发现。2017年南非公共事务研究所发布的《背叛承诺》(The Betrayal of the Promise)报告概述了南非的一些系统性国家腐败案例,但在说明南非"政府—商业—媒体综合体"情结及其跨国性质的、更广泛的系统性机制方面还不够。

许多关于"政府—商业—媒体综合体"预示非洲和"全球南方崛起"的研究有待于进一步深入。麦肯锡在2016年末发布了一份修订后名为《行动中的狮子》的研究报告。报告称,自2010年第一份报告发布以来,经济增长条件已经开始减弱。他们将此归因于"阿拉伯之春"和大宗商品价格下跌等危机的出现。当然,这种暗示有时也与"亚洲四小龙"联系起来,尤其是考虑到加纳和韩国在20世纪50年代的经济发展进程相当,但从那以后就出现了巨大分歧。一个仅为投资目的而构思的概念不会成为非西方国家的救星,这一令人吃惊的认识从一开始就应该引起注意了。

综上所述，尽管初步估计表明金砖国家的经济规模将超过七国集团，而且金砖国家或许能够改变我们所知道的全球化面貌——但这一转变的条件还有待进一步观察。同时，在全球化中嵌入的新自由主义体系能否有效重新界定谈判的程度，这点目前还不大清楚。发展变化的程度在空间和时间上都表现得不平等和不均匀，因此尽管西方的地缘政治和经济力量正在减弱，但其全球影响力还不能忽视，而且仍然普遍存在。鉴于近期的经济衰退，金砖国家的经济增长预期可能需要重新审视，西方全球大国的持久遗产也不可低估。尽管 2008 年的金融危机和随后的全球经济放缓被视为新自由主义和西方主导的资本积累体系衰落的信号，而新兴市场正在崛起。但在当前逆全球化猖獗的大环境下，新兴市场和金砖国家的未来面临严峻挑战。

笔者认为，在非洲和"全球南方"的减轻贫困和发展本国经济方面，金砖国家的作用尚未完全发挥出来。同样，历史表明，南非参与这种积累周期，是国际精英与当地精英接触的产物，以吸引南非进入该地区。如同金砖国家作为新非洲发展的新伙伴关系一样，未来可以说金砖国家机制是这种历史周期的最新版本，而且也许是最有希望的版本。笔者对此充满期待。

参考文献

Ahwireng-Obeng, Fred, and Patrick Jude McGowan (1998a) "Partner or Hegemon? South Africa in Africa." *Journal of Contemporary African Studies*, 16(1): 5–38.
Ahwireng-Obeng, Fred, and Patrick Jude McGowan (1998b) "Partner or Hegemon? South Africa in Africa." *Journal of Contemporary African Studies*, 16(2): 165–195.
Alden, Chris, and Marco Viera (2005) "The New Diplomacy of the South: South Africa,

Brazil, India and Trilateralism." *Third World Quarterly*, 26(7): 1077–1095.

Arkhangelskaya, Alexandra, and Nicole Dodd (2016) "Guns and Poseurs: Russia Returns to Africa." In Justin Van der Merwe, Alexandra Arkhangelskaya and Ian Taylor (eds.) *Emerging Powers in Africa: A New Wave in the Relationship*. London: Palgrave Macmillan.

Bertelsmann-Scott, Talitha, Canelle Friis, and Cyril Prinsloo (2016) *Making Sustainable Development the Key Focus of the BRICS New Development Bank*. Pretoria: South African Institute of International Affairs.

Bond, Patrick (2004) "US Empire and South African Sub-Imperialism." In Leo Panitch and Colin Leys (eds.) *Socialist Register 2005: The Empire Reloaded*. New York: Monthly Review Press.

Bond, Patrick (2014) "BRICS and the Tendency to Sub-Imperialism." *Pambazuka*, April 10, p. 1.

Bond, Patrick (2016) "BRICS Banking and the Debate over Sub-Imperialism." *Third World Quarterly*, 37(4): 611–628.

Bond, Patrick (2017) "'Africa Rising' in Retreat: New Signs of Resistance." *Monthly Review*, September 1, 69(4). Available at https://monthlyreview.org/2017/09/01/africa-rising-in-retreat/.

Carmody, Padraig (2011) *The New Scramble for Africa*. Cambridge: Polity Press.

Chikale, Ellen (2005) "Southern Africa: Can SADC Still Be a Building Block for Regional Integration and Development?" *Times of Zambia*, September 9.

Chipeta, Chinyamata, and Klaus Schade (2007) *Deepening Integration in SADC, Macroeconomic Policies and Social Impact: A Comparative Analysis of 10 Country Studies and Surveys of Business and Non-State Actors*. Gaborone: Friedrich Ebert Foundation.

Cox, Michael (2012) "Power Shifts, Economic Change and the Decline of the West." *International Relations*, 26(4): 369–388.

Daniel, John, Jessica Lutchman, and Alex Comninos (2007) "South Africa in Africa: Trends and Forecasts in a Changing African Political Economy." In S. Buhlungu, J. Daniel, R. Southall, and J. Lutchman (eds.) *State of the Nation: South Africa 2007*. Cape Town: HSRC Press.

Daniel, John, Varusha Naidoo, and Sanusha Naidu (2003) "The South African's Have Arrived: Post-Apartheid Corporate Expansion into Africa." In J. Daniel, A. Habib, and R. Southall (eds.) *State of the Nation: South Africa 2003–2004*. Cape Town: HSRC Press: 368–390.

Economist (2011) "Africa Rising: The Hopeful Continent." *The Economist*, December 3. Available at www.economist.com/leaders/2011/12/03/africa-rising.

Garcia, Ana and Karina Kato (2015) "The Story of the Hunter or the Hunted? Brazil's Role in Angola and Mozambique." In Patrick Bond and Ana Garcia (eds.) *BRICS: An Anti-Capitalist Critique*. Chicago: Haymarket Books: 117–134.

Harvey, David (2005) *The New Imperialism*. Chicago: Chicago University Press.

Harvey, David (2007) *A Brief History of Neoliberalism*. New York: Oxford University Press.

Johnson, Robert Wood (2015) *How Long Will South Africa Survive? The Looming Crisis*.

Johannesburg: Jonathan Ball.

Kiely, Ray (2015) *The BRICs, US 'Decline' and Global Transformations*. London: Palgrave Macmillan.

Kuepper, Justin (2017) "What Are the Fragile Five?" *The Balance*. Available at www.the balance.com/what-are-the-fragile-five-1978880.

Lai, Karen (2006) "'Imagineering' Asian Emerging Markets: Financial Knowledge Networks in the Fund Management Industry." *Geoforum*, 37: 627–642.

Letsididi, Bashi (2008) "World Cup 2010 Proving a Bad Experience for Botswana." *Sunday Standard*, July 22. Available at www.sundaystandard.info/world-cup-2010-proving-bad-experience-botswana.

Mail and Guardian (2016) "Ouch! China's Imports from Africa Shrank nearly 40% in 2015: It Could Get Really Painful for These Countries." *Mail and Guardian*, January 13. Available at http://mgafrica.com/article/2016-01-13-chinas-imports-from-africa-plummet-in-2015-officials.

Mbeki, Thabo (1999) *African Renaissance*. Sandton and Cape Town: Mafube and Tafelberg.

Mbeki, Thabo (2002) *Africa, Define Yourself*. Cape Town and Randburg: Mafube and Tafelberg.

Mbeki, Thabo (2003) *Letters from the President: Articles from the First 100 Editions of ANC Today*. Johannesburg: ANC Communications Unit.

Mckinsey (2010) "Lions on the Move: The Progress and Potential of African Economies." Available at www.mckinsey.com/global-themes/middle-east-and-africa/lions-on-the-move.

McKinsey (2016) "Lions on the Move II: Realizing the Potential of Africa's Economies." Available at www.mckinsey.com/global-themes/middle-east-and-africa/lions-on-the-move-realizing-the-potential-of-africas-economies.

Naidoo, Sharda (2012) "South Africa's Presence 'Drags Down BRICS'." *Mail and Guardian*, March 23. Available at https://mg.co.za/article/2012-03-23-sa-presence-drags-down-brics.

NEPAD (n.d.) *NEPAD Framework Document*. [Online] Available at www.nepad.org/resource/nepad-framework-document.

Public Affairs Research Institute (2017) *Betrayal of the Promise: How South Africa Is Being Stolen*. [Online] Available at http://47zhcvti0ul2ftip9rxo9fj9.wpengine.netdna-cdn.com/wp-content/uploads/2017/05/Betrayal-of-the-Promise-25052017.pdf.

Pieterse, Jan Nederven (2011) "Global Rebalancing: Crisis and the East-South Turn." *Development and Change*, 42(1): 22–48.

Rolland, Nadege (2017) "China's 'Belt and Road Initiative': Underwhelming or Game-Changer?" *The Washington Quarterly*, 40(1): 127–142.

Seifert, Tony (2016) "New Dynamics or Old Patterns? South-South Cooperation between Brazil and Angola." In Justin van der Merwe, Alexandra Arkhangelskaya, and Ian Taylor (eds.) *Emerging Powers in Africa: A New Wave in the Relationship*. London: Palgrave Macmillan.

Shamilov, Murad (2016) "South Korea in Africa: Exporting a an 'Economic Miracle' or 'Imperialist Mimicry'." In Justin van der Merwe, Alexandra Arkhangelskaya and Ian Taylor (eds.) *Emerging Powers in Africa: A New Wave in the Relationship*. London: Palgrave Macmillan.

Sidaway, James Derrick (2012) "Geographies of Development: New Maps, New Visions?" *The Professional Geographer*, 64(1): 49–62.

Sidaway, James Derrick, and Michael Pryke (2000) "The Strange Geographies of 'Emerging Markets'." *Transactions of the Institute of British Geographers*, 25(2): 187–201.

The South African Foundation (2004) *South Africa's Business Presence in Africa*. Johannesburg: The South African Foundation.

Taylor, Ian (2014) *Africa Rising? BRICS-Diversifying Dependency*. Oxford: James Curry.

Taylor, Ian (2017) *Global Governance and Transnationalising Capitalist Hegemony: The Myth of the Emerging Powers*. Abingdon: Routledge.

Taylor, Ian, Justin Van der Merwe, and Nicole Dodd (2016) "Nehru's Neoliberals: Draining or Aiding Africa?" In Justin van der Merwe, Alexandra Arkhangelskaya and Ian Taylor (eds.) *Emerging Powers in Africa: A New Wave in the Relationship*. London: Palgrave Macmillan.

Tett, G. 2010. "The Man Who Named the Future." *The Financial Times*, 16 January (Life and Arts section): 1–2.

Transparency International (2018) *Corruption Perceptions Index 2017*. [Online] Available at www.transparency.org/news/feature/corruption_perceptions_index_2017#table (Accessed April 2, 2018).

Van der Merwe, Justin (2009) "The Road to Africa: South Africa's Hosting of the African World Cup." In Udesh Pillay, Richard Tomlinson, and Orli Bass (eds.) *Development and Dreams: The Urban Legacy of the Football World Cup*. Cape Town: HSRC Press.

Van der Merwe, Justin (2014a) "The BRICS Puzzle: Rise of the Non-West or Veiled Sub-Imperialism?" In Tatiana Deych, Alexander Zhukov, Olga Kulkova, and Evgeny Korendyasov (eds.) *Africa's Growing Role in World Politics*. Moscow: Institute for African Studies.

Van der Merwe, Justin (2014b) "Regional Parastatals within South Africa's System of Accumulation." In Devan Pillay, Gilbert Kadiagala, Prishani Naidoo, and Roger Southall (eds.) *New South African Review*. Vol. 4. Johannesburg: Wits University Press.

Van der Merwe, Justin (2016a) "Theorising Emerging Powers in Africa within the Western-Led System of Accumulation." In Justin van der Merwe, Alexandra Arkhangelskaya and Ian Taylor (eds.) *Emerging Powers in Africa: A New Wave in the Relationship*. London: Palgrave Macmillan.

Van der Merwe, Justin (2016b) "An Historical Geographical Analysis of South Africa's System of Accumulation: 1652–1994." *Review of African Political Economy*, 43(147): 58–72.

Van der Merwe, Justin (2018) "The Belt and Road Initiative: Reintegrating Africa and the Middle East into China's System of Accumulation." In Li Xing (ed.) *Mapping China's One Belt One Road Initiative*. London: Palgrave Macmillan.

Van der Merwe, Justin, Alexandra Arkhangelskaya, and Ian Taylor (2016) *Emerging Powers in Africa: A New Wave in the Relationship*. London: Palgrave Macmillan.

Wallerstein, Immanuel (1979) *The Capitalist World-Economy*. New York: Cambridge University Press.